普通高等教育"十一五"国家级规划教材

新世纪高等学校法语专业本科生系列教材　总主编　曹德明

法国文化名篇选读

Textes choisis sur la culture française

主编：马彦华

编者：马彦华　罗顺江　程家荣

霍瑞彤　杨胜强

上海外语教育出版社
外教社 SHANGHAI FOREIGN LANGUAGE EDUCATION PRESS

图书在版编目（CIP）数据

法国文化名篇选读 / 马彦华主编.
—上海：上海外语教育出版社，2011（2019重印）
（新世纪高等学校法语专业本科生系列教材）
ISBN 978-7-5446-2460-2

Ⅰ.①法… Ⅱ.①马… Ⅲ.①英语－阅读教学－高等学校－教材
Ⅳ.①H329.4

中国版本图书馆CIP数据核字（2011）第163022号

出版发行：上海外语教育出版社
　　　　　（上海外国语大学内）　邮编：200083
电　　话：021-65425300（总机）
电子邮箱：bookinfo@sflep.com.cn
网　　址：http://www.sflep.com
责任编辑：任倬群

印　　刷：昆山市亭林彩印厂有限公司
开　　本：787×1092　1/16　印张 15.25　字数 350千字
版　　次：2011年10月第1版　2019年1月第3次印刷
印　　数：1 300 册

书　　号：ISBN 978-7-5446-2460-2 / G · 1146
定　　价：33.00 元

本版图书如有印装质量问题，可向本社调换
质量服务热线：4008-213-263　电子邮箱：editorial@sflep.com

新世纪高等学校法语专业本科生
系列教材编委会

总　序

　　时光荏苒，岁月匆匆，新中国高校法语专业本科教学从1949年成立解放军外国语学院开设法语专业算起，已经近一个甲子的时间了；如果追溯到1898年北京大学成立之初便开设法语专业，可以说已有一百多年历史了。

　　中国法语百年起起伏伏，几经周折，在经历了文革十年之后，迎来了迅猛发展的春天，作为其显著标志之一的，便是法语教材的编写出版：20世纪80年代上海外国语学院和北京外国语学院先后编写出版了《法语》，各6册，形成了南北呼应之势；1992年北京外国语大学推出的新版《法语》，从编写理念和时代特征上，均有新的进步。

　　当时代进入21世纪，在中国法语教学期待更大发展的今天，我们突然发现，上述三种教材依然是中国法语教学的主干教材；我们突然意识到，编写一套新理念的系列教材成为新世纪的迫切需要。在这样的当口，上海外语教育出版社罗致了我国法语界的精英力量编写"新世纪高等学校法语专业本科生系列教材"，这是上海外语教育出版社的英明之举，是我国法语界的一件盛事。

　　凡事预则立。上海外语教育出版社在长期、详细的市场调研和多方协商的基础上，邀请我国各高校法语专业负责人、第一线的教师和资深教授于2003年金秋十月汇聚申城，集思广益，为教材的编写出谋划策，并充分讨论了这套教材的编写原则和指导思想。

　　奉献给广大法语专业学习者的这套教材，我们希望能在以下几方面有所突破。

　　前瞻性与创新性。从开始构思到投入使用，教材的编写都有一个周期，这个周期短则三五年，长则近十年。这种周期性给教材编写设置了一个陷阱：用现有教学经验推测未来教学实际。因而，我们在制定编写原则和指导思想时，考虑最多的是，未来的法语教材是什么样子，未来的法语学习有什么规律？我们希望通过所有参与学校和专家的共同努力，在新教材的编写理念上符合并引领中国法语教学规律，在内容结构上充分体现时代特征，在表现方式上尽可能采用多媒体手段，给法语教学者和学习者一个全新的、活力无限的新体验。

代表性与权威性。教材是"少数人编写，多数人使用"，因而，不可能每一所开设法语专业的高校、每一位从事法语教学的教师都参与到具体的教材编写中来。为此，在广泛征求意见的基础上，我们聘请了来自15所高校的18位法语界知名专家组成了系列教材编写委员会，他们在各自领域颇有建树，不少是高等学校外语专业教学指导委员会法语分委员会委员。教材作者均由编写委员会在仔细审阅样稿后商定，有的是从数名候选人中遴选，总体上代表了我国法语教学的发展方向和水平。

系统性与呼应性。本系列教材分为核心教材(《综合教程》)、主干教材(阅读、听说、写作、翻译、语法等教程)和特色教材(概况、文化、文学、语言学等教程)三大类20余种，几乎涵盖了当前我国高校法语专业开设的全部课程，涉及语言知识与技能、语言与文学、语言与文化、人文科学、测试与教学法等领域。而且，整个系列各教材之间相互协调和呼应，形成了以《综合教程》为核心的有机整体。

我们相信，外教社该套教材的编写和出版，一定能更好地满足21世纪法语人才的培养需要，一定能够成为中国法语教学新发展的有力跳板。

曹德明
上海外国语大学校长

前 言

　　法兰西文化丰富厚重、名人辈出，文学界有雨果、普鲁斯特，建筑界有勒科比西埃，电影界有电影的发明人吕米埃尔兄弟，还有卢梭、伏尔泰、狄德罗等著名启蒙运动思想家。他们在文化领域的贡献与影响力已超越了国度，也使法兰西文化得以闪耀在世界文化之林。

　　我们编写本书的目的是为了帮助法语专业的学生了解法国文化，但我们决定一改传统的选材视角，转而选用各领域名人亲自著述的文章，借用他们的目光和视角来诠释法兰西文化。他们在各自的领域内成就斐然，他们的论述与观点也见解独到。然而，法国文化名人的优秀作品成百上千，要从中精选出32篇文本，的确有不小的难度。享誉世界的法国文学作品，对法语专业的学生来说，在课堂教学中已有较多的接触，所以本书中没有收录。本书拟从八个领域着手，来诠释博大精深的法兰西文化。此外，寻找文本、阅读和选择文本更是一项巨大的工程。法兰西文化的作品之多，内容之丰富，常常令我们犹豫于数篇文本之间，难下抉择。如何认定名人，如何认定文本，如何认定文字的难易程度，如何删减文本，这些都需要一一解决。

　　书中练习的编排既有传统的方式，也有创新的特点。本教材适用于法语专业本科三年级的学生，编者根据他们的水平特点，编写了一些有针对性的练习："Paraphraser"是专业学生必须要掌握的表达手段之一；"Dégager l'idée principale"能帮助学生理解文本或段落中心语义；"Version"则是在更高的篇章平台上，要求学生做相应的理解与翻译练习；此外，还设有词汇练习"Enrichissement lexical"，意在通过举一反三的方式，帮助学生扩大词汇量并能灵活运用。

　　本书共分八个单元，分别介绍了法国文化在八个方面取得的杰出成就。我们在选文的时候，特别注重文章的多样性、趣味性，并根据学生的喜好与趣味，有意地选择一些易被接受的文本。在每单元中，我们精心挑选了四个文本，每个文本代表着不同的看法与观点，以保持内容的多样性。读者因此可以从多个视角来了解相同的文化现象。每个单元前还设有简明的中文导读，旨在引导学生快速了解每单元的内容。由于所选文章均出自名家之手，有着较强的语言表达艺术，如果不善加引导，读者可能迷失于句子与段落的理解，而失去对整个篇章的把握。

本教材在青岛海洋大学法语系经过三轮试用，每轮使用周期为一年。我们在第四学期开设此课。刚开始接触本课程时由于本书的内容超过了精读课本，学生们显得不是很适应。但他们很快跟上了节奏，期末时已经能够较好地完成教学要求。这门课程的学习极大地提高了学生们对精读教材中课文的理解水平。部分学校在第五学期试用过本教材，取得了较好的效果。

有鉴于此，我们建议使用本教材的时间最好定在第五学期，当然提前到第四学期也可，使用周期为一年。本书共32个文本，每个教学单元(2学时)学习一个文本，32周可以完成。各高校在开设法国文化课或泛读课时，通常为每周2个学时，一学期16周，则两个学期正好完成。如果希望减慢进度，教师可不必讲完每个单元的全部文本，而是在四个文本中进行选择。

总之，本教材的主旨在于开拓学生的知识面，通过阅读法国名人的原作，激发学生的兴趣，提高他们的语言文化水平。

最后，我需要在此感谢编写团队的诸位成员，正是他们的认真和努力，才有了今天的成果。尤其需要感谢的还有霍瑞彤，她在法国期间，为收集资料与初选做了大量的工作。还有杨胜强，他勤勤恳恳，为教材的编写付出了辛勤的劳动。另外需要特别感谢的是我校的法国外教Gregory Fleurot，他认真审阅了全书，并提出了中肯的建议。

编者
2011年6月于青岛

Table des Matières

Le but suprême de la lecture nous permet d'élargir la vue, de connaître le monde et de passer bien la vie. En un mot, on pourrait mieux faire ce que l'on doit faire après la lecture.

阅读有至境，可拓视野，能识世界，善度人生。简言之，能更好完成当做之事。

UNITÉ 1

Cinéma

中文导读

　　法国电影之所以能享誉世界，究其原因主要是涌现出了几位杰出的电影人，如特吕福、戈达尔、吕克·贝松等。在他们的努力下，法国电影开创了少有的辉煌，其辉煌程度甚至可与好莱坞相媲美。

　　本单元以特吕福的文章作为开篇，其目的有二：一、该文语言较为易懂；二、该文从导演角度诠释生活与电影的关系，视角独特。特吕福将自己称作是最幸福的人，因为他能够将自己的见闻通过导演的视角在电影中再现。街上法国男士追求陌生女性的场景并不鲜见。然而他却能以艺术家敏锐的目光抓住这一常见的场景，并予以重新设计与安排，给予艺术再现。特吕

-2-

-2-

-2-

-2-
-2-

福自认为是最幸福的人，因为他实现了自己的梦想。拍电影对他而言，不仅可以随心所欲，而且还可以延续童时的嬉趣。当然，导演必须要面对观众，要面对质疑，要面对社会舆论。尽管有这样或那样的要求，导演却不能因此而失去主心骨。

第二篇文章选取了让·皮埃尔·梅尔维尔的《拍电影》。该文章从"拍电影"的法语表达方式谈到电影的选景、摄影机的安放与画面的取舍、室内拍摄的优点和室外拍摄的好处。在拍摄电影的过程中，有时梅尔维尔为了追求更好的画面效果，甚至取代了摄影师，亲自操刀。作为导演，他不仅要求演员们排练剧情，还给演员们说戏：该用何种举止，讲话时需要注意何种语调等。每个导演都有各自的风格，梅尔维尔的特点是举重若轻。他在指导演员拍摄电影时，不会武断与蛮横，将自己的意志强加给对方。在文章中，作者对拍电影时的每个职位都做了粗略的描写。这种普及型的介绍，更能引起读者的兴趣。

法国电影业另一位著名人物，让-吕克·戈达尔，是一位新文化运动的旗手，在传统文化受到冲击的20世纪60年代，他曾呼吁给传统艺术以一席之地。就电影而言，戈达尔认为电影首先得表现自身生存的社会。一件艺术品需要表达的不仅仅是对过去的回顾，更重要的是要表现其独特的寓意，艺术应源于生活而高于生活。在工业化飞速发展的时代，戈达尔的成功或许就在于他能够顺应时代潮流。

法国电影，曾因创新与尝试而享誉世界。艺术需要创新就如同电影产业需要市场一样。新浪潮给法国电影艺术带来过辉煌，然而，随后市场出现了极大的危机。它不仅体现在制片与发行方面，就连艺术创作也受到了冲击。形势相当严峻：电影院失去了观众，导演放弃了本行。新浪潮曾给一些新人提供了机会，然而好景不长，20世纪60年代的许多新人仅仅只是昙花一现，就再也无缘拍第二部电影。其中有些人被迫转向电视制作业，还有人干脆放弃这一职业。在新浪潮中脱颖而出的人本来就不多，硕果仅存的三位著名导演中，也有两位好似已经失去了影响。就连著名的戈达尔，他的艺术探索虽然不断地给世界带来惊奇，但最终似乎又回到了老路。或许这就是法国电影业长期来所患的守旧综合征。看来，法国电影业要想振兴，还得指望新人的出现。

I.　Le plus heureux des hommes[①]

François Truffaut (1932–1984), célèbre réalisateur et scénariste de cinéma, a également été acteur et avait été préalablement critique de cinéma. Il fait partie du groupe de cinéastes issus des *Cahiers du cinéma*, qui ont constitué la Nouvelle Vague. Il a publié plusieurs ouvrages sur le cinéma.

Je suis l'homme le plus heureux du monde, voilà pourquoi : je marche dans une rue et je vois une femme, pas grande mais bien proportionnée, très brune, très nette dans son habillement avec une jupe sombre à larges plis qui bougent au rythme de sa démarche plutôt rapide ; ses bas, de couleur sombre, sont certainement bien accrochés car ils sont impeccablement tendus ; son visage n'est pas souriant, cette femme marche dans la rue sans chercher à plaire, comme si elle était inconsciente de ce qu'elle représente : une bonne image charnelle de la femme, une image physique, mieux qu'une image sexy, une image sexuelle. Un promeneur qui la croise sur le trottoir ne s'y est pas trompé : je le vois se retourner sur elle, faire demi-tour et lui emboîter le pas[②]. Je regarde la scène. À présent, l'homme est arrivé à la hauteur de la femme, il marche à son côté et lui murmure quelque chose, sûrement les banalités habituelles : prendre un verre, etc. Toujours est-il qu'elle détourne la tête, presse le pas, traverse la rue et disparaît au prochain coin de la rue tandis que l'homme s'en va tenter sa chance plus loin.

À présent, je monte dans un taxi et je rêve un peu à propos de cette scène tellement quotidienne dans les grandes villes et pas seulement à Paris. Instinctivement, je me solidarise avec la femme contre l'homme et je modifie la scène selon mes pensées du moment ; je me dis que ce serait formidable si, pour une fois, à la fin d'une scène de ce genre, l'humiliation changeait de camp. Je prends une note sur une feuille d'agenda et quatre mois plus tard, je me retrouve dans une rue derrière le

---

①　Extrait de *la Préface à The Great French Film* de James R., Paris, 6 février 1982.

②　emboîter le pas à qn : 紧跟某人的步子。Il lui emboîte le pas et la suit jusque dans sa chambre à coucher. （他紧紧跟着她，一直到了她的卧室。）

Trocadéro①, avec une caméra, une équipe technique de vingt-cinq personnes et deux acteurs que j'ai choisis, un homme blond et assez grand, plutôt beau et fort, et une femme dont vous avez deviné qu'elle est brune, bien proportionnée, avec une jupe à larges plis. Et je suis là, dans l'exercice de mon métier dont je ne laisserai personne dire qu'il est inutile ou inintéressant, et je dirige la scène. Je demande à l'acteur blond de marcher, de croiser la femme brune, de se retourner sur elle, de faire demi-tour, de la rejoindre, et de lui parler à l'oreille. Je n'ai pas écrit de phrases pour l'homme car on ne les entendra pas dans la scène, on en devinera le sens. À présent, les deux comédiens s'approchent de la caméra qui les précédait en travelling arrière et l'actrice brune saisit brusquement le suiveur par le col de son manteau comme pour l'empêcher de s'enfuir et, indifférente à ce que peuvent penser les passants, elle invective l'homme avec des phrases que j'ai formées dans ma tête depuis quatre mois avant de les rédiger et de les donner à l'actrice hier soir : « *Qui êtes-vous ? Pour qui vous prenez-vous ? Qu'est-ce que vous croyez ? Qu'est-ce que vous espérez ? Qu'est-ce que les femmes vous disent d'habitude ? Est-ce qu'elles s'allongent toutes ? Où les emmeniez-vous ? Vous vous prenez sûrement pour un Don Juan, un homme irrésistible, hein ? Est-ce que l'amour, c'est spécialement bien avec vous ? Est-ce que vous vous êtes regardé seulement une fois dans une glace, rien qu'une fois ? Eh bien, venez voir, regardez-vous, regardez-vous bien !* »

La femme oblige donc le suiveur à se regarder dans la vitre d'un magasin ; terrifié par le ton coléreux de la femme, l'homme ne pense qu'à s'enfuir, il parvient à se dégager et à fendre la foule des curieux qui commençaient à se rassembler. La femme se met en marche à son tour, plus lentement. Chut. La scène est dans la boîte.

Voilà pourquoi je suis le plus heureux des hommes ; je réalise mes rêves et je suis payé pour ça, je suis metteur en scène.

Faire un film, c'est améliorer la vie, l'arranger à sa façon, c'est prolonger les jeux de l'enfance, construire un objet qui est à la fois un jouet et un vase dans lequel on disposera, comme s'il s'agissait d'un bouquet de fleurs, les idées que l'on ressent actuellement ou de façon permanente. Notre meilleur film est peut-être celui dans lequel nous parvenons à exprimer, volontairement ou non, à la fois nos idées sur la vie et nos idées sur le cinéma.

Qu'espérons-nous quand nous tournons un film ?

Je me solidarise complètement avec Jean Renoir② lorsqu'il déclare : « *Il s'agit en somme d'apporter sa petite contribution à l'art de son temps.* » Mettre en scène,

---

① Trocadéro：特罗卡德罗宫，巴黎著名建筑，1878年为巴黎世博会建造，1937年更名为夏乐宫。

② Jean Renoir：让·雷诺阿（1894–1979），法国著名导演、编剧。他是著名印象主义绘画大师奥古斯特·雷诺阿的二儿子。他开启了法国新浪潮主义的大门。特吕福深受其影响。

c'est prendre des décisions du matin au soir, *avant* le tournage, *pendant* le tournage et *après* le tournage. Plus les décisions prises s'étendent sur l'éventail de la création (c'est-à-dire de l'écriture du script jusqu'au travail sur la table de montage), plus le film présentera un aspect contrôlé et personnel.

On discute souvent à propos de ce que doit être le contenu d'un film, doit-il s'en tenir au divertissement ou informer le public sur les grands problèmes sociaux du moment, et je fuis ces discussions comme la peste. Je pense que tous les films sont utiles, qu'ils soient formalistes ou réalistes, baroques ou engagés, tragiques ou légers, modernes ou désuets, en couleurs ou en noir et blanc, en 35mm ou en Super8, avec des vedettes ou des inconnus, ambitieux ou modestes... Seul compte le résultat, c'est-à-dire le bien que le metteur en scène se fait à lui-même et le bien qu'il fait aux autres.

Il y a cinquante ans un auteur dramatique disait : « *Tous les genres sont permis, sauf le genre ennuyeux.* » J'accepterais volontiers cette définition à condition de se mettre d'accord sur ce qui est ennuyeux, ce qui est impossible.

...

Lorsque j'ai débuté dans le cinéma en 1954 en devenant assistant de Roberto Rossellini[①], il était considéré comme un cinéaste « fini ». Les films qu'il tournait avec sa femme Ingrid Bergman étaient traînés dans la boue[②] par les critiques du monde entier ; Rossellini était triste évidemment de cet état de choses, mais je me souviens bien qu'il m'a dit un jour : « *J'ai au moins une consolation dans tout ça, c'est que depuis trois ans je ne vois plus sur le visage des autres cinéastes italiens l'effrayant rictus de la jalousie qui était le leur après le succès de* Rome ville ouverte, Païsa, *et davantage encore quand Ingrid est venue partager ma vie.* »

Je n'ai pas oublié ces paroles, mais à l'époque je n'éprouvais pas la vérité[…].

La jalousie professionnelle me paraît détestable. Pour n'être pas haïssable, la jalousie devrait aller jusqu'au meurtre ; si vous êtes un cinéaste amer et que le succès de Mike Nichols[③], son talent, sa jeunesse et sa fortune vous gênent, eh bien vous devez prendre un fusil et tuer Mike Nichols, le supprimer physiquement. Si vous n'avez pas ce courage, alors votre jalousie est lamentable, sordide, elle fait de vous un misérable et une seule issue s'offre à vous : accepter l'existence de Mike

---

① Roberto Rossellini : 罗西里尼（1906–1977），意大利电影导演。他运用纪录片脚本制作的电影《罗马，不设防的城市》（1945）被认为是意大利新现实主义的最早代表作之一。从《斯特隆波里火山》（1949）开始，他导演了多部由英格丽·褒曼主演的电影，然而两人的婚外恋丑闻以及后来的婚姻破坏了他们的事业。

② traîner qn dans la boue：损害某人（名誉）。Les journalistes n'ont pas le droit de traîner les vedettes dans la boue.（记者无权诽谤明星。）

③ Mike Nichols：麦克·尼克斯，导演，1931年出生于德国，后加入美国国籍。他在1970年根据同名小说改编的电影《第22条军规》被誉为电影史上的经典之作。

Nichols, votre confrère.

J'aime que les femmes soient jalouses, dans toutes les directions : jalouses en amour et jalouses en beauté, car être une femme, c'est déjà un métier dont Dieu est le seul patron. En ce qui concerne les artistes, si nous avons la chance de pratiquer un art et d'en vivre, ne nous regardons pas comme des concurrents ni des rivaux mais comme d'autres artistes tout simplement. Acceptons les différences entre nous. Chacun de nous ne réalise qu'une partie de son rêve, mais son rêve était plus ou moins beau, plus ou moins accessible. Apprenons à détecter et à admirer les points forts ; il ne faut pas dire dans un haussement d'épaules : « *Orson Welles*[①] *? Bah, ses films ne font pas* d'argent », mais : « *Orson Welles est le seul cinéaste dont la succession des images sur l'écran donne une impression musicale.* » Les cinéastes ont des manies, des trucs ou des partis pris qui leur appartiennent en propre et qui les aident à travailler. On peut appeler ça leur style ou leurs secrets de fabrication, mais on doit les respecter et ne pas les remettre en question.

...

i. Exercices

1. Questions et réponses :

(1) Pourquoi l'auteur prétend-il être l'homme le plus heureux ?

(2) Pourquoi le réalisateur veut modifier la scène qu'il a vue dans la rue ?

(3) Pour Truffaut, que signifie « faire un film » ?

(4) Pour Truffaut, qu'est-ce qui compte pendant le tournage ?

(5) Quelle est la suggestion de Truffaut sur la jalousie de l'homme ?

2. Enrichissement lexical :

(1) Que signifie le mot « **la boîte** » dans la phrase : « *La scène est dans la boîte* » ?

(2) Que signifie le verbe « **s'en tenir** » dans le texte ?

---

① Orson Welles：奥逊·威尔斯(1915–1985)，美国电影导演、编剧、制片人及演员。
他执导的第一部影片就是被誉为电影史上最伟大的影片之一的《公民凯恩》。

3. Dégagez l'idée principale du paragraphe suivant :

Les promeneurs n'entrent pas facilement dans les cinémas, ils sont saoulés d'images à domicile, et lorsque je vais au cinéma je ne vois dans la salle que des rangées presque vides : les quelques fauteuils occupés me montrent des visages familiers, des habitués de la Cinémathèque, des étudiants en cinéma, quelques confrères metteurs en scène, quelques script-girls passionnées et surtout beaucoup d'assistants-metteur en scène, des stagiaires et des comédiens.

4. Sujets à développer :

(1) Décrivez une scène qui vous impressionne le plus dans la rue.

(2) Composez en imaginant une conversation entre une belle femme et l'homme qui la poursuit.

(3) Dites l'avis de Truffaut sur « le public », « le progrès », « les doutes », « à qui la faute », « la critique ».

II. 相关知识

　　法国新浪潮电影运动兴起于1959年。它是世界电影史上规模最大、影响最深、作用最广的电影运动之一。当时，法国电影界涌现出一批新生代的电影导演、一种新的电影理念和反映这种新理念的一批新影片。

　　在1959年的戛纳电影节上，有两部法国影片引起了轰动：一、《广岛之恋》(阿伦·雷乃导演)代表着"作家电影"倾向，着重强调电影导演与作家的联合。因这类影片的导演居住在塞纳河左岸，故称"左岸派"；二、《四百下》(弗朗索瓦·特吕福导演)代表着"作者电影"倾向，显示了导演在电影创作中的主导地位。这类影片的导演由于都是《电影手册》杂志的影评家，故称"手册派"。

　　他们没有共同的纲领，也没组成什么流派，唯一的共同点就是都反对传统电影的理念，强调电影是个人的艺术创作，要求电影从传统艺术的束缚中解放出来。在意大利新现实主义电影的影响下，他们不用摄影棚，不用电影明星，而使用轻便摄影机，起用非专业的或不出名的演员在实景中拍片。这样做既可以解决资金不足的问题，又可以令画面为之一新。

在表现方法上，他们摒弃了传统的制作手法，如倒叙、反打镜头、背景放映法、划入划出、叠化等，突破了传统的影片样式和戏剧演出概念，而大量使用短镜头、移动摄影、画外音、内心独白、自然音响等，将真实感颇强的画面展现在观众面前。他们经常使用摇拍、长镜头、空格、镜头摇晃颤动等技巧。在剪接手法上，他们亦强调快节奏：切割频繁，镜头直接跳接……就电影主题而言，"手册派"导演带有强烈的个人传记色彩，而"左岸派"则以普遍意义的全人类性质的话题为主题。

II. Le tournage ①

par Jean-Pierre Melville

Jean-Pierre Melville (1917–1973), de son vrai nom **Jean-Pierre Grumbach**, réalisateur français, a choisi son pseudonyme en hommage à l'écrivain américain Herman Melville. Ses films (dominés par la solitude, l'échec et la mort) sont pour un grand nombre devenus des classiques incontournables du cinéma français : *Le Silence de la Mer, Léon Morin, prêtre* et *L'Armée des ombres* (Trilogie de la France sous l'Occupation) et ses films d'hommes : *Le Doulos, Le Deuxième Souffle, Le Samouraï* et *Le Cercle rouge.*

« Tourner un film »... l'expression vient du temps, pas si lointain, où les caméras avaient des manivelles qu'on tournait réellement pour les prises de vues. Les caméras ont changé, il suffit maintenant d'appuyer sur un bouton, mais l'expression est restée et le jour où on commence un film on parle toujours « du premier tour de manivelle » !

Le tournage d'un film se fait soit en **extérieurs**, soit **en intérieurs réels**, dans un appartement par exemple, soit **en studios**.

Quand il s'agit d'extérieurs, et pour des raisons faciles à deviner, le film est rarement tourné à l'endroit exact où l'action se passe. Un responsable est chargé de trouver des lieux de remplacement et il y a, paraît-il, en France des régions qui, bien photographiées, ressemblent au Canada, au Guatemala ou même au Far West !

Le tournage en studio pose moins de problèmes, puisque les décors nécessaires sont placés sur les différents « plateaux » et changés selon les besoins.

La passion de J.-P. Melville pour son métier l'avait poussé à acheter ses propres studios avec l'argent de ses premiers films, ce qui est un cas à peu près unique dans l'histoire du cinéma. Il pouvait ainsi faire construire et peindre ses décors avec un soin extrême et ceux qui l'ont connu savent que bien souvent il était sur son plateau dès 3 heures du matin pour préparer le tournage de la journée à venir dans le moindre détail car, avant de tourner...

Il faut **placer la caméra** et imaginer **les mouvements** qu'il faudra lui faire

---

① Extrait du *Cinéma : Jean-Pierre Melville.* dans *Le Cinéma*, 1979 (2).

faire en fonction des scènes à tourner. Faudra-t-il un « **panoramique** » ? Dans ce cas, la caméra bouge horizontalement ou verticalement autour de son pied, qui reste fixe. Faudra-t-il des « *travellings* » ? La caméra est alors posée sur un chariot qui se déplace sur des rails. Le mouvement choisi donne à la scène filmée un ton particulier. Le réalisateur discute cela avec les opérateurs, à moins qu'il décide lui-même ...

« Dans les Enfants Terribles, *Melville décide de placer sa caméra dans un ascenseur qu'il utilise pour obtenir un mouvement dont on se demande comment il a pu être tourné sans les moyens techniques des studios américains ... »*

Il faut **régler les éclairages**, qui non seulement assurent la qualité de la photo mais donnent ou aident à rendre l'atmosphère que l'on veut créer. C'est le **directeur de la photographie** qui se charge de cette opération mais parfois ...

... *« Pendant la préparation d'un plan du « Silence de la Mer », le responsable de la photo n'était pas d'accord avec Melville, il défendait un point de vue traditionnel et menaçait ... « ce sera mauvais si ... » Melville refusa de se laisser convaincre et imposa son point de vue (...) cette image est l'une des plus belles du film ... »*

Il faut faire répéter les acteurs, leur rappeler d'abord à quel moment se situe la scène qu'ils vont jouer puisque les scènes ne sont pas tournées dans un ordre logique mais en fonction des lieux et des décors où elles se passent ; on peut donc tourner la mort d'un personnage avant d'avoir filmé l'essentiel de sa vie.

Après avoir replacé la scène dans le temps, le metteur en scène indique aux acteurs les mouvements qu'ils doivent faire par rapport à la caméra, il leur indique les gestes qu'il souhaite, il propose telle ou telle manière de dire le texte, corrige certaines intonations.

Chaque réalisateur a sa façon de faire. On parle de celui qui « fait régner la terreur » sur le plateau et « joue sur les nerfs » de ses interprètes ... ou au contraire de celui qui travaille dans une atmosphère paisible, détendue, presque silencieuse ... Et Melville ? ...

... *« Melville dirigeant ses acteurs, c'est le conducteur qui tient le volant d'une main légère sans jamais s'y agripper, qui passe les vitesses sans jamais les faire grincer, quel que soit le véhicule ! donner une indication de mise en scène chez lui, ce n'est pas imposer un point de vue, encore moins donner un ordre, c'est confirmer quelque chose d'évident ... »*[1]

Il est vrai que Melville sait choisir ses acteurs. Qu'ils soient presque inconnus ou parmi les plus grands, le « courant » passe facilement entre eux[2].

... *« On ne fait pas de bons films sans bons comédiens. Et pas seulement pour les premiers rôles, mais aussi pour les rôles moyens ou les petits rôles. Ce qui fait la richesse du cinéma américain des années 30, c'est que le moindre petit rôle était*

---

[1] Commentaire d'Howard Vernon.

[2] Ils se comprennent facilement, sans avoir besoin de beaucoup d'explications.

admirablement tenu. L'homme qui lisait son journal dans le métro était un comédien. »

Les répétitions d'acteurs permettent aussi de vérifier la qualité du son. Le perchiste[①] qui en est responsable doit se placer assez près des acteurs pour enregistrer leur voix mais suffisamment à l'écart pour ne pas faire d'ombre, pour ne pas être « dans le champ » de la caméra.

Si tout cela donne satisfaction au metteur en scène on tourne enfin !

Les lumières rouges s'allument devant les portes du plateau et personne n'entrera tant qu'elles resteront allumées ...

Le clapman va s'approcher avec son petit tableau sur lequel est inscrit le titre du film, le numéro du plan que l'on va tourner, le numéro de la prise de vue, car une même scène est souvent tournée plusieurs fois. Les indications filmées de ce tableau et le « clap » de la claquette sont indispensables pour replacer les plans dans un ordre logique au moment du montage.

Comme l'œil humain, la caméra peut saisir tout un ensemble ou s'arrêter sur un détail. L'image, large ou limitée, qui sera choisie et fixée sur la pellicule, sera un plan.

1. Le plan général de grand ensemble montre tout un paysage ou un certain nombre de personnages dans un décor.

2. Le plan moyen prend le personnage en entier.

3. Le plan américain le prend légèrement plus haut.

4. Le plan italien prend le personnage aux genoux.

5. Le plan demi-rapproché le prend à la taille.

6. Le plan rapproché le prend à la poitrine.

7. Le gros plan est le plus significatif, il attire l'attention du spectateur sur un visage, une expression, il « force » l'intérêt.

8. L'insert ou très gros plan saisit un détail : un bijou, un journal, un téléphone, il est très utilisé dans les films policiers.

On commence habituellement par prendre un **plan général** qui donne l'atmosphère puis on découvre un individu : **plan moyen**, on s'approche de lui : **plan américain, gros plan**, et on commence à raconter son histoire.

Certains cinéastes au contraire fixent le personnage : gros plan, s'en éloignent progressivement : **plan américain**... et font ainsi découvrir l'environnement.

Un plan peut donc se caractériser par **sa dimension**.

Un plan se caractérise aussi par la **position de la caméra** par rapport à l'image[②]. La position est toujours indiquée dans le découpage, colonne de gauche. On peut lire par exemple : « angle trois quarts face droite » ou « angle trois quarts dos gau-

---

① Ainsi appelé parce qu'il tient le micro au bout d'une perche.

② C'est « l'angle de prise de vue ».

che » mais la caméra peut aussi être en face de l'objet à montrer, au-dessus de l'objet, de la scène[①] ou au-dessous.

En utilisant ces différents angles, on obtient des effets très divers.

La durée du plan a aussi son importance. Elle peut être déterminée par la longueur de l'action que l'on veut rendre mais certains réalisateurs allongent volontairement les plans pour donner une impression de calme, ou pour créer un « suspense ».

Un plan dure en moyen de 15 à 45 secondes. Certains plans, très courts — ce sont généralement des inserts — ne durent que de 1 à 3 secondes.

L'emploi des différents plans et des différentes possibilités qu'ils offrent varie avec les réalisateurs et donne à chacun son style, son « écriture ».

Pendant le tournage, le réalisateur a une collaboratrice particulièrement précieuse, la scripte ; elle est la secrétaire du plateau, toujours présente, toujours attentive, elle note tout ce qui se passe, aucun détail de mise en scène ne doit lui échapper ; si, dans le plan 341, la cigarette de l'acteur est éteinte, sa cravate légèrement desserrée, il faut que ces détails se retrouvent très exactement dans le plan suivant qui peut être tourné quelques heures, quelques jours plus tard.

La scripte s'occupe aussi des pellicules, les numérote, tient la comptabilité des bobines envoyées au laboratoire. Elle est la mémoire de toute une équipe. Rude tâche !

---

i. Exercices

1. Questions et réponses :

(1) Quelle est la signification du « **premier tour de manivelle** » ?

(2) Est-ce qu'on tourne le film à l'endroit exact où l'histoire se passe ?

(3) Comment peut-on faire lorsqu'il s'agit de réaliser un « **panoramique** » dans le film ?

(4) Que fait le perchiste pendant le tournage ?

2. Vrai ou faux :

(1) On peut tourner en France le film dont l'histoire se passe au Canada.

(2) On filme des scènes d'après un ordre chronologique.

---

① C'est « le plongé » : l'image obtenue donne une impression de petitesse, d'écrasement.

(3) Melville, en tant que réalisateur, a l'habitude de faire régner la terreur sur le plateau et de jouer sur les nerfs de ses interprètes.

(4) Si on prend le plan moyen, on prend le personnage à la taille.

(5) La scripte, en tant que collaboratrice du réalisateur, joue le rôle de secrétaire du plateau sans se soucier des autres.

3. Sujets à développer :

(1) Dites l'origine de l'expression : « tourner un film ».

(2) Donnez quelques exemples sur la passion de J.-P. Melville pour le cinéma.

(3) Dites la fonction du « clap ».

(4) Citez les 8 plans.

II. 相关知识

　　1895年10月28日，法国吕米埃尔兄弟在巴黎"大咖啡馆"公映了第一部活动影像，确立了法国作为电影发明国的地位。路易·吕米埃尔和奥古斯特·吕米埃尔兄弟的作品属于纪录片，如《火车到站》、《工厂的大门》、《水浇园丁》等。显然，这些初期的作品根本无法与现代作品相比，但其历史价值却是不容忽略的。

　　就电影风格而言，吕米埃尔兄弟开创了电影的记录与写实功能。另一位法国人乔治·梅利耶则在电影制作中引入了主观因素。他在创作过程中突出了主观理念和想象力，并通过表现主义来开拓富有想象力的美学。如果说吕米埃尔兄弟在机械地复制真实，那么梅利耶则在重新创造幻想。应该说，这种改变指明了电影发展的方向。

　　追求故事性是电影创作的主流。早期的法国电影在拍摄时，就已经开始运用舞台的机械装置、幻灯、照相技术(如叠印、叠化、合成照相、多次曝光等)，以及特技摄影(如慢速摄影、调换的特技摄影、停机再拍、溶暗、淡出、叠印和两次曝光等)。这期间最有代表性的故事片首推乔治·梅利耶的作品。他的作品深受大众的欢迎，并在20世纪初达到巅峰。总体上讲，1910年前的法国电影以其创造性、艺术性和多样性而傲视全球。

par Jean-Pierre Esquenazi

Jean-Pierre Esquenazi, spécialisé sur la relation entre la production culturelle et sa réception, travaille comme professeur à l'Université Lyon 3 UFR Lettres et civilisations. Il dirige une équipe de recherche sur les médias.

La trajectoire de Jean-Luc Godard serait passée par trois moments ou aurait suivi trois logiques ; toutes trois constituent des interprétations différentes de la « politique des auteurs ». [...]

Dans un premier temps, le jeune Godard a participé à l'élan d'enthousiasme pour le cinéma américain, un art industriel sans fioritures, direct, passionné, simple. Il a pu appartenir au petit groupe qui a porté et défendu cet amour sur la place publique, celui des Jeunes Turcs[②]. Il est alors un artiste moderne (mais pas d'« avant-garde »), rebelle aux conventions et aux normes établies.

Parce que le mouvement devenu Nouvelle vague s'étiole, parce que ses modèles ne suffisent pas à légitimer une démarche artistique telle que l'entendent des artistes reconnus, Godard se place dès 1962 sous le patronage des œuvres de la grande culture ; il veut accompagner la production d'œuvres et devenir un héros culturel. Il n'hésite pas à reconstruire (dans *Le Mépris*) sa propre histoire afin de constituer sa nouvelle identité.

Après le testament amoureux et culturel dissimulé au cœur de *Pierrot le fou*, le cinéaste s'enrôle dans la protestation contre la « société de consommation ». Il devient un artiste engagé, dépositaire d'un savoir politique et sociologique non négociable. La recherche de formes nouvelles est exacerbée par cette nouvelle assurance.

...

[...] Dans les années 1950, la poussée culturelle de classes qu'on ne peut pas

---

① Extrait de *Godard, et la société française des années 1960*.

② 指的是 Chabrol, Malle, Truffaut, Doniol-Valcroze, Rohmer, Rivette, Godard等一群电影人。

encore appeler « privilégiées », mais qui obtiennent le début d'une sécurité vitale, impose dans le champ culturel un espace et une voix inexistants jusqu'alors. Godard en devient l'un des représentants les plus éclatants, avant d'en donner avec *À bout de souffle* une incarnation magistrale.

Mais, les années 1960 venues, les clercs et leurs porte-parole publics tolèrent de moins en moins l'idée d'un partage culturel entre production classique et production industrielle. Les nouveaux médias et ceux qui s'en réclament[①] (re)commencent à être accusés d'être les fossoyeurs de la « vraie » culture. Godard mobilise alors ses forces pour tenter de montrer que l'antinomie entre les deux cultures n'existe pas. Puis il s'incline et accepte de revendiquer une place dans le monde de l'art classique. Ses efforts sont assez vite couronnés de succès et conduisent au triomphe de *Pierrot le fou* auprès des édiles culturels.

…

De 1951 à 1968, la forme antagoniste du champ culturel n'a pas changé. Mais les rapports de force en son sein se sont transformés de façon frappante. La fin des années 1950 a laissé croire que la frontière entre culture classique et culture industrielle pouvait se fracturer, que des échanges allaient devenir possibles. Mais la réaction des années 1960 serait fulgurante. Encouragée par la situation politique et la possibilité d'identifier la culture industrielle à une Amérique ennemie de la liberté, la pensée dominante rétablit une frontière encore plus rigide entre les deux types de productions et assimile les amateurs de la culture industrielle, classes moyennes ou défavorisées, à des déficients cérébraux. Le dernier Godard a sans aucun doute joué un rôle important dans ce raidissement.

Est-ce à dire que le cinéma godardien a été directement produit par les évolutions du champ culturel ? Si nous avons examiné aussi minutieusement que possible, dans les limites de ce texte, de nombreuses séquences de films réalisés par Jean-Luc Godard, c'est bien pour montrer que le travail du cinéaste n'est en rien un « reflet », une « image », une « représentation », termes par lesquels on enferme trop souvent une production culturelle quand on veut la rapporter à ses conditions de production. Nous avons plutôt considéré les films de Godard comme des *expressions du champ culturel tel qu'il a été senti, pensé, traversé, par le cinéaste.*

Ce que veut dire l'expression, c'est d'abord que ces films manifestent et incarnent le milieu où ils sont fabriqués. Par exemple, *Les Carabiniers* incarne la prégnance de l'œuvre brechtienne au début des années 1960 pour les intellectuels français et *Une Femme mariée* souligne fortement l'influence naissante du structuralisme. En ce sens, le choix par le cinéaste de certaines ressources parmi toutes celles qui sont disponibles témoigne de la courbure du champ culturel.

---

① se réclamer de : 倚仗，依靠……的名声。 Il se réclame d'un parlementaire pour obtenir une faveur.（他依靠一个议员的名声捞取好处。）

Mais l'expressivité d'un objet culturel n'est pas seulement récapitulation. Elle implique aussi la construction d'un *style singulier, unique* : l'auteur, en même temps qu'il emploie un procédé ou un genre, en construit un usage particulier qui dépasse ce qui était d'abord donné. [...]

C'est ainsi que les films s'échappent du champ culturel et nous parviennent enfin, comme s'ils étaient des objets autonomes. Voguant sur un océan indistinct, nous avons voulu reconstituer quelques éléments de leurs genèses et de leurs effets sur leurs premiers spectateurs, afin de comprendre l'enchaînement des productions. Mais la vie des films s'est bien entendu poursuivie au-delà de 1968 ; de nouvelles compréhensions de ces objets sont nées dans d'autres contextes en raison de transformations du statut du cinéaste, de l'état du champ culturel ou politique, ou des évolutions sociales, et qui concernent d'autres analyses que celles proposées ici.

Ce que l'on espère cependant avoir dégagé, c'est l'idée que « Godard » n'était pas inévitable : l'auteur a suivi une trajectoire comportant plusieurs alternatives. Que se serait-il passé si *Une femme est une femme* avait rencontré le succès d'*À bout de souffle* ? Ou si une Simone de Beauvoir[1], une Françoise Giroud[2] avait convaincu le public des clercs que le personnage important de *Pierrot le fou* est Marianne-Karina ? Est-il certain qu'alors le jeune cinéaste talentueux se soit tourné vers les modèles de l'art classique ? Devait-il absolument rompre avec ses premiers plaisirs culturels ? Mais à quoi sert-il de river à un Godard qui aurait continué de « réconcilier l'homme avec le temps qui est le sien, avec ce monde que tant de plumitifs constipés prennent pour un monde en crise » ? À penser que l'histoire, même culturelle, n'est pas totalement inévitable. Également à relativiser le destin de nos grands « auteurs ». Dans *Pierrot le fou*, Samuel Fuller[3] dit que le cinéma, « c'est l'amour, la haine, l'action, la violence et la mort, en un mot l'émotion » : le jeune Godard aurait pu écrire cela. Qu'en pense notre Godard actuel ?

---

① Simone de Beauvoir：西蒙娜·德·波伏娃（1908—1986），法国著名女作家，存在主义学者，萨特的终生伴侣。

② Françoise Giroud：弗朗索瓦丝·吉罗（1916—2003），法国女记者，1957年发表在《快报》上的一篇文章，最早提出了"新浪潮"这个词，她将二战后新一代法国青年统称为"新浪潮"，这一概念后被运用于电影评论中。

③ Samuel Fuller：塞缪尔·富勒（1912—1997），美国籍犹太人，导演、编剧。一战中曾在美国大红一师服役，后以此为题导演了影片《红一纵队(The Big Red One)》，他导演的众多战争片皆广受好评。

1. Questions et réponses :

(1) Quelles sont les raisons et les intentions de Godard quand il se place sous le patronage des œuvres de la grande culture ?

(2) Quelle est la caractéristique de Godard dans chacune des trois périodes de sa vie artistique ?

(3) Pourquoi les nouveaux médias sont-ils accusés dans les années 60 d'être les fossoyeurs de la « vraie » culture ?

(4) Devant le conflit entre les clercs et les nouveaux médias, que fait Godard ?

(5) Que veulent dire les films de Godard selon le texte ?

(6) Pourquoi est-ce que la vie des films s'est poursuivie au-delà de 1968 ?

2. Vrai ou faux :

(1) Le cinéma américain est un art industriel sans fioriture, il est direct, passionné et simple.

(2) Avant d'être sous l'influence du cinéma américain, le jeune Godard était un artiste qui refusait de suivre les normes établies.

(3) Godard devient l'un des représentants les plus éclatants de la culture avec *À bout de souffle*.

(4) Dans les années 1960, les clercs et leurs porte-parole publics acceptent de jour en jour l'idée d'un partage culturel entre production classique et production industrielle.

(5) De 1951 à 1968, la forme antagoniste du champ culturel s'est transformée de façon frappante.

(6) L'expressivité d'un objet culturel implique aussi la construction d'un *style singulier, unique* en plus de la récapitulation.

3. Enrichissement lexical :

(1) Que signifie le mot « **trajectoire** » dans la phrase suivante : « *La trajectoire de Jean-Luc Godard serait passée par trois moments...* » ?

(2) Que signifie « **la protestation contre la ‹ société de consommation ›** » dans la phrase : « *... le cinéaste s'enrôle dans la protestation contre la ‹ société de consommation ›* » ?

(3) Que signifie le mot « **imposer** » dans la phrase suivante : « *Dans les années 1950, la*

poussée culturelle de classes[..] impose dans le champ culturel un espace et une voix inexistants jusqu'alors » ?

4. Version :

Encouragée par la situation politique et la possibilité d'identifier la culture industrielle à une Amérique ennemie de la liberté, la pensée dominante rétablit une frontière encore plus rigide entre les deux types de productions et assimile les amateurs de la culture industrielle, classes moyennes ou défavorisées, à des déficients cérébraux.

5. Sujets à développer :

(1)   Présentez en gros à l'aide de l'internet ou d'autres moyens les films de Godard : « *À bout de souffle* », « *Pierrot le fou* », « *Une femme est une femme* ».

(2)   La Nouvelle vague.

II. 相关知识

　　第二次世界大战后，法国政局一直动荡不安，僵化的社会制度令青年一代的幻想破灭。他们厌恶政治，蔑视传统，要求变革。1958年的法国更改国号、更换政府，重选戴高乐来领导他们的变革。凑巧的是，此时的法国电影界也似政局一样病入膏肓，难以为继。众所周知，好莱坞电影强调情节，靠曲折、动人的故事和强烈的节奏感来吸引观众。法国电影的重心则放在人物感情上，追求情感的细微变化或流露。这本无可厚非，然而这种小家子气的风格造成了制作技术的落后。法国导演将更多的精力花在追求内景拍摄上，从而失去了好莱坞创作式的大开大合。他们的影片因此显得矫揉造作，缺乏生活气息和真实的表现手法。从客观事实上看，这种传统的制作方式明显落伍了。社会变革的成功激活了一批青年人不甘寂寞的心。这些年轻的电影创作人员和影评家们强烈要求改变法国电影的现状，并认真地投身到电影创作实践中。1959年，法国电影业终于掀起了一场规模巨大的电影运动：新浪潮运动。

IV. Le cinéma français depuis la Nouvelle Vague [①]

par Claire Clouzot

Claire Clouzot, critique, romancière et réalisatrice, est élue à la tête de *la Semaine de la critique*. Elle est avant tout critique de films pour *Biba et France Culture*, mais elle a également signé quelques livres et réalisé trois films.

C'est en ces termes qu'un organisme officiel traite de la « crise du cinéma français ». En fait, tout le monde parle de cette crise depuis la fin de la Nouvelle Vague. Même sans le dire, on y a fait de plus en plus allusion au cours de cet ouvrage, comme le montre le chapitre sur le « Cinéma Parallèle et Sauvage », résultat direct d'une industrie qui se porte très mal. Si nous divisons notre bilan du cinéma français pendant les années 1958–1972 en un « bilan économique » et un « bilan esthétique », c'est en sachant que ces deux aspects sont liés étroitement l'un à l'autre. Dans un pays où la fréquentation des salles de cinéma a baissé de moitié depuis dix ans, où la concurrence de la télévision se fait de plus en plus sentir, où les recettes ne sont pas proportionnelles à l'accroissement du montant des investissements, où la profession connaît de plus en plus de chômage et où les studios se ferment les uns après les autres, comment pourrait-on s'en tenir à de simples considérations sur le talent de Monsieur Untel et déplorer le fait que Madame Y n'a pas tourné depuis trois ans ?

Le ver est tellement dans le fruit qu'un organisme gouvernemental comme le Centre National de la Cinématographie — qui afficha en général un optimisme de rigueur devant le nombre croissant de longs métrages ou la proportion des films couleur tournés chaque année — a dû réunir des commissions d'enquête en juin 1970 et publier les résultats sous la forme d'un dossier sur les « situation, perspectives et plan de redressement du cinéma français », complété en mars 1971 par le rapport de synthèse du « Groupe Cinéma » au VIe Plan, et ce, afin de tenter de trouver des solutions pour tirer le cinéma français de son marasme...

La crise est partout : dans la production, dans la distribution, dans l'exploi-

---

① Extrait du livre de même titre.

tation. Elle est dans le public qui déserte les cinémas, chez les réalisateurs qui abandonnent le métier. Il est généralement entendu que, si le cinéma français ne se redresse pas dans la période des cinq années à venir, l'évolution sera sans doute irréversible.

...

BILAN ESTHÉTIQUE

Parce qu'il y eut un moment de coïncidence entre jeunesse, originalité de ton, succès au box-office et avalanche de prix dans les festivals, — et cette coïncidence fut nommée Nouvelle Vague — on a cru que le cinéma français allait servir d'exemple. Mais les portes se sont bien vite refermées. Certes, chaque année, des producteurs privés — ou l'État — donnent leur chance à de nouveaux venus (31 « premiers » films en 1971), mais il n'y avait parmi eux ni nouveau Godard, ni jeune Resnais[①]. À part les « piliers » de l'industrie qui n'ont pratiquement pas cessé de tourner depuis dix ans (Chabrol, Melville, Truffaut, Lelouch, de Broca, Molinaro...), beaucoup des débutants de 1960 n'ont jamais pu faire de second film, tandis que d'autres se convertissaient à la Télévision, et que de plus nombreux abandonnaient purement et simplement.

Pendant ce temps, paradoxalement, le chiffre des réalisateurs possédant une carte professionnelle augmentait chaque année (560 en 1970), alors que le nombre des metteurs en scène actifs baissait jusqu'à atteindre en 1965 le chiffre de 74 ! Resnais, désenchanté, ne tournait ni son *Harry Dickson* ni son *De Sade* et Godard entrait, de 1967 à 1972, dans une semi-clandestinité ...

C'est pourtant au cours de cette même décennie qu'éclatait la vitalité des jeunes cinémas italien, tchèque, brésilien, allemand, canadien, etc. L'élan français — qui avait tant aidé le jaillissement de ces diverses jeunes écoles — était, sur son propre terrain, stoppé. L'espoir de rupture, de renouveau, qu'avait suscité la Nouvelle Vague au tout début des années soixante, s'était refermé sur les nouveaux codes de comédie et de drame bourgeois centrés sur la vie parisienne, qu'elle avait établis et sur lesquels nous vivons toujours. La société telle qu'elle est — peinte en Italie par Rosi, Bellochio, Bertolucci, en Tchécoslovaquie par Forman, Passer, Chytilosa, au Brésil par Diegues, Rocha, Pereira dos Santos, en Allemagne par Fleischman, Schloendorff, Fassbinder, au Canada par Perrault, Brault, Groulx —, est absente des films français. À part quelques tentatives (Allio, Rozier, Eustache, Jessua, Karmitz...), où trouver, dans les films de cette décennie, une peinture convaincante de la fin de la 4e République, de la 5e, de Mai 68, du Gaullisme, de la guerre d'Algérie, de la mutation de la société française ?

Dans un cinéma sans rapport avec son histoire, son peuple, sa politique, restait

---

① Alain Resnais：阿伦·雷乃，法国导演、编剧、剪辑师，1922年出生，15岁便拍摄了一部短片，喜好文学，曾跟杜拉斯等著名文学家合作过。他的第一任妻子是著名文学家马尔罗的女儿。

encore la chance d'un langage nouveau. Là aussi, la Nouvelle Vague a joué un rôle stratificateur. Ses techniques et ses « formes » nouvelles, rapidement codifiées, ont fait redéboucher le cinéma français sur ce que la Nouvelle Vague avait précisément cru abolir : la « qualité française ». On fait en France un cinéma bien écrit, bien photographié, bien joué, qui peut être fin, nerveux, sensible, émouvant, piquant, mais cela reste toujours du domaine du bel objet manufacturé.

Ceux qui ont ouvert des portes ne sont pas nombreux : Bresson, Resnais, Godard. Considérés à l'étranger avec respect, Bresson et Resnais sont étudiés dans les universités, présentés sur les campus, mais pourtant l'un se tait (Resnais) et l'autre pratique un cinéma dont la forme — strictement personnelle — se sclérose inévitablement de film en film. Celui qui est le « phare » du cinéma français à l'étranger, qui ne cesse de réserver des surprises quand on le croit parti sur le chemin de la « négation de l'art » et du message initiatique, Godard donc, renoue, dans son dernier film co-réalisé par Jean-Pierre Gorin, *Tout va bien* (1972), avec le cinéma-spectacle, à la fois la somme de tous ses précédents films politiques et le retour au bonheur de filmer qui sourdait de *Vivre sa vie* et de ses autres œuvres. Ainsi ce livre, qui a commencé par Godard, pourrait s'achever avec Godard, et avec cette citation de Glauber Rocha : « La Nouvelle Vague a fermé la porte à un possible grand cinéma français, seul Godard a pratiqué une rupture totale ». Ce serait trop beau...

Il y a, dans le retour à la production normale de Jean-Luc Godard l'inquiétant syndrome d'immobilisme du cinéma français. Marcel L'Herbier, cinéaste, directeur de l'I.D.H.E.C.[1], qui sáit de quoi il parle puisqu'il pratique et connaît le cinéma en France depuis 1919, commentait cet « immobilisme français », dans un article de mai 1972 intitulé « La vraie crise du cinéma français » par ces mots : « Comment se manifeste au juste la pareille crise? Engendrée par une déficience native, une paralysie latente de notre cinéma, aggravée sans cesse par l'absence impardonnable d'une politique stimulante de la créativité, dramatisée par le poids oppressant du joug conjugué de l'Amérique et de la télévision, bref, c'est cette impuissance fatidique [...] qui est la vraie crise, la crise ontologique du cinéma français. »

Marcel L'Herbier fait une analyse correcte de la situation, se plaint, apostrophe les ministres et les gouvernants, supplie qu'on sauve « le feu sacré de l'art... des mille brasiers de la vraie crise où tant de nos espérances se sont consumées déjà », a peur que « l'État, invinciblement indifférent à notre décadence, n'accepte que la lumière cinématographique luise désormais de partout... sauf du pays de (Louis) Lumière ». Mais il fait encore confiance à l'individu, à une « politique salvatrice » de l'État. Or ce temps, hélas, est dépassé.

Le cinéma français, frappé en plein cœur[2] de son économie, est plus que ja-

---

① 全称是l'Institut des Hautes Études Cinématographiques（高等电影研究院），Marcel L'Herbier 1943年创建。

② en plein cœur de... : 深深地，深入地。 C'est un homme blessé en plein cœur de son amie qui l'a trahi. (这个男人因为女友的背叛而受到极深的伤害。)

mais condamné par son individualisme à un émiettement de sa force, écartelé par des compartimentations inconnues jusqu'alors — La sacro-sainte filière d'autrefois : assistanat, puis premier court métrage, puis passage au long métrage, n'existe plus. Les métiers du cinéma se stratifient ; le film industriel devient une spécialité, ainsi que le film publicitaire. Certes, on peut tourner à 16 ans son premier long métrage en 16 mm, et il y a mille manières d'envisager le cinéma, mais il n'y a vraiment place que pour une seule : la bonne, celle qui rapporte. — Frappé par-dessus tout par un « manque d'âme », par une absence de foi dans son devenir, le cinéma français ne peut espérer un renouveau que dans une crise totale.

C'est à ce prix que, dans une perspective économique rénovée, hors des fausses bonnes routes empruntées par ses prédécesseurs de la Nouvelle Vague, un véritable jeune cinéma français pourrait alors, fort de ses traditions acceptées, fournir la matière à un prochain livre.

i. Exercices

1. Questions et réponses :

(1) Qu'est-ce qui arrive au cinéma après la Nouvelle Vague ?

(2) Quelles mesures prend-on pour le cinéma français, puisque le ver est dans le fruit ?

(3) Pourquoi l'élan français est-il stoppé sur son propre terrain tandis qu'à l'étranger, diverses jeunes écoles ont jailli grâce à l'influence française ?

(4) Est-ce que le film français a obtenu du succès pendant les années 60 ?

(5) Que fait Bresson après avoir ouvert des portes ?

(6) Quelle impression Godard nous donne-t-il pendant et après la Nouvelle Vague ?

(7) Que fait Marcel L'Herbier après son analyse de la situation ?

(8) Quelle était « la sacro-sainte filière d'autrefois » ?

2. Vrai ou faux :

(1) On va de moins en moins souvent au cinéma.

(2) La crise du cinéma français se voit tant dans la production que dans la distribution.

(3) De nouveaux venus peuvent avoir l'occasion de faire un film au début de la Nouvelle Vague.

(4) Comme de plus en plus de réalisateurs possèdent une carte professionnelle, la production du film augmente.

(5) À la fin du texte, l'auteur apprécie la Nouvelle Vague.

3. Enrichissement lexical :

(1) Quelle est la vraie signification de la locution « **le ver est dans le fruit** » ?

(2) Que signifie « **le public déserte les cinémas** » ?

(3) Quel est le vrai sens de « **pilier** » dans « *les piliers de l'industrie* » ?

(4) Que pensez-vous d'« **une paralysie latente de notre cinéma** » selon Marcel L'Herbier ?

(5) Que signifie « **le feu sacré de l'art** » ?

4. Paraphrasez la phrase suivante :

« Mais les portes se sont bien vite refermées. »

5. Sujets à développer :

(1) Présentez un peu la vitalité des jeunes cinémas après la Nouvelle Vague.

(2) Dites-en plus :
① sur les évènements historiques :
- La fin de la IVe République ;
- La Ve République ;
- Mai 68 ;
- Le Gaullisme ;
- La guerre d'Algérie ;
② sur les mouvements cinématographiques :
- Néoréalisme ;
- Bresson.

II. 相关知识

　　1959年至1962年，正值新浪潮盛行之时。短短4年间，涌现出了百余名新导演加入拍片队伍。虽然有些未能成功，但仍有许多年轻的导演，比如戈达尔，在不久后成为世界级的电影大师。他们为世界留下了宝贵的电影文化遗产。新浪潮运动意义深远，曾影响过德国新电影、美国新电影、巴西新电影等。

在总结新浪潮运动时，我们会发现该艺术运动有着鲜明的优缺点。积极地讲，新浪潮彻底拒绝了传统电影，法国电影界成功地实现了新老交替，完成了重新洗牌：重新站队，重新选择。在经历了大浪淘沙般的洗礼后，涌现出了一批追求技巧完美的年轻导演："手册派"的克洛德·夏布罗尔和弗朗索瓦·特吕福，科班派的爱德华·莫利纳尔、雅克·德莱、乔治·娄德。在他们共同努力下，一部接一部的优秀影片呈现在了观众面前。

当然，新浪潮运动也存在着诸多不足，正如批评家们所指责的那样，这些导演们在自己的影片中拒绝政治立场，代之以个人的传记或经历。此外，这些电影在技术和美学上的表现手法显得简陋贫乏。

当然，新浪潮的积极贡献是不容置疑的：它精简了摄制班子、在实景中拍摄、打破了过分僵化的专业行规。要知道，在电影尚处于起步或正在复兴阶段的国家中，青年导演们正希望掌握这方面的经验。正因为它打破了陈规旧习，所以我们才称其为"新浪潮"运动。

Pour en savoir plus :

(1) Louis Delluc.1920. *Photogénie*. Paris. Brunhoff.

(2) Georges Sadoul. 1949. *Histoire du Cinéma Mondial*. Paris. Flammarion.

(3) Jean-Luc Godard et Joussef Ishaghpour. 2000. *Archéologie du Cinéma et Mémoire du Siècle*. Tours. Farrago.

(4) Antoine de Baecque et Serge Toubiana. 2001. *François Truffaut*. Pairs. Gallimard.

(5) Jean-Jacques Meusy. 2002. *Paris-Palaces*. Paris. CNRS.

(6) Truffaut. 2002. *Les Films de Ma Vie*. Paris. Flammarion.

(7) André Malraux. 2004. *Écrits sur l'Art-Esquisse d'une Psychologie du Cinéma*. Paris. Gallimard.

(8) Truffaut. 2008. *Le Plaisir des Yeux*. Paris. Flammarion.

(9) Pierre Lherminier. 2008. *Louis Delluc et le Cinéma Français*. Paris. Ramsay.

Mode et Gastronomie

中文导读

　　法国的时装与美食享誉世界，品牌与种类不胜枚举。事实上，仅凭其中任何一个方面，都能写出厚厚的一本书来。为此，要选小小的四篇文章来包容如此多的信息，笔者尤感空间有限。姑且不说面面俱到，就连选点都唯恐失之偏颇。权以时装为例，本单元中笔者只能简略地谈论时装的发展史，以及品牌时装的优势和特点。介绍法国的美食，也只能谈谈葡萄酒与巧克力，而难以再涉及其他范畴。

　　第一篇选文讲述了现代时装的发展与沿革。在进入20世纪后，成衣业从兴起、发展到流行，都体现出诸多特点：（一）装束时尚化。成衣业彻底颠覆了以貌取人的观念与现象。芸芸众生，无论高低贵贱，在穿着上已日渐趋同。换言之，蓝领工人休闲时的装束，与白领几乎没有什么区别；（二）时装性别特点中性化。早年，男女装之间的差别颇大且标志明显。现今男士与女士之间的款式渐渐接近，甚至出现相同的现象。当然，时装在发展过程也遇到了阻力：一些企业和机构推出了特有的职业工装。反潮流的朋克服饰更是标新立异，拒绝潮流。虽然这些是时装发展的不和谐音符，但也是不可缺少的元素。末了，文章还谈到了牛仔裤的兴起、高档时装的发展进程等。

第二篇选文谈到了品牌服装业。要建立一个品牌并非易事，但品牌一旦树立，不仅能产生极佳的经济效益，而且能够抵御可能的经济危机。当今的时装世界，千万别指望顾客"从一而终"。要想吸引顾客，最好的手段便是推出品牌产品。由于品牌是产品的保护伞，所以它本身也就具有潜在的价值。在现代社会中，各个阶层的人都希望穿得更好些，也愿意为之掏腰包。名牌服装业瞄准的客户，已经不只是那些"超级富豪"，而且还有大众消费者。所以，如果说名牌就是时尚的话，那么这就意味着时尚已经开始普及。

美食方面，笔者首先选取了一篇关于葡萄酒的短文。文章以简练的手法言明了葡萄酒两千来年的历史、葡萄种植地的自然条件（包括气候与土壤），以及种植葡萄所需要的护理。从历史上讲，这种饮料由罗马人带到这片土地，并且取代了高卢人原有的饮品。在葡萄种植上，中世纪强调品种的质量：种植过程极为讲究，诸如施肥，多不得，少不得。到了19世纪，葡萄种植业得到了极大的发展，葡萄酒的生产也随之普及。法国有幸成为葡萄种植的第一大国，然而它也因此牺牲了产品的质量。20世纪，随着危机的加剧，法国葡萄酒业启动了自我调节机制，制定了质量分级制，从而保证了葡萄酒的数量与质量的正常发展……

最后一篇选文的主角是巧克力。法国人钟爱巧克力，或许是因为吃巧克力可以产生幸福感，使人放松、愉悦。然而，巧克力还体现着许多其他优势：色彩，形状，味道，造型艺术，抗衰老等。该选文对这些方面详加阐述，较好地展示了巧克力的另一面。总之，巧克力带给大家的，不仅是味觉的享受，而且还有视觉的美感。

par François-Marie Grau

François-Marie Grau, secrétaire général de la Fédération française de prêt-à-porter féminin, délégué général adjoint de l'Union française des industries de l'habillement, a publié *La Haute Couture* et *Histoire du Costume* dans la Collection de *Que sais-je ?*.

La mode contemporaine est marquée par le triomphe du prêt-à-porter ; son avènement sera également, malgré quelques réactions, celui d'une mode démocratisée, soumise à de nombreuses influences et universelle.

1. L'avènement du prêt-à-porter

L'événement majeur de l'après-guerre est l'avènement du prêt-à-porter. Dans l'immédiate après-guerre, la confection industrielle conserve mauvaise réputation et est assimilée à une production de médiocre qualité, peu créative, ce qu'elle est souvent en effet. Le génie de quelques industriels, comme, en France, Albert Lempereur ou Robert et Jean-Claude Weill, sera de parvenir, au début des années 1950, à grands renforts de campagnes publicitaires, à traverser cette image et à proposer des vêtements de marque de qualité à des prix abordables. En 1959, Pierre Cardin prend acte de② ce succès et lance la première collection de prêt-à-porter d'un grand couturier... Le prêt-à-porter, anglicisme (il faudrait dire « prêt-à-être-porté ») dérivé de l'expression américaine *ready-to-wear,* est né et ne va pas cesser de s'étendre.

Il faut dire que la période de forte croissance que l'Europe va connaître pendant les « Trente Glorieuses », avec une fantastique augmentation du pouvoir d'achat (le pouvoir d'achat croît davantage entre 1947 et 1960 que dans les cinquante années précédentes), ses grandes avancées techniques, ses nouveaux moyens de publicité et de commercialisation, lui est particulièrement propice. En

① Extrait de *Histoire du Costume.*
② prendre acte de qch (qn)：注意到某事（某人）。Nous prenons acte de tes efforts.（我们注意到了你的努力。）

quelques années, l'industrie du prêt-à-porter, de plus en plus déconnectée de la haute couture, devient le principal artisan de la mode.

2. Les principales caractéristiques de la mode contemporaine

Les principales caractéristiques de la mode contemporaine sont la banalisation des usages, la diversité et l'universalité des tendances.

La banalisation des usages (progressive tout au long du XIXe et du XXe siècle au fur et à mesure de l'élargissement de la bourgeoisie) est évidente : comme le remarque Ernest Renan[1] dès 1883, il n'est plus de costume qui indique avec certitude la position ou les fonctions d'un individu, qui permette de situer d'emblée une personne que l'on ne connaît pas. Le costume n'est plus, ou est de moins en moins, ce qu'il a été pendant des siècles : le signe d'appartenance à une classe ou à un statut social. Ainsi, le costume civil des prêtres se résume aujourd'hui à une petite croix d'argent portée au revers de la veste ou sur un pull-over. Le costume militaire, en règle générale, n'est plus porté qu'en service, et dans certaines villes de garnison, il est même interdit de porter l'uniforme en dehors des enceintes militaires. De même, il est de plus en plus difficile de distinguer un ouvrier d'un employé, un cadre supérieur d'un cadre moyen à sa seule apparence vestimentaire : les classes sociales sont si peu délimitées que le costume a tendance à en perdre la trace...

Les résistances à cette évolution, il est vrai, restent fortes. Les entreprises n'autorisent pas toujours leurs employés à s'habiller suivant leur fantaisie ; le secteur bancaire ou les grandes entreprises publiques restent réticentes au port des tenues décontractées, fussent-elles réservées au vendredi (le *Friday-wear)* et défendent farouchement le costume et la cravate.

...

Il n'en reste pas moins que la banalisation des usages est largement entamée et qu'elle gagne même le terrain des sexes. Alors que le costume masculin et le costume féminin s'étaient différenciés depuis le milieu du XIVe siècle, jusqu'à s'éloigner radicalement, la fin du XXe siècle voit une révolution inverse : le pantalon, comme une large partie de la garde-robe, est aujourd'hui porté indifféremment par les deux sexes, toute une mode androgyne est née après la guerre qui ne cesse de s'étendre, et les pièces sexuées du costume féminin – jupe, robe, soutien-gorge – comme du costume masculin – costume, cravate – sont de moins en moins portées. Manifestement, alors que l'émancipation féminine touche à son terme, que l'égalité des conditions de vie progresse chaque jour un peu plus, et que l'homme s'approprie des valeurs jusque-là féminines, il ne serait pas étonnant d'assister, dans les

---

[1] Ernest Renan : E. 勒南(1823–1892)，法国史学家、作家。

prochains siècles, voire dans les prochaines décennies, à une assimilation complète des costumes masculin et féminin.

3. Le costume masculin

Les tenues classiques n'ont que peu évolué : elles se composent encore de costumes, droits ou croisés, assortis d'une chemise et d'une cravate[①], le cas échéant[②] d'un manteau, que rien ne distingue vraiment de leurs devanciers du XIXe siècle. Tout au plus peut-on remarquer la raréfaction des smokings, gilets, chapeaux, barbes et moustaches, gants et cannes, dont le port tend à disparaître. Le costume masculin n'échappe cependant pas à la modernité : à côté des tenues classiques, de moins en moins portées (ou, plus exactement dont l'usage se limite aux occasions professionnelles et aux cérémonies, ce qui est un signe incontestable de déclin), sont apparues des tenues décontractées, avec toute une variété de nouveaux articles, comme jeans, tee-shirts, sweat-shirts, shirts, blousons, pantalons de coton ou de velours, voire salopettes, sahariennes, vestes déstructurées, pour partie d'inspiration américaine, pour partie venus du monde des sports (le sportswear) ou encore de la rue (le streetwear). Une plus grande liberté règne dans les couleurs, dont toute la palette est autorisée, et dans les assortiments : il n'est pas rare de voir une veste portée sur un jean ou un tee-shirt avec un pantalon de coton classique. Signe des temps, dès 1959, alors que la haute couture ne s'était intéressée jusque-là qu'à la femme, Pierre Cardin, toujours pionnier, présentera pour la première fois une collection masculine, portée par des étudiants. « La mode masculine, écrit Farid Chenoune, a en fait pénétré toutes les couches sociales et tous les secteurs de l'habillement pour hommes, les soumettant aux rythmes des collections et à la multiplication des marques, des styles et des références. La garde-robe classique, régie par l'étiquette sociale et professionnelle, n'a pas disparu, mais elle tend à se muer en un vestiaire polyvalent, sans affectation définitive, où la part subjective compte plus. »

4. Le costume féminin

L'histoire de la mode féminine d'après-guerre est également celle d'une libération. Durant la guerre, la mode féminine était d'inspiration militaire : épaules larges, jupes et robes raccourcies, tailles plus marquées, port du pantalon ou de la jupe-culotte. Les années 1950 voient le retour de l'élégance avec les « femmes-fleurs, épaules douces, taille fine comme une liane, avec de larges corolles » du

---

① assortir qch de qch : 使……伴有……，使搭配。 Je te propose d'assortir la laine rouge de la laine blanche pour faire un chandail. (我建议你把红线和白线配在一起织件毛衫。)

② le cas échéant : 万一，如果可能的话。 Il peut vous conseiller et le cas échéant, vous aider. (他可以给您出主意，必要的话，还可以帮助您。)

New Look de Christian Dior... Cette nouvelle élégance n'empêche pas la poursuite de l'émancipation des femmes, qui, pour la première fois dans l'histoire de France, sont admises à voter. Le 3 juin 1946, LOUIS Réard présente à la piscine Molitor un maillot de bain deux pièces, le *bikini*. Quelques jours après un essai militaire atomique dans l'atoll du même nom est censé produire le même effet... En 1965, les jupes raccourcissent et, pour la première fois depuis l'âge de bronze, atteignent les cuisses : la mini-jupe réapparaît. La même année, il se fabrique en France plus de pantalons pour femmes que de jupes... Dans les années 1960, c'est en effet l'avènement d'une mode « démocratique, libérée et unisexe », tout entière sous l'influence des stylistes du prêt-à-porter, qui se substitue à l'influence jusqu'alors dominante de la haute couture. Là encore, selon l'expression de Farid Chenoune, la garde-robe classique « tend à se muer en un vestiaire souvent polyvalent, sans affectation définitive », la mode s'est diversifiée à un point qu'il devient presque impossible de la caractériser : les pantalons côtoient les jupes, le court voisine avec le long, les vêtements de sport deviennent des vêtements de ville...

5. Les « anti-modes »

Tout au long de cette période, des modes accessoires, généralement contestataires, se développent épisodiquement. Plus ou moins sincères, elles traduisent une volonté de réappropriation du costume, voire de rupture de la part de la jeunesse ou de certaines classes sociales. Il en est ainsi des modes *zazou*, néo-édouardienne, teddy-boy, rock, hippy, punk, skin-head ou encore minet, mod, rétro, rasta, qui eurent chacune leur heure de gloire.

...

Une décennie plus tard, deux anti-modes marginales rendent compte du désarroi d'une partie de la jeunesse de la fin des années 1970 et des années 1980. Les *punks,* dont la devise *no future* trahit assez bien l'état d'esprit nihiliste, privilégient le cuir noir clouté, jeans et tee-shirts déchirés, les chaînes et les coiffures hirsutes. Violents et racistes, les skin-heads, têtes rasés, préfèrent des blousons en synthétique, porter un jean et un tee-shirt, assortis de bretelles, le tout agrémenté de svastikas et d'accessoires tricolores ...

6. Le blue-jean

En 1853, lorsque Oscar Levi-Strauss taille un pantalon dans la toile de tente qu'il vendait aux chercheurs d'or, il est sans doute loin d'imaginer ni même d'espérer la postérité glorieuse de sa création. Teinte d'indigo, la toile de Nîmes... Oscar Levi-Strauss en fait un pantalon robuste, à cinq poches, avec une braguette à boutons timbrés, des surpiqûres orange, et des coutures renforcées, à l'entrejambe et aux coins des poches, par des rivets en cuivre. Le blue-jean gagne bientôt, par l'intermédiaire des chercheurs d'or qui se reconvertissent dans l'agriculture ou l'élevage, les campagnes, puis, dans les années 1930, les villes. Après la Seconde Guerre mondiale, le jean franchit l'océan avec le cinéma hollywoodien et conquiert la vieille Europe. Avec plus de 2 milliards d'exemplaires vendus, et une vitalité sans cesse renouvelée, le jean est devenu un élément incontournable des garde-robes, parfait symbole de la mode contemporaine. Symbole de la réussite de la confection dont les coûts de production et la qualité de la fabrication ont su créer et entretenir une consommation de masse. Symbole de l'internationalisation du costume puisque le jean est indifféremment porté d'est en ouest et du nord au sud, à de rares exceptions près (Corée du Nord, Iran...). Symbole de sa diversité puisqu'il existe, encore même aujourd'hui, une grande variété de jeans : bruts, bleus, noirs ou de différentes couleurs, délavés à l'eau de javel, assouplis à la pierre ponce (stone-washed), vieillis (used)... et de coupes différentes (Levi-Strauss commercialise à lui seul plus de 30 modèles dans le monde entier). Symbole d'une mode unisexe et sans âges puisqu'il est porté des premiers pas à la mort. Symbole enfin de l'abolition du costume comme instrument de classe puisqu'il est aussi bien porté, dans des qualités identiques, par le commun des classes populaires que par les classes les plus aisées...

i. Exercices

1. Questions et réponses :

(1) Quel problème la confection industrielle a-t-elle dans l'immédiate après-guerre selon le texte ?

(2) Que signifie la banalisation des usages selon le texte ?

(3) Par quoi se caractérise la période de forte croissance que l'Europe connaît pendant les « Trente Glorieuses » ?

(4) Qui résiste à l'évolution de la mode et pour quelle raison ?

(5) Quelle couleur est-elle acceptable pour les tenues masculines ?

(6) Quelles impressions le blue-jean nous donne-t-il après la vente de plus de 2 milliards d'exemplaires ?

2. Vrai ou faux :

(1) La devise « *no future* » des Punks trahit leur état d'esprit nihiliste.

(2) Pierre Cardin a bien fait des efforts au début pour promouvoir la mode contemporaine.

(3) Le costume masculin et le costume féminin s'étaient différenciés depuis le XIVe siècle jusqu'à s'éloigner radicalement sans retour.

(4) Il serait normal d'assister, dans les prochains siècles, voire dans les prochaines décennies, à une assimilation complète des costumes masculin et féminin.

3. Enrichissement lexical :

(1) Quel est le premier sens du mot « **lancer** » et quel est son sens dans la phrase « *Pierre Cardin ... lance la première collection de prêt-à-porter d'un grand couturier...* » ?

(2) Proposez des synonymes de « **démocratiser** » dans le texte comme ailleurs.

4. Sujets à développer :

(1) « Trente Glorieuses ».

(2) La réussite du blue-jean.

(3) Zazou et son expression dans la mode.

(4) « La période édouardienne » et de la mode néo-édouardienne.

(5) Le « rock » et son développement dans la mode.

II. 相关知识

1849年，美国西部发现大金矿，引发成千上万的人涌入加利福尼亚州，形成了当时著名的淘金潮。加州淘金热的消息使年轻的利维·斯特劳斯(Levi Strauss)相当兴奋，便于1853年搭船航行到旧金山。他带了数卷营帐及篷车用的帆布准备卖给淘金者。后来他发现帆布有更好的用途：由于衣料非常容易破损，人们迫切希望能有一种耐穿的衣服。于是他把卖不完的帆布送到裁缝匠处订制了第一条Levi's牛仔裤。这一天，著名品牌Levi's的传奇诞生了。他所创立的利维公司(Levi's)生产的501牛仔裤就是如今世人皆知的牛仔裤的鼻祖了。渐渐地，在美国中西部农业地带几乎人人都穿着牛仔裤。当它第一次被带到密西西比河以东的繁华都市，便很快步入流行服装的行列。好莱坞明星开始身着牛仔装出镜，连名门贵族也竞相穿起了牛仔裤，其中有英国的安娜公主，埃及的法赫皇后等，美国前总统卡特甚至还穿着牛仔装参加总统竞选。从此，出身卑贱的牛仔装身价剧增，成为久盛不衰的时尚标志。

II. Le luxe toujours à la mode [1]

Guillaume Erner [2], maître de conférences en sociologie à l'Institut d'Études Politiques de Paris, travaille par ailleurs depuis une dizaine d'années dans le domaine de la mode où il a contribué au développement de différentes marques.

En apparence, tout va bien ; l'idée de marque se porte à merveille. Les extensions qu'il est possible de bâtir autour d'un nom qui plaît semblent ne pas avoir de limites. Tout se passe comme si les créateurs textiles bénéficiaient d'une rente que les plus adroits pouvaient faire fructifier. C'est la raison pour laquelle les marques valent désormais des fortunes.

Dans un univers où l'infidélité est la règle, où l'offre semble toujours supérieure à la demande, un nom connu paraît être un véritable atout. Il constitue en particulier une excellente protection contre la crise du secteur textile, patente depuis vingt ans. Cette crise a des causes multiples. En France, comme dans la plupart des pays occidentaux, elle repose notamment sur [3] le fait que la part du budget des ménages consacrée aux vêtements décline.

C'est pourquoi les nombreuses enseignes qui proposent des articles « tendance » à petits prix rencontrent un grand succès. Dans ces conditions, la meilleure et peut-être même la seule façon de leur résister est de bénéficier d'une marque forte, susceptible de traverser de multiples avant-gardes. Aujourd'hui, cette expression est quasiment devenue synonyme de marque de luxe. Bernard Arnault [4] résume l'opinion commune lorsqu'il estime qu'« il faut trente ans pour construire une véritable marque de luxe mais, une fois celle-ci construite, elle peut résister à

---

① Extrait de *Victime de la Mode*.
② Guillaume Erner : 现任法国服装工业联盟总干事长。
③ reposer sur : 取决于。Le redressement de l'économie repose sur la demande intérieure. (经济振兴取决于国内的需求。)
④ Bernard Arnault : 伯纳德·阿尔诺，出生于1949年，路易·威登集团总裁，法国首富，2009年《福布斯》财富排行榜名列15位。

n'importe quelle crise ». Une telle croyance est de nature à rassurer les actionnaires, d'autant que[①] les profits de ce secteur sont généralement très élevés. Ainsi, Prada a beau être discret sur ses coûts de revient, on murmure que les coefficients pratiqués sur certains de ses articles en Nylon sont de l'ordre de 10. Voilà pourquoi au final, Vuitton, Cartier ou Gucci disposent de marges brutes de l'ordre de 70% et de marges opérationnelles avoisinant les 20% ; seule l'industrie pharmaceutique fait mieux.

Pourtant, parler de luxe alors que le système contemporain conjugue consommation et production de masse ne va pas de soi[②]. Traditionnellement, les cultures du luxe se rencontrent surtout dans des sociétés hiérarchiques. Notre monde comprend de multiples stratifications sociales. Toutes, cependant, reposent sur l'égalité formelle des individus. Dès lors, les marques de vêtements d'exception s'adressent en réalité au grand nombre. Comme l'avait prophétisé Tocqueville, ce n'est pas le luxe qui s'est démocratisé : c'est la démocratie qui offre à tous la possibilité *formelle* d'acquérir tous les biens. « Dans la confusion de toutes les classes, écrivait-il, chacun espère pouvoir paraître ce qu'il n'est pas et se livre à de grands efforts pour y parvenir. [...] Pour satisfaire ces nouveaux besoins de la vanité humaine, il n'est point d'impostures auxquelles les arts n'aient recours ; l'industrie va quelquefois si loin dans ce sens qu'il lui arrive de se nuire à elle-même[③]. » Dès lors, le luxe est une étiquette qui distingue certains produits, censés être plus exclusifs que d'autres. Nos contemporains raffolent de cette qualification ; en 2001, ce thème a donné lieu, dans la presse, à plus d'articles que la protection de l'environnement ou la sexualité. Simultanément, plus de 60% des Américains, des Européens et des Japonais sont des acheteurs au moins occasionnels d'une marque de luxe. La clientèle visée par ces entreprises ne se limite donc pas à l'hyperbourgeoisie.

En somme, le luxe est à la mode. Aujourd'hui cette situation lui convient à merveille ; elle lui permet de vendre les produits relevant de ce qualificatif avec une marge confortable. Mais demain? Cette rente sera peut-être mise à mal ; en effet, si le luxe est à la mode, c'est qu'il peut se démoder.

---

① d'autant que : 尤其是(因为)，特别是(因为)。Il m'est d'autant plus difficile de lui parler que je ne le connais pas. (因为我不认识他，所以跟他说话更是困难。)

② aller de soi : 不言而喻。Ta mère t'aime, cela va de soi. (你母亲爱你，这是不言自明的。)

③ Alexis De Tocqueville, *De la démocratie en Amérique*, tome II, Flammarion, Paris, 1981, p.64
阿历克西·德·托克维尔(1805–1859)，法国历史学家、社会学家。

1. Questions et réponses :

(1) Pourquoi est-ce qu'on accorde plus de valeur aux produits dont la marque est connue ?

(2) Quelle est la cause de la crise du secteur textile ?

(3) Quelle est la signification de « **infidélité** » dans la phrase « *l'infidélité est la règle* » ?

(4) Pourquoi doit-on passer beaucoup de temps et faire des efforts pour construire une véritable marque de luxe ?

(5) Pourquoi les marques de vêtements d'exception s'adressent-elles au grand nombre ?

2. Vrai ou faux :

(1) La marque, c'est le synonyme de fortune.

(2) La crise du secteur textile frappe aussi les marques connues.

(3) L'industrie pharmaceutique est la seule qui dispose de marges brutes et opérationnelles plus hautes que celles des grandes marques de luxe.

(4) Il est sûr que le luxe sera toujours à la mode aujourd'hui et demain.

3. Paraphrasez les phrases suivantes :

(1) « Nos contemporains raffolent de cette qualification ; en 2001, ce thème a donné lieu, dans la presse, à plus d'articles que la protection de l'environnement ou la sexualité. »

(2) « Les grandes marques d'exception s'adressent en réalité au plus grand nombre » ?

4. Version :

(1) Dans un univers où l'infidélité est la règle, où l'offre semblent toujours supérieure à la demande, un nom connu paraît être un véritable atout. Il constitue en particulier une excellente protection contre la crise du secteur textile, patente depuis vingt ans.

(2) Pourtant, parler de luxe alors que le système contemporain conjugue consommation et production de masse ne va pas de soi. Traditionnellement, les cultures du luxe se rencontrent surtout dans des sociétés hiérarchiques.

(3) Dans ces conditions, la meilleure et peut-être même la seule façon de leur résister est de bénéficier d'une marque forte, susceptible de traverser de multiples avant-gardes.

(4) Ainsi, Prada a beau être discret sur ses coûts de revient, on murmure que les coefficients pratiqués sur certains de ses articles en Nylon sont de l'ordre de 10. Voilà pourquoi Final, Vuitton, Cartier ou Gucci disposent de marges brutes de l'ordre de 70% et de marges opérationnelles avoisinant les 20% ; seule l'industrie pharmaceutique fait mieux.

II. 相关知识

从概念上讲，法国时装分为两大类：高档时装和成衣。两类之间有着很大的差异。法国人常说的巴黎时装，大多指高档时装。它是由为数不多的名设计师设计、用手工一件件精心缝制而成的服装，看起来极为奢华新潮，从款式到面料都追求极致。

当然，高档时装作为法国时装的象征，它更多用于时装表演，以显示设计师的新奇构思与高超技艺，并向全世界展示时装发展的新潮流、新趋势。

成衣作为时装的另一大类，由名设计师设计，在工厂内成批加工生产。它们的款式和色彩都是参照高档时装而设计的。虽然在制作上简化了许多，但它们的价格仍然不菲。所以这一类时装的主要对象是法国的中产阶级。

当然，这些成衣设计所受到的追捧，足以引领时尚。60年代，法国时装相继推出了花蕾式、菱式、袋式、台式、韵律式、浪漫式、迷你式等。70年代，裤子也成为流行女装的作品，轻便三骨式、短裤、修长裤、喇叭裤、瘦裤、牛仔裤等风行全球。80年代，巴黎时装又率先推出了运动装、旅行装、蝙蝠装。没多久，这些款式便征服了世界。90年代的法国时装设计师们在精心设计款式的同时，又在色调上大下工夫，推出了能够影响全球的"流行色"。

法国著名的时装品牌集中在巴黎，他们都有各自独特的风格，总裁通常都是著名服装设计师，除皮尔·卡丹和伊夫·圣洛朗外，还有迪奥、香奈尔等。

III. Simple présentation du vin[①]

par Marcel Lachivier

Marcel Lachivier (1934–2008), historien français, spécialiste du monde rural, est connu en particulier pour *Vins, vignes et vignerons : histoire du vignoble français* (1988), riche de nombreuses informations sur la vie sociale des vignerons.

L'histoire du vignoble français couvre désormais plus de deux millénaires. Dans un vaste mouvement de flux, la vigne, liane née dans les régions méditerranéennes où elle s'épanouit en plein accord avec le climat, a gagné en quelques siècles des contrées moins accueillantes car les hommes ont voulu la propager pour en tirer le divin nectar. Aussi a-t-elle dû s'adapter à tous les types de climats, de sols, de pentes, accepter d'aligner ses rangs serrés dans des plaines mornes ou de coloniser des versants élevés en se résignant à ne plus donner qu'une humble piquette ; c'est dans les régions où elle ne trouve pas les conditions idéales de végétation qu'elle a donné et qu'elle donne encore les meilleurs produits, le Bordelais et la Bourgogne en sont des exemples éclatants. Pour s'exprimer, la vigne a besoin de souffrir de la chaleur, de craindre l'eau, la gelée, l'humidité ; en ces climats extra-méditerranéens qui n'étaient pas faits pour elle, elle a décuplé ses qualités dans les bonnes années, se réservant de produire des vins plus médiocres quand toutes les conditions nécessaires à son développement n'étaient pas réunies.

Le vignoble que nous connaissons aujourd'hui est donc une création des hommes, une construction au sens propre du terme[②] qui a demandé patience, savoir, don de l'observation, adaptation de la part de vignerons qui se sont acharnés, parfois avec éclat pendant des siècles, à produire un vin que toute notre civilisation gréco-latine réclamait. Vaincus par les Barbares, les Romains ont, en fait, triomphé d'eux en leur donnant cette boisson qui leur a vite fait oublier la cervoise et l'hydromel. Aussi toutes les régions de France se sont-elles efforcées

---

① Extrait de *Vins, Vignes et Vignerons : histoire du vignoble français*.

② au sens + adj.+ du terme : 从……的意义上。 J'entends la politique au sens le plus élevé et le plus large du terme. （我从最高、最广泛的意义上理解政治。）

de produire un breuvage si précieux. Apanage des Grands, apanage de l'Église, le vin a conservé un prestige qui a excité la convoitise des peuples du Nord auxquels la nature interdisait de le produire, et on a vu Anglais et Hollandais organiser des flottes du vin pour venir chercher, de la Loire à la Gironde, les précieuses cargaisons de vin nouveau.

Vin blanc ou vin clairet, vin rouge quelquefois, ce produit a été longtemps le seul excitant connu, la seule boisson alcoolisée facile à produire et digne de ce nom. De ce fait, il a été pendant des siècles considéré à la fois comme un aliment et un tonique, rouge aussi comme un produit de luxe auquel les plus humbles espéraient accéder un jour. Les hôpitaux du Moyen Âge, incapables de donner de véritables soins médicaux à la masse des déshérités qu'ils accueillaient, leur ont d'abord fourni une nourriture abondante, le pain bien sûr, ce pain quotidien qui manquait souvent aux plus malheureux, mais aussi le vin, le vin énergétique, soutra de calories, le vin rouge de préférence, celui qui refaisait le sang, alors que les Grands, alourdis par les plaisirs de la table et la consommation de viandes, préféraient les vins blancs qui réveillaient l'activité somnolente de leur estomac, et que les prisonniers étaient réduits au pain sec et à l'eau.

C'est l'époque où le vin blanc est le vin de la fête, le vin du plaisir, le vin d'une société raffinée qui en apprécie la nervosité ou la douceur, s'il contient encore du sucre. Au contraire, les humbles, les travailleurs veulent des vins colorés, ceux qui donnent des forces, et la viticulture populaire répand à partir du XVIIᵉ siècle ces vins épais, grossiers ; issus de cépages à forts rendements mais dont les prix restent abordables.

Si le Moyen Âge, soucieux de produire du vin jusqu'en Picardie et en Bretagne, s'assagit en ses siècles finissants et abandonne ses positions territoriales les plus avancées, c'est parce qu'il conserve avant tout le désir de maintenir une viticulture de qualité. Clos monastiques, clos princiers, clos bourgeois sont là, à la périphérie des villes, pour rappeler que le vin doit être produit parcimonieusement, sans engrais ni fumier excessifs, sans souci particulier de rentabilité, même si les excédents sont vendus. Pendant des siècles, les rendements n'atteignent pas, ne dépassent pour ainsi dire jamais les vingt hectolitres à l'hectare, et la vigne pérenne se perpétue sur les mêmes terres par la grâce du provignage. La qualité est maintenue, sauvegardée même à coups d[1]'édits princiers [...]

Tour à tour le vin de Champagne mousseux, les grands bordeaux et les grands bourgognes attirent l'attention de consommateurs raffinés, étrangers souvent. En Champagne, c'est le mérite de Dom Pérignon[2] de révéler quelle fraîcheur, quelle

---

① à coups de : 借助。C'est normal de traduire un texte à coups d'un dictionnaire. (借助词典翻译文章是很正常的。)

② Dom Pérignon : 唐·佩里农(1638–1715), 法国教士, 香槟酒的发明者, 以其名字命名的香槟酒Dom Pérignon被誉为香槟中的极品。

finesse on peut tirer du pinot noir vinifié en blanc, à condition d'assembler des raisins issus de vignes différentes qui donnent des moûts [...]

Le XVIIIe siècle, le siècle des Lumières, est bien le siècle où sont nés les grands vins ; dépités de voir le peuple demander toujours davantage à cette boisson devenue de plus en plus commune, effrayés de la dégradation de certains vignobles comme le vignoble parisien, les Grands ont trouvé la parade. En des terroirs très limités, et bientôt même délimités, car en définitive on s'aperçoit que c'est le sol et le sous-sol qui conditionnent tout, de grands crus prennent naissance, qui coûtent dix à vingt fois plus chers que les vins communs, et qui restent l'apanage d'une société raffinée qui réinvente le nectar et l'ambroisie. La désaffection pour les vins de table d'aujourd'hui est déjà en germe dans[1] cette partition opérée au XVIIIe siècle même si, à l'époque, la viticulture a encore de beaux jours devant elle ; et le sauterne qui naît rejoint rapidement le peloton des grands vins aristocrates.

Le XIXe siècle pousse encore plus loin ces vins extrêmes. D'un côté, les grands crus s'organisent ; en 1855, un classement officieux concrétise de la façon éclatante en Bordelais, et surtout de façon durable, l'avance prise par certains châteaux ; au même moment, les Bourguignons, le docteur Lavalle en tête, reconnaissent aussi des hiérarchies dans les clos et dans les terroirs. Mais dans le même temps, la viticulture populaire atteint une extension que la révolution des transports favorise ; en l'espace de vingt-cinq ans le Languedoc, qui avait, pendant des siècles, cherché à produire plus de grains que de vins, se convertit à la viticulture de masse. La France de 1875 compte près de deux millions et demi d'hectares de vigne et le vin ordinaire a gagné toutes les tables, toutes les couches de la société, et pas seulement le vin, mais aussi l'eau-de-vie que les Hollandais ont réclamé les premiers au XVIIe siècle. Du coup, un fléau nouveau, l'alcoolisme, fléau lié surtout aux conditions de vie et de travail des masses urbaines du XIXe siècle, commence ses ravages. La crise du phylloxera, la menace de mort qui pèse sur l'ensemble du vignoble français n'apparaît en fait, sur le long terme, que comme une péripétie, et la France du début du XXe siècle demeure le premier pays viticole du monde, avec un vignoble totalement transformé, capable de produire encore plus, mais qui a sacrifié la qualité pour la quantité.

Les crises successives, de la révolte des vignerons du Languedoc à la grande crise internationale des années 1930, obligent les pouvoirs publics à prendre un certain nombre de dispositions, pas toujours très cohérentes, mais qui ont au moins le mérite de calmer les esprits et d'améliorer la situation, du moins pendant quelques années. La lutte contre la fraude, la reconnaissance et la défense de

---

[1] être en germe dans… : 在……中萌芽。Cette nouvelle idée est en germe dans le romantisme. （这个新的观念萌生于浪漫主义。）

la qualité d'un certain nombre de vins sous l'étiquette A.O.C.^① constituent des mesures adaptées qui produisent leur plein effet après la Seconde Guerre mondiale. Aujourd'hui, le vignoble français présente un double visage. En un peu plus d'un siècle, il a perdu 60% de sa superficie, une superficie ramenée au million d'hectares et qui va sans doute diminuer encore dans les années à venir, mais la productivité accrue permet de maintenir une production moyenne de 70 millions d'hectolitres avec des rendements qui n'ont jamais été aussi élevés. Fait plus grave, il n'a plus d'unité et évolue en sens contraire suivant qu'on se préoccupe des vins fins, principalement les A.O.C. et les V.D.Q.S.^②, qui bénéficient d'un engouement certain, aussi bien en France qu'à l'étranger, et qui donc se vendent bien et permettent aux vignerons de vivre, ou des vins courants, dits vins de table, qui ne trouvent plus preneurs dans une civilisation où le vin n'est plus la boisson courante de la majorité des Français, tendance qui va s'accentuer encore et qui constitue une épée de Damoclès^③ suspendue au-dessus de la tête des producteurs de ces vins particulièrement nombreux dans le Languedoc.

...

i. Exercices

1. Questions et réponses :

(1) Comment les Barbares, vainqueur, ont-ils fini par être vaincus ?

(2) Dans quels climats la vigne décuple-t-elle ses qualités ?

(3) Est-ce que les hommes les plus humbles buvaient souvent du vin rouge ?

(4) Comment les hôpitaux du Moyen Âge traitaient-ils les déshérités faute de véritables soins ?

(5) Pourquoi l'auteur appelle-t-il le vin rouge soutra de calorie ?

① 法定产区酒（简称AOC），法国最高等级的葡萄酒，酒瓶标签标示为 "Appellation + 产地名 + Contrôlée"。
③ 优良地区酒（简称VDQS），仅次于AOC的葡萄酒，酒瓶标签标示为 "Appellation + 产地名 + Qualité Supérieure"。
③ épée de Damoclès : 达摩克利斯剑。该典故出自古希腊的一个历史故事，今天它比喻 "安逸详和背后存在着杀机和危险"。

(6) Quelle est la différence entre le vin rouge et le vin blanc selon le texte ?

(7) Au Moyen Âge, dans quel but prenait-on la mesure d'abandonner les positions territoriales les plus avancées ?

(8) Quelle mesure les Grands prenaient-ils pour améliorer la viticulture au XVIIIe siècle ?

2. Vrai ou faux :

(1) Dans un vaste mouvement de flux, la vigne, liane née dans les régions méditerranéennes, a gagné en quelques siècles des contrées moins accueillantes car elle s'épanouit en plein accord avec le climat.

(2) Le Bordelais et la Bourgogne produisent aussi des meilleurs vins.

(3) Le vin excite la convoitise des Grands et de l'Église française.

(4) Le vin blanc est aussi préféré par les Grands que par les prisonniers.

(5) On commence à se désaffectionner du vin de table au siècle des Lumières.

(6) Au XIXe siècle, la crise du phylloxera a été une menace vitale de mort sur l'ensemble du vignoble français sur le long terme.

3. Enrichissement lexical :

(1) Dites le sens d'« **une humble piquette** ».

(2) Dites la vraie signification de « **raffinés** » dans « *attirer l'attention de consommateurs raffinés, étrangers* ».

(3) Que signifie le mot « **avance** » dans la phrase : « *un classement officieux concrétise l'avance prise par certains châteaux* » ?

4. Que signifient les mots soulignés :

(1) « Aussi a-t-elle (la vigne) dû s'adapter à tous les types de climats, de sols, de pentes, accepter d'aligner ses rangs serrés dans des plaines mornes ou de coloniser des versants élevés <u>en se résignant à ne plus donner qu'une humble piquette</u>... »

(2) « <u>Le vignoble est une création des hommes.</u> »

5. Version :

(1) Le vignoble que nous connaissons aujourd'hui est donc une création des hommes, une construction au sens propre du terme qui a demandé patience, savoir, don de l'observation, adaptation de la part de vignerons qui se sont acharnés, parfois avec éclat pendant des

siècles, à produire un vin que toute notre civilisation gréco-latine réclamait.

(2) Les crises successives, de la révolte des vignerons du Languedoc à la grande crise internationale des années 1930, obligent les pouvoirs publics à prendre un certain nombre de dispositions, pas toujours très cohérentes, mais qui ont au moins le mérite de calmer les esprits et d'améliorer la situation, du moins pendant quelques années.

(3) Si le Moyen Âge, soucieux de produire du vin jusqu'en Picardie et en Bretagne, s'assagit en ses siècles finissants et abandonne ses positions territoriales les plus avancées, c'est parce qu'il conserve avant tout le désir de maintenir une viticulture de qualité.

II. 相关知识

法国葡萄酒的等级

法国葡萄酒分为4个级别：一、日常餐酒(Vin de Table)；二、地区餐酒(Vin de Pays)；三、优良地区酒(简称VDQS)；四、法定产区酒(简称AOC)。这四个级别都是有法可依的，质量依次上升，AOC等级是法国葡萄酒的最高等级，主要出口外销。为此，评定AOC级葡萄酒有着严格的依据：一、标明原产地名；二、标明葡萄品种的名称；三、酒精浓度一般都在10-13%之间；四、限定葡萄园每公顷的产量，以防止过量生产而降低质量；五、规定葡萄树的栽培方式，含剪枝、去蕊、去叶及施肥的标准；六、采收的葡萄符合含糖量的规定时才能发酵；七、发酵方式的规定；八、贮藏的规定；九、装瓶的时机的规定。只要符合1-6项的规定，便能成为AOC级餐酒。但法国政府还硬性规定了7-9项。AOC级的产量约占法国葡萄酒总产量的35%。酒瓶标签都标示为"Appellation + 产地名 + Controlée"。

IV. Le chocolat est à la mode[1]

par Katherine Khodorowsky, Hervé Robert

Katherine Khodorowsky, metteur en scène gastronomique et présidente du club de dégustation la Marmite à Malices, a écrit de nombreux ouvrages sur les sens et la gastronomie. **Hervé Robert**, médecin nutritionniste, enseignant à la faculté de médecine de Paris, est responsable de la communication nutritionnelle du chocolat pour les artisans et les industriels. Tous deux sont membres élus de l'Académie française du chocolat et de la confiserie, ils ont écrit en collaboration l'abécédaire du chocolat, aux éditions Flammarion.

Il n'y a qu'une chose qui se démode : la mode, et c'est la mode qui emporte le succès.

Pierre Reverdy (1889–1960)

Si la mode se qualifie comme un usage peu durable, une manière collective d'agir, de penser, propre à une époque, le chocolat peut se vanter d'avoir, à plusieurs reprises dans son histoire, été à l'origine de modes. Les colons espagnols en Nouvelle Espagne (actuel Mexique) du XVIe au XVIIIe siècle, les courtisanes sous Louis XIII et Louis XIV, Mme de Sévigné ont témoigné en leur temps, de[2] leur passion irraisonnée pour la «boisson des dieux». Le produit est alors cher et réservé aux plus riches. En consommer et le faire savoir permettent de s'afficher socialement, de se faire reconnaître parmi les nantis. Mais n'est-ce pas aussi la fonction de toute mode ?

Depuis une dizaine d'années, les références au chocolat dans les plaisirs des cinq sens[3], donc dans tout notre quotidien, témoignent aussi d'une passion qui dépasse la simple gourmandise. Cette polysensualité est utilisée par les

---

① Extrait de *100% Chocolat*.

② témoigner de… : 表现出。Marchant tout seul dans la nuit, ce garçon témoignait de temps en temps de sa vigilance. (夜间独自行走时，这个男孩时不时表现得很警觉。)

③ Voilà les cinq sens : odorat, ouïe, toucher, goût, vue.

professionnels du marketing pour étonner, en empruntant les codes du chocolat dans des milieux qui ne sont pas le sien. L'objectif est bien de toucher les gourmands, les gourmets, les « accros » de la sainte fève, mais aussi tous les épicuriens.

La couleur du chocolat noir fait penser au bois chaleureux et fait rêver aux[①] pays exotiques. D'où l'utilisation permanente du terme « chocolat » pour parler d'une chaude teinte marron qui éveille les sens dans les palettes de maquillage, les gammes de coloration des cheveux, la décoration de style asiatique ou africain, la vaisselle... L'aspect du chocolat a permis les moulages de savons en forme de tablette de chocolat, de petites bougies en forme de bouchées. Des shampoings marron sont présentés dans des bouteilles simulant du chocolat liquide. De nombreux produits pour la douche et le bain qui moussent, comme la surface d'un chocolat chaud, sont apparus en grande distribution. En 2003, les ateliers de joaillerie Chanel ont créé la montre chocolat : en acier, or jaune, or blanc ou pavé de diamants, son bracelet est taillé comme la tablette d'un grand cru de noir amer. Le célèbre joaillier Boucheron a évoqué la gourmandise en déclinant des bouchées de chocolat sur ses bagues. Quant à Christiane Tixier, présidente du Club du Chocolat de Toulouse, elle a dessiné en 2001 une collection de bijoux représentant fèves, feuilles et cabosses de cacao. Ils sont portés, comme un signe de reconnaissance, par les femmes amateurs de cet « or brun ».

Les arômes du cacao ou du chocolat (plus sucré !) sont aussi couramment utilisés en parfumerie. Ils ont fait le succès planétaire d'Angel, création de Thierry Mugler qui, en 1992, a flairé le pouvoir caché des odeurs suaves. Ce parfum aux notes de chocolat et de barbe à papa lui rappelle les émotions gourmandes de son enfance. Quant aux bougies d'ambiance, elles embaument la maison de chocolat chaud et de gâteau en pleine cuisson. Bernard Loiseau a ainsi diffusé la bougie évoquant la cuisson de son gâteau au chocolat et à l'orange.

Mais si le chocolat a fait une incursion dans la mode, la mode influence aussi le monde du chocolat. Comme en haute couture, les artisans créent désormais des collections selon les saisons et les fêtes : Noël, la Saint-Valentin, Pâques, la Fête des Mères... Les emballages, les présentations et les typographies des grandes marques du luxe influencent les codes du chocolat ou sont copiés. Plusieurs couturiers ont réalisé des créations pour de grandes marques de chocolat : Sonia Rykiel, une boîte de napolitains Valrhona, Primrose Bordier, une boîte Weiss, Jean-Charles Castelbajac pour la Marquise de Sévigné... Quant au sculpteur Arman, il a dessiné une boîte en forme de violon pour une nouvelle collection d'Hédiard en 2001. L'utilisation du chocolat pour réaliser des robes génère aussi chaque année

---

① rêver à ... : 想像，设想。Il n'a pas pu réaliser les projets auxquels il rêvait. （他没有实现他设想的计划。）

un époustouflant défilé de mode au Salon du Chocolat de Paris. Les mannequins les plus célèbres défilent, habillées des créations de couture gourmande... et fondante à la température de leur peau ! Chocolatiers et grands couturiers associent ainsi leurs savoir-faire pour créer ces merveilles éphémères. Paco Robanne fut le premier à présenter en 1989 une robe entièrement en chocolat, lors de la deuxième Nuit du Chocolat.

Les vedettes se vantent régulièrement dans les magazines de manger du chocolat, noir de préférence : si elles sont gourmandes, c'est qu'elles sont sympathiques. Si elles sont belles et minces, c'est qu'elles savent le choisir. Les avoir comme clientes fait alors entrer l'artisan dans le monde des gens connus... quelle que soit la qualité de son travail !

Les arts de la table eux aussi sont touchés par l'influence du chocolat : la vaisselle reprend son image tandis que des ustensiles comme la chocolatière et la tasse spéciale, oubliés depuis un siècle, sont réédités.

L'utilisation en cosmétique de ses vertus antioxydantes et stimulantes, en fait là-aussi un ingrédient gourmand. Aliza Jabès, PDG des Laboratoires Nuxe, raconte que c'est en lisant les écrits du docteur Hervé Robert sur les vertus thérapeutiques du chocolat qu'elle eut l'idée de mettre au point[①] une nouvelle gamme de produits. Ses produits Phytochoc (crème et sérum) sont très vite un succès en 2001 : ils associent les polyphénols de cacao, antioxydants puissants qui luttent contre l'apparition des marques du vieillissement, et les protéines de cacao, qui nourrissent les cellules, activent la micro circulation et procurent un effet tenseur. Ce cocktail détonnant a donné des idées à d'autres marques... Les baumes pour les lèvres sont depuis fort longtemps enrichis en beurre de cacao dont les vertus cicatrisantes sont connues depuis les Mayas. L'idée a traversé l'Atlantique : le spa de Hershey (du nom de la célèbre marque de chocolat) en Pennsylvanie offrait depuis longtemps bains moussants au chocolat et soins de « cacaothérapie ». Les soins en institut de beauté sont maintenant nombreux à Paris pour ceux que les odeurs régalent ou nourrissent !

Si depuis les années quatre-vingt, la fève de cacao, le chocolat et leurs dérivés sont dans l'air du temps, ne sont-ils qu'une mode ? Assurément non ! Son utilisation par les grands chefs en cuisine comme épice dans les plats salés, la diversification de ses formes et de ses recettes prouvent que cette boisson des dieux est bien devenue l'aliment qui rassemble le plus autour de ses charmes savoureux.

---

① mettre au point : 制订。 Le directeur a mis au point le nouveau projet. （经理已经制订了新的计划。）

1. Questions et réponses :

(1) Comment suppose-t-on la définition de la mode au début du texte ?

(2) Qu'est-ce que la « *boisson des dieux* » signifiait et qui pouvait en consommer en principe ?

(3) Dans quelle intention les professionnels du marketing utilisent-ils la polysensualité ?

(4) Pourquoi l'artisan essaie d'entrer dans le monde des gens connus ?

(5) Qu'est-ce qui arrive lorsque le chocolat exerce son influence sur les arts de la table ?

(6) Quel rôle joue le cacao en cosmétique ?

2. Vrai ou faux :

(1) Sous Louis XIII et Louis XIV, le chocolat, devenant de plus en plus connu, devient la boisson des dieux largement consommée du public.

(2) On utilise toujours le terme « chocolat » pour parler de la couleur qui éveille les sens dans les palettes de maquillage, les gammes de coloration des cheveux...

(3) Thierry Mugler fait embaumer la maison de chocolat chaud et de gâteau en pleine cuisson par les bougies d'ambiance.

(4) La mode et le chocolat interagissent selon le texte.

(5) Depuis les Mayas, le cacao est connu pour ses vertus cicatrisantes.

3. Enrichissement Lexical :

(1) Trouvez le synonyme de « **à plusieurs reprises** » dans la phrase « *... le chocolat peut se vanter d'avoir, à plusieurs reprises dans son histoire, été à l'origine de modes.* »

(2) Que signifie le mot « cocktail » dans la phrase : « *Ce cocktail détonnant a donné des idées à d'autres marques ...* » ?

4. Sujets à développer :

(1) Citez quelques exemples de la couleur de chocolat pour son influence dans le marketing.

(2) Présentez un peu l'influence du chocolat sur les ateliers de joailleries.

(3)   Dites-en plus sur la relation entre la mode et le chocolat.

5. Version :

(1)   Ses produits Phytochoc (crème et sérum) sont très vite un succès en 2001 : ils associent les polyphénols de cacao, antioxydants puissants qui luttent contre l'apparition des marques du vieillissement, et les protéines de cacao, qui nourrissent les cellules, activent la micro circulation et procurent un effet tenseur.

(2)   Si depuis les années quatre-vingt, la fève de cacao, le chocolat et leurs dérivés sont dans l'air du temps, ne sont-ils qu'une mode ? Assurément non ! Son utilisation par les grands chefs en cuisine comme épice dans les plats salés, la diversification de ses formes et de ses recettes prouvent que cette boisson des dieux est bien devenue l'aliment qui rassemble le plus autour de ses charmes savoureux.

II. 相关知识

　　巧克力是世界上最受欢迎的食品之一，它是用热带植物可可的果实——可可豆磨成的粉，加入糖和香料等制成的。巧克力带有浓郁的香味，用它可以制作出各种糖果、糕点以及冰激凌等。

　　最初的巧克力源于墨西哥。早在700年前左右，那里的印第安人将可可豆烘烤碾碎，再加入胡椒粉、香料、玉米粉和水，制成了一种饮料。据传哥伦布是首先发现可可豆和巧克力的欧洲人，然而真正将巧克力推广饮用的是后来的西班牙探险家科特兹。他在饮用了巧克力饮料后，精神大振，便认为这种饮料可以战胜疲劳和增强抵抗力。这种饮料在西班牙贵族中赢得了赞誉，然而西班牙却令人惊讶地将这个秘密保守了约一个世纪。

　　随后秘密被泄露出来，巧克力风靡世界。现在每年10月末，世界各地的巧克力生产商齐聚巴黎凡尔赛官，各式各样的巧克力食品令人眼花缭乱，视觉和味觉都能得到极大的享受。一年一度的巴黎巧克力沙龙(Salon du chocolat)创办于1995年，展会通常持续3至4天，期间安排试吃、展示、制作演示等活动，结束在巴黎的展览后，还将在世界各地作巡展。浪漫的法国人总喜欢出其不意、给人惊喜，作为世界时装之都的巴黎自然不会错过这样一个绝佳的主题。世界著名巧克力厂商和顶级时装设计师们总会精心策划设计"巧克力时装秀"，用巧克力为主要原料制作时装，由世界名模进行展示，甚至会邀请著名歌星登台演出，以展现法国人一贯前卫的创意。在真人表演时段以外，这些时装还会穿在静态模特身上进行展示。

Pour en savoir plus :

(1)   Marcel Lachivier. 1988. *Vin, Vignes et Vignerons*. Paris. Fayard.

(2) Jean-François Gautier. 1994. *Les Vins de France*. Pairs. Presses Universitaires de France.

(3) François-Marie Grau. 1999. *L'Histoire du Costume*. Paris. Presses Universitaires de France.

(4) Christian Boudan. 2004. *Géopolitique du Goût*. Paris. Presses Universitaires de France.

(5) Guillaume Erner. 2004. *L'Histoire du Costume · Victime de la Mode ?* Paris : La Découverte.

(6) Katherine Khodorowsky, Hervé Robert. 2004. *Le Chocolat*. Paris. Le Cavalier Bleu Alain.

(7) Drouard. 2005. *Les Français et la Table*. Paris. Ellipses.

(8) Frédérice Moyenneyron. 2005. *La Mode et Ses Enjeux*. Paris. Klincksieck.

(9) Gilbert Garrier. 2005. *Histoire Sociale et Culturelle du Vin*. Paris. Larousse.

(10) Pascale Navarri. 2008. *Trendy, Sexy et Inconscient : Regards d'une Psychanalyste sur la Mode*. Paris. Presses Universitaires de France.

Société et Vie

中文导读

　　谈到法国社会，咖啡馆便是一个不容错过的话题。本单元首篇文章就介绍了法国的咖啡馆。自从咖啡引入法国之后，咖啡馆应运而生，冲击着酒馆的生意。因为咖啡能激活思想、令人亢奋，从而吸引了众多的年轻人。咖啡馆曾一度成为政治家们聚会的场所，就连部长、议长等政界要职，都得通过咖啡馆这个必须的通道才能获得。

　　现实生活中的咖啡馆里，自然不乏穷困潦倒之徒。这些人更愿意在咖啡馆里打发时光。他们吃着最简单的食物，读报玩牌。当然，时间长了，这种生活也变得乏味：单调的节奏，单调的环境，单调的对话，老生常谈。这种生活方式，最多表明那些人愿意在那儿消磨人生、在那儿憔悴……但他们并不能成为咖啡馆故事中的真正主角。咖啡馆议论的主题不是什么风流韵事，而是社会道德。躲在咖啡馆里斗胆批评虽然改变不了现实，但却能够为社会的发展贡献一份力量，或许这就是咖啡馆的作用。

爱打扮是女人的天性，梳妆打扮也是女人社交活动的组成部分之一。从历史的角度来解读法国社会，就不可避免地会谈到法国人在生活中对时尚的追求。或许这就是为什么，我们在本单元中也引入了一篇关于法国妇女的穿着的文章。法国人穿衣讲究端庄得体，但也不拒绝标新立异。时尚意味着放弃甚至嘲笑过去的时尚，意味着古今观点的格格不入。然而，无论如何，女人有权力追求时尚，有资格随心所欲地打扮自己。个人的奇装异服可能招来批评，但当所有女人都这样穿戴时，这就是时尚。进一步讲，追求时尚，不仅要注重外表，更需要关注内在。有些东西虽然精妙，但是无助于美化外表，不如放弃。有些东西虽然外表丑陋，但有着实用的价值，仍得保留。作者借着这种颇有哲理的理念，表达出自己对生活和时尚的独特见解。

谈到法国社会，便不可忽略法国女性。这些撑起半边天的妇女，在经济建设中发挥着重要的作用。随着女性受教育程度的提高，工作岗位等方面与男性相比已经没有不平等现象，但却仍然存在着同工不同酬的现象。女性在生育后，上岗的比例会比男性小。本单元第三篇文章整体介绍了当时欧洲经济共同体内的女性，以及她们的兼职情况。法国的兼职岗位不少，但承担者更多为女性。据有关调查数据显示，由于在报酬与工作机会方面遇到了种种不平等，妇女的离婚率与寡居现象有增无减……总之，文章以特别的视角来剖析妇女兼职工作的现状、演化和特征。

另外，说到现代社会生活，就必然要谈到因特网。这一全球信息网络，以其无可比拟的方便性为公众提供了种种服务，如电子邮件、万维网等。现在，它已经成为人们生活中不可缺少的组成部分。因特网经济实惠，简单实用，没有专业知识的人也能使用，查阅所需信息，解决日常生活中遇到的问题。但如何更加方便快捷地使用网络，还存在着一些问题，办公无纸化还不成熟。因特网想要进入千家万户，还需要开发更为简便的网上浏览方式。

I. La vie de café

par Merville

Pierre François Camus (1785–1853), dit Merville, acteur et écrivain, après une éducation en médecine dès son plus jeune âge, a développé un goût particulier pour le théâtre et adopté le pseudonyme « Merville », provenant du nom de sa mère. Il a joué de nombreux rôles dans une compagnie provinciale. Écrivain doué et prolifique ; il a composé des comédies, des tragédies classiques. Bien qu'il ne soit pas aussi grand en tant qu'écrivain français, ses thèmes théâtraux ont été largement employés par d'autres écrivains.

Avant de dire au lecteur (que ce titre étonne peut-être un peu) ce que c'est que *la vie de café*, il convient de lui dire deux mots des cafés eux-mêmes. Ces établissements succédèrent aux[①] cabarets fréquentés, sous Louis XIV, par la jeunesse élégante de Paris. Le siècle était dévot, guerrier ; il aimait les arts ; la cour de France était la plus brillante, la plus polie de l'Europe ; et, à Paris, les jeunes gens, les femmes s'enivraient ! Il y avait certainement dans ce phénomène moral quelque chose qui tenait de la Fronde[②] et qui menait à la Régence[③].

Un de nos ambassadeurs en Espagne nous avait, sous le règne précédent, apporté le tabac, production des Indes occidentales ; un autre agent diplomatique, un envoyé de l'Arménie, nous apporta le café, dont il se faisait depuis des siècles une grande consommation dans le Levant[④].

Le premier lieu où l'on se réunit pour savourer la liqueur nouvelle fut ouvert dans le voisinage du Pont-Neuf, sur la rive droite de la Seine, par un homme appartenant au bienfaisant Arménien : cet homme, digne d'être signalé au souvenir et à la reconnaissance de la postérité, surnommait Pascal.

---

① succéder à… : 继……之后。 Ce jeune homme succède à son père à la direction de l'usine. (这个年轻人继他父亲之后管理工厂。)

② la Fronde : 投石党运动 (1648–1653)，法国反专制政治运动。

③ la Régence : 摄政时期 (1715–1723)，奥尔良公爵摄政。

④ le Levant : 太阳升起的地方；东方国家，地中海东岸。

Sa maison ne fut fréquentée, dans les commencements, que par un petit nombre de voluptueux de bonne compagnie. Ils y ajoutaient les délices d'un entretien animé, que n'altéraient ni la crapule, ni l'hébétement du cabaret. Le café active la circulation des humeurs ; il féconde la pensée ; le vin irrite l'estomac, engourdit les sens, et abrutit. On ne tarda guère à déserter le cabaret pour le café[①]. Mercier[②], quand il écrivit son *Tableau de Paris*, évaluait déjà le nombre de ces établissements à six ou sept cents ; on assure qu'aujourd'hui il y en a plus de trois mille.

...

Et qu'on ne compare point, sous ce rapport, le cabinet de lecture au café. Le cabinet de lecture fermé, avec son atmosphère soporifique, se refuse essentiellement aux communications de la pensée expace ; le café les provoque expace : que l'émeute s'engendre expace ; que l'imperceptible frémissement qu'elle excite avant d'être saisissable soit remarqué par quelque observateur exercé, ce n'est pas dans un cabinet de lecture qu'il en court donner avis ; ce n'est pas chez lui ; c'est au café pas d'expace, à *son* café où il est sûr de rencontrer ses amis ; à *son* café où il lit ses journaux, où il cabale comme électeur et comme garde national. Quel point sert de ralliement aux premiers retentissements du rappel ? Où va-t-on prendre langue, s'encourager, se compter ? C'est au café. Pas un des trente mille citoyens qui suivirent le général Pajol[③] à Rambouillet[④] n'arriva dans les rangs sans avoir passé par le café ; tous y avaient vidé militairement la bouteille de bière ou le petit verre d'absinthe. C'est dans les salons que se font les candidats à la législation, les ministres, les présidents du conseil, tout le système politique du moment : mais si la sanction des cafés manque à ces arrangements, rien ne s'accomplit : c'est dans les cafés que germent, mûrissent et naissent les commotions qui changent et déplacent tout dans l'ordre social.

...

La vie de nos gens est plus substantielle. Il y a bien encore de pauvres diables qui passent leurs journées au café, faute d'avoir un domicile où ils puissent faire autre chose que dormir. Le café au lait, la bavaroise ou le bol de riz font aussi leur nourriture la plus ordinaire. Ils lisent les journaux pour passer le temps, et dans les longues soirées d'hiver ils se chauffent, ils assistent, sous la vive lumière du gaz, à des parties de dames, d'échecs, de dominos, petits drames où les péripéties et l'intérêt

---

① déserter A pour B : 为了B而舍弃A。Ces touristes désertent les villes modernes pour les ruines des villes antiques.（比起现代都市，这些游客更喜欢去古城遗址旅游。）

② Louis-Sébastien Mercier : 路易-塞巴斯蒂安·西耶 (1740–1814)，出生于巴黎，作家、戏剧家和出版商。

③ Pierre Claude Pajot, dit Pajol（汉译：巴乔尔）(1772–1844)，拿破仑轻骑兵团的著名将领，在7月革命中扮演过重要角色。

④ Rambouillet 在巴黎大区的北部。7月革命期间，Pajol将军曾率众在此筑垒作战。

ne manquent peut-être pas quand on n'y est pas condamné comme aux travaux forcés. Mais avoir, et n'avoir que cela, tous les jours, avec le même détail et les mêmes circonstances, le même dialogue, les mêmes tropes ridicules et stéréotypés depuis que notre langue est, comme on dit, fixée : vraiment, malgré le café au lait et la bavaroise, cela ne peut pas s'appeler vivre au café, mais bien plutôt y mourir, y sécher sur pied. Ce n'est pas là l'histoire de nos gens.

Ils n'arrivent guère, le matin, au café avant onze heures. Une côtelette, une aile de volaille, des œufs au miroir, la tranche émincée de roquefort, un fruit, un carafon de beaune, tel est à peu près le menu du déjeuner. Le lieu rend la demi-tasse indispensable ; après quoi vient la liqueur, l'eau-de-vie, le rum, le kirsch, l'esprit-de-vin sous toutes les formes possibles. C'est le moment des élans du cœur et des inspirations affectueuses. Il se fait des échanges d'invitations, et de libations, à la traverse desquelles le maître de l'établissement sait toujours jeter adroitement une nouvelle, un *on dit*, un *cancan*. On s'étonne, on rit, on s'exalte. Rien ne nous rend contents de nous-mêmes comme la médisance qui ôte un peu de valeur à autrui ; et le comptoir sait ce que cela rapporte. Ce n'est pas que parmi ces habitués tout le monde paie bien exactement ; mais les comptes sont tenus de sorte qu'en perdant un tiers, le maître gagne encore de quoi, payer son loyer et les gages de ses garçons, défrayer sa table, entretenir son ménage et son établissement, et se retirer un beau jour, après avoir vendu son fonds et sa clientèle, dans quelque jolie propriété de campagne, où lui et les siens vivent heureux, tranquilles, et, comme ils disent, considérés.

Dans toute vie régulière, le dîner, après l'intervalle hygiéniquement voulu, succède au déjeuner. Or, après ce premier repas, fait avec une tempérance si exemplaire ; nos amis jouent le suivant aux dominos, après quoi ils se dispersent pour faire un tour de promenade et gagner de l'appétit[①]. Quelques-uns *flânent* sur les boulevards ; d'autres vont tuer le temps à la bourse ou à la Tente[②] ; d'autres enfin se retirent dans leur cabinet, où, encore chauds de leurs émotions, ils travaillent, composent, écrivent ces pages qui nous enchantent.

Nul d'eux ne se pique d'arriver bien ponctuellement à l'heure du rendez-vous, mais peu y manquent absolument ; et avant que les théâtres soient ouverts, tous sont à peu près réunis. Tous intimes d'ailleurs, les premiers et les derniers venus s'apparient aisément. Généralement on dîne très-mal au café, et cela coûte fort cher. Le maître sachant qu'un mot imprévu, peut entraîner tous ses hôtes hors de chez lui, fait toujours ses provisions en hésitant : de sorte qu'il ne faut point lui demander ce qu'on veut, mais se contenter de ce qu'il a. Du reste, son vin est

---

① gagner de l'appétit : 引起食欲。 Du sport te fait gagner plus d'appétit. (运动能使你更有食欲。)

② Fameux cabinet de lecture situé au Palais-Royal.

excellent et son cuisinier habile homme, homme chic premier mérite. Puis on n'est pas là en gastronome, en glouton : on y savoure une nourriture spirituelle qui ne se couche sur 1a carte d'aucun restaurateur. « Les morceaux *caquetés*, disait Piron[①] ; sont ceux qui digèrent le mieux. » Et nulle part on ne caquette les morceaux comme au café.

On se sépare de nouveau : il faut aller entendre la chanteuse à la mode, bâiller à quelque drame historique, ou se lamenter à quelque comédie-vaudeville, tirée du recueil des causes célèbres. On conçoit que les travailleurs vont encore mettre le temps à profit.

Entre onze heures et minuit, les amis se retrouvent encore. Chacun apporte sa provision de scandales publics et privés. Tout cela se met en commun et fournit aux frais[②] d'un entretien plus piquant, plus animé que les précédents, et qui a lieu à huis-clos. Souper n'est qu'un prétexte : il y a peu de mangeurs ; mais on fait du punch, on boit du champagne.

Quiconque a vu cela de près et d'un œil observateur a pu se faire une juste idée de l'état moral de notre société. La galanterie a peu d'accès dans les propos de ces hommes pleins de sève. Les aventures galantes révoltent la sévérité de nos mœurs, car nous avons des mœurs. La licence érotique était le caractère de la régence et du règne qui la suivit. Le corps social était malade d'inflammation alors ; aujourd'hui il tombe d'atonie. Les vicieux étaient effrontés, mais leur effronterie semblait venir du besoin de secouer une honte qu'ils sentaient et qui leur était insupportable : ainsi rit un malfaiteur attaché au poteau. Dans l'orgie sans excès dont je parle, chacun se maintient calme, indifférent. Au temps des mauvaises mœurs privées, il y avait une pudeur publique ; aujourd'hui que les mœurs de famille sont incomparablement meilleures, c'est la morale, c'est la conscience de tous qui fait défaut...

La vie de café ne produit pas cela ; mais elle me fournit l'occasion de le constater... ou de le redire après beaucoup d'années, et je le fais pour valoir ce que de raison. Le seau d'eau qu'on porte à un incendie n'est pas capable de l'éteindre sans doute ; mais en le portant on donne ou l'on suit un bon exemple qui sera encore imité ; de la multiplicité des secours peut naître la fin du désastre ; et c'est ce qu'il faut toujours espérer.

---

① Alexis Piron：毕龙 (1689–1773)，出生于第戎，法国诗人、剧作家。
② fournit aux frais de：由……承担费用。

1. Questions et réponses :

(1) Dans quelle situation sociale d'alors le café succède-t-il aux cabarets fréquentés ?

(2) Où se trouve le premier café en France ?

(3) Pourquoi déserte-t-on le cabaret pour le café en France ?

(4) Où peut-on mieux communiquer que dans un cabinet de lecture et pourquoi ?

(5) Quel rôle joue le café aux yeux des pauvres diables ?

(6) Au café, qu'est-ce que l'on mange comme déjeuner ?

(7) Qu'est-ce qui exalte la clientèle après le déjeuner ?

(8) Qu'est-ce qu'on fait après le dîner au café ?

(9) Pourquoi veut-on vivre au café et y dîner malgré le prix plus cher ?

(10) Quelle est l'idée principale du texte ?

2. Vrai ou faux :

(1) Un des ambassadeurs français en Espagne apporte le café en France.

(2) Parmi les citoyens du général Pajol, s'il y a quelques-uns qui ont envie d'arriver dans les rangs, il leur est nécessaire d'être passé par le café.

(3) Les pauvres passent leurs journées dans le café car ils n'ont pas de maison.

(4) La vie des pauvres qui passent leurs journées au café doit refléter ce que nous pensons du café.

(5) On a l'habitude de payer exactement ce que l'on consomme.

(6) Le dîner au café apporte plus de bénéfice au maître.

(7) Après un repas spirituel au café, on se sépare et il est possible pour quelques-uns de revenir au travail.

(8) Entre onze heures et minuit, les amis se retrouvent encore pour le souper.

3. Paraphrasez les phrases suivantes :

(1) « Le comptoir sait ce que cela rapporte. »

(2) « Nul d'eux ne se pique d'arriver bien ponctuellement à l'heure du rendez-vous, mais peu y manquent absolument ; et avant que les théâtres soient ouverts, tous sont à peu près réunis. »

(3) « Entre onze heures et minuit, les amis se retrouvent encore. Chacun apporte sa provision de scandales publics et privés. »

4. Version :

(1) Que l'émeute s'engendre ; que l'imperceptible frémissement qu'elle excite avant d'être saisissable soit remarqué par quelque observateur exercé, ce n'est pas dans un cabinet de lecture qu'il en court donner avis ; ce n'est pas chez lui ; c'est au café , à son café où il est sûr de rencontrer ses amis ; à son café où il lit ses journaux, où il cabale comme électeur et comme garde national.

(2) Pas un des trente mille citoyens qui suivirent le général Pajol à Rambouillet n'arriva dans les rangs sans avoir passé par le café ; tous y avaient vidé militairement la bouteille de bière ou le petit verre d'absinthe. C'est dans les salons que se font les candidats à la législation, les ministres, les présidents du conseil, tout le système politique du moment.

II. 相关知识

　　"普罗科普咖啡馆"(le Procope)是巴黎第一家咖啡馆，1686年开张，坐落在巴黎第六区，在圣日耳曼德普雷街区一条狭窄、阴暗的小街上。然而文艺复兴运动的思想火花便是从这家咖啡馆中迸发出来的。在启蒙时代，伏尔泰、卢梭、狄德罗及百科全书派的学者们曾聚集在这家咖啡馆中高谈阔论，决定以人文和科学的精神向中世纪神学的蒙昧传统挑战。思想界的泰山北斗当时就在那儿品饮咖啡。

　　"普罗科普咖啡馆"具有的光荣历史是其他咖啡馆所无法比拟的，它先后接待过法国摄政时期的诸多名人、大革命时期的雅各宾派政治家丹东、罗伯斯庇尔等，复辟时期的浪漫派诗人缪塞及其情人也曾在此逗留。"普罗科普咖啡馆"还见证了乔治·桑的情变，也目睹了她与音乐大师肖邦缠绵、激烈的爱情。现实主义作家巴尔扎克、福楼拜，象征主义诗人波德莱尔、魏尔兰等都曾与朋友们来这家咖啡馆彻夜长谈。这个地方精英荟萃，它所迸发出的智慧的光芒，岂是"咖啡馆"三个字就能包容的？

II. La décence doit être toujours à la mode[1]

par Alphonse Karr

Alphonse Jean-Baptiste Karr (1808–1890), romancier et journaliste français, a débuté dans la littérature avec son roman le plus célèbre, *Sous les tilleuls*, qui lui a valu son entrée au *Figaro*. En 1836, il a participé à *La Chronique de Paris*, fondée par Honoré de Balzac. Son roman *Histoire de Romain d'Étretat* a fait connaître Étretat[2] où il se rendait souvent. De 1839 à 1849, il a publié une revue satirique : *Les Guêpes*.

Nous jugeons très bien du[3] ridicule d'une mode ancienne, parce que nous ne la voyons que dans des images, parce que la femme qui remplissait cette jupe est morte, parce que le visage qu'encadrait ce chapeau est fané, etc. – Mais une mode actuelle nous abuse facilement parce qu'elle porte dans ses plis de quoi corrompre les juges. – Quand on parcourt un recueil de modes oubliées et que l'on rit de pitié en les regardant, on se dit : « Comment a-t-on pu se fagoter ainsi ? » – Puis on ajoute : « Aujourd'hui les modes sont bien plus raisonnables, – les femmes s'habillent beaucoup mieux, » etc.

Mais on ne pense pas que jamais, à aucune époque, une femme à sa toilette n'a songé qu'elle se fagotait ; elle a toujours pensé qu'elle augmentait ses charmes par ses affublements, quels qu'ils fussent. – Vous riez d'une jupe ou d'un chapeau ridicules, quand vous les voyez dans des recueils d'images ; – il est facile aussi de rire de la cuirasse creuse et du casque vide d'un de ces brigands de héros auxquels les hommes, se rendant justice, témoignent tant de reconnaissance pour le mal qu'ils en ont reçu. Mais, si sous cette visière vous voyiez tout à coup briller les yeux du guerrier, si sous ce chapeau reparaissait un frais visage, et des yeux de

---

① Extrait des *Femmes*.

② Étretat est une commune du département de la Seine-Maritime, dans la région Haute-Normandie, en France.

③ juger de : 评论，评价。Pour juger du résultat de l'opération, il faudrait être mieux informé. （要评价手术的结果，应当了解更多情况。）

velours, si sous cette jupe se dessinaient des formes vivantes, votre bravoure et votre gaieté s'effaceraient bien vite, et vous vous humilieriez devant ce sujet de vos audacieux quolibets.

Si une seule femme s'habillait ridiculement, elle pourrait être négligée ; mais, comme toutes les femmes s'empressent de suivre une mode, quelle qu'elle soit, il faut bien les aimer comme elles sont : le charme de leur personne se répand sur les artifices dont elles dénaturent leur beauté en croyant l'accroître, et on confond le tout dans les sensations qu'on éprouve. Vous aimez les noix et les châtaignes : – certes, le brou qui entoure la noix, écorce qui tache les doigts et a, au goût, une insupportable amertume, – certes, l'involucre couvert d'aiguillons qui fait ressembler la châtaigne à⓪ un petit hérisson vert, ne flattent beaucoup ni les yeux ni le goût ; mais, en les ramassant sous l'arbre, vous ne pensez qu'au fruit que renferment ces apparences peu prévenantes, et vous sentez votre appétit s'éveiller à leur aspect. Si les noix et les châtaignes s'avisaient de paraître à nos yeux avec d'autres formes encore et sous des enveloppes plus désagréables, cela ne nous empêcherait pas, en les trouvant, de dire : « L'excellent fruit ! » et de les ramasser.

Il faut un grand effort de bon sens pour apprécier équitablement la parure des femmes, et encore est-il prudent de procéder à ce jugement dans des moments choisis, – c'est-à-dire en regardant une femme vieille, laide et méchante, par exemple.

On fait jeter les hauts cris aux femmes en se permettant quelques observations sur la mode du moment. – J'ai cependant eu raison des gilets. Mais Dieu sait à quelles avanies publiques et particulières j'ai dû me résigner ! Aussi est-ce après quelques hésitations que je m'expose aujourd'hui à② de nouvelles malveillances, en risquant de nouvelles observations qui tombent, cette fois, sur les jupes et sur les volants. – J'ai regardé pendant une demi-heure une assez laide et hargneuse personne, pour me bien convaincre moi-même, – car, lorsque l'on a l'imprudence de faire ses observations sur une jupe un peu bien habillée, il suffit du mouvement ou de l'ondulation d'un pli pour troubler la tête du juge et entacher sa décision de partialité. – Profitons donc d'un moment de hardiesse facile pour dire la vérité.

Les vastes dimensions des jupes, – quand cela ne va pas jusqu'à donner③ aux femmes la figure d'une sonnette, – quand elles forment des plis tombants et fluides, ne manquent pas d'une certaine noblesse gracieuse ; mais il faudrait que mesdames les couturières voulussent bien diminuer cette ampleur au-dessous de la taille, au

---

① faire ressembler A à B : 使A像B。 Le nouveau président ne veut pas faire ressembler sa politique à celle de son prédécesseur.（新总统不想让他的政策跟前任的相似。）

② s'exposer à... : 冒险，受到……的威胁。 Elle s'expose à ce qu'on ne la croie plus.（她冒着不再被信任的危险。）

③ aller jusqu'à + inf. : 甚至到，竟至于。 Je n'irai pas jusqu'à dire que c'est un imbécile mais au fond je le pense.（我不会到说他是笨蛋的地步，但我内心是这么想的。）

lieu de froncer laborieusement une quantité d'étoffe excessive qui, devenue ainsi roide et compacte à l'œil, n'a plus l'air d'un vêtement ample, mais d'un fourreau qui accuserait des formes exagérées et hors de proportion avec la partie supérieure du corps. – De plus, le vêtement, au lieu de suivre les belles ondulations et les courbes gracieuses du corps féminin, change complètement les formes et les dénature. – Si une femme de goût, en se déshabillant le soir, se trouvait faite en réalité comme elle a fait semblant de l'être toute la journée, j'aime à croire qu'on la trouverait le lendemain matin submergée et noyée dans ses larmes. La largeur des hanches est une forme naturelle à la femme, et, à ce titre surtout, et à quelques autres, d'un aspect fort agréable ; mais pourquoi ajouter d'autres ampleurs assez mal placées, de l'invention des couturières ?

Outre cette forme factice, il est encore dans la forme actuelle des jupes un inconvénient plus grave à signaler : les rangées de volants. – Ces haillons ajoutés aux robes, par suite d'une mode inventée par des parvenus qui remplacent le *beau* par du *cher* ; ces rangées de volants descendant depuis la ceinture jusqu'au bas de la jupe, doivent, à ce qu'il paraît, pour être corrects, être bouffants et non froissés. – Or, il n'y a pas moyen de porter des volants depuis la ceinture jusqu'en bas, sans s'asseoir dessus. – Il n'y a pas moyen non plus de s'asseoir sur des morceaux d'étoffes flottants sans les friper ; de sorte que[1] les femmes, dans le monde, passent une partie de la soirée à essayer sans succès de ne pas avoir des volants chiffonnés.

Ces efforts, vains et pénibles, amènent deux résultats :

Ils sont vains : par conséquent, les femmes portent derrière elles deux ou trois rangs de chiffons froissés.

Ils sont pénibles : par conséquent, toute femme assise qui se lève pour se rapprocher d'une amie, ou d'une table à thé, ou d'un piano, ou pour danser, commence par rajuster les trois rangs de volants sur lesquels elle était assise, – avec un geste qui rappelle celui d'un singe se grattant. Certes, cela n'est ni gracieux ni élégant ; mais, de plus, il est difficile de rien imaginer de plus indécent que ce geste, qu'une femme renouvelle une vingtaine de fois par soirée. Sans compter que cette préoccupation perpétuelle et inflexible des trois volants sur lesquels on s'assied, et d'une exhibition correcte de leur croupe, ôte aux femmes beaucoup d'abandon et beaucoup de liberté d'esprit.

Il faut avant tout être jolie, gracieuse et décente, dût-on exhiber pour vingt francs de soie de moins autour de sa jupe ?

Minerve[2], – la sage déesse, – le savait bien, elle qui, ayant inventé la flûte,

---

[1] de sorte que… : 以便，使得。L'auteur veut se pénétrer dans son personnage de sorte que tous ses gestes soient justes. (这个演员想深入了解角色以便使他所有的动作准确到位。)

[2] Minerve : 密涅瓦，雅典娜在古罗马神话中的称呼。

et voyant tous les dieux ravis des sons qu'elle tirait de cet instrument, aperçut ses joues gonflées disgracieusement, et jeta sur la terre sa flûte, qui fut ramassée par Dorus[①]. Minerve restait femme précisément parce qu'elle était sage, et, tout en l'emportant sur les autres déesses par l'intelligence, elle ne prétendait le céder à aucune sur le chapitre de la beauté, – ce qui la poussa à accepter la décision de Pâris[②], jugeant – sans volants.

Ô perspicace déesse ! qui, naissant de la tête du maître des dieux pour représenter le bon sens sur la terre, – devina d'avance qu'elle serait traitée en ennemi public, et n'osa sortir du cerveau paternel que cuirassée et armée de toutes pièces.

¡. Exercices

1. Questions et réponses :

(1) Pourquoi rit-on de pitié lorsque l'on regarde un recueil de modes oubliées ?

(2) Pourquoi nous humilierions-nous devant un sujet de nos audacieux quolibets ?

(3) Dans quel but prend-on les noix et les châtaignes comme exemple dans le texte ?

(4) Pourquoi doit-on profiter d'un moment de hardiesse pour dire la vérité ?

(5) Quelle est la jupe qui fait le plus plaisir aux femmes selon le texte ?

(6) Est-ce que les femmes ont des moyens de porter des jupes avec des volants depuis la ceinture jusqu'en bas sans les friper, et pour quelle raison ?

(7) Quel est le geste le plus indécent pendant la soirée ?

2. Vrai ou faux :

(1) Une femme à sa toilette ne pense jamais qu'elle augmente ses charmes par ses affublements.

(2) Les femmes croient que les artifices aident à accroître le charme de leur personne.

① Dorus : 多洛斯，希腊神话中的神，赫拉(Hellen)的儿子，宙斯的孙子。
② Pâris : 帕里斯，希腊神话中的人物，特洛伊王子。

(3) Comme les noix et les châtaignes ont des formes et des enveloppes désagréables, on ne les aime pas.

(4) Les rangées de volants sont correctes quand ils sont bouffants et non froissés selon le texte.

3. Enrichissement lexical :

(1) Trouvez le synonyme de « **se fagoter** » dans la phrase : « *Comment a-t-on pu se fagoter ainsi ?* »

(2) Trouvez le synonyme de « **l'affublement** » dans la phrase : « *elle augmentait ses charmes par ses affublements.* »

(3) Quelle est la signification de mot « **quolibet** » dans la phrase : « *vous vous humilieriez devant ce sujet de vos audacieux quolibets* » ?

(4) Quelle est la signification d' « **une demi-heure** » dans la phrase : « *J'ai regardé pendant une demi-heure une assez laide et hargneuse personne, pour me bien convaincre moi-même* » ?

(5) Trouvez des synonymes de « **chiffonner** » dans le texte.

(6) Que signifie l'expression « **une vingtaine de fois** » dans la phrase suivante : « *il est difficile de rien imaginer de plus indécent que ce geste, qu'une femme renouvelle une vingtaine de fois par soirée* » ?

4. Paraphrasez la phrase suivante :

« Les vastes dimensions des jupes, – quand cela ne va pas jusqu'à donner aux femmes la figure d'une sonnette, – quand elles forment des plis tombants et fluides, ne manquent pas d'une certaine noblesse gracieuse. »

5. Dégagez l'idée principale du paragraphe suivant :

Mais on ne pense pas que jamais, à aucune époque, une femme à sa toilette n'a songé qu'elle se fagotait ; elle a toujours pensé qu'elle augmentait ses charmes par ses affublements, quels qu'ils fussent. – Vous riez d'une jupe ou d'un chapeau ridicule, quand vous les voyez dans des recueils d'images ; – il est facile aussi de rire de la cuirasse creuse et du casque vide d'un de ces brigands de héros auxquels les hommes, se rendant justice, témoignent tant de reconnaissance pour le mal qu'ils en ont reçu. Mais, si sous cette visière vous voyiez tout à coup briller les yeux du guerrier, si sous ce chapeau reparaissait un frais visage, et des yeux de velours, si sous cette jupe se dessinaient des formes vivantes, votre bravoure et votre gaieté s'effaceraient bien vite, et vous vous humilieriez devant ce sujet de vos audacieux quolibets.

希腊神话·帕里斯决定

人类英雄帕琉斯和海洋女神忒提斯(即阿喀琉斯父母)的婚事由于得到普罗米修斯、宙斯和众神作保媒,婚宴上邀请了诸多神祇,然而不和女神埃里斯没有受到邀请。后者为了报复,从赫斯佩里得斯果园里采了个金苹果,在上面写上"送给最美丽的女神"。然后偷偷地来到宴席上扔下金苹果。天后赫拉、智慧女神雅典娜和爱与美神阿弗罗狄忒为这个金苹果争执不下。其他诸神因害怕开罪这三位而不敢发言,只是一味地夸赞三位女神的美貌。三女神动了怒,非要分出胜负不可。宙斯面对这三个女人,一个是他的姐姐和妻子(赫拉),一个是他大脑肿瘤里爆出来的(雅典娜),一个是他产下的蛋里孵出来的(阿芙罗狄忒),让特洛伊王子帕里斯做评判。为了让帕里斯把金苹果判给自己,三女神纷纷诱之以利:赫拉允诺给他无上的权利,保佑他做一个伟大的国王;雅典娜愿意赐给他智慧和力量,鼓励他去闯出一条英雄般辉煌的路;阿芙罗狄忒答应让世界上最漂亮的女子爱上她,并自愿做他的妻子。帕里斯王子想来想去,觉得权利和统治只需等以后继承他父亲的王位就可以了。至于英雄的道路,他自己有一身好本事,大胆去闯终会成功。然而美女难得,尤其是美女不一定都爱他。更何况,他觉得阿芙罗狄忒是最美的,于是就将金苹果给了阿芙罗狄忒。赫拉和雅典娜恼羞成怒,发誓要向所有的特洛伊人报复。后来,帕里斯在阿芙罗狄忒的帮助下从斯巴达带走了爱上他的美女海伦王后,从而引发了特洛伊战争。

III. Les femmes face au travail à temps partiel[①]

par Geneviève Bel

Geneviève Bel, Vice-Présidente de la CGPME[②] nationale, déléguée à l'entrepreneuriat féminin, est membre de la section du Cadre de vie et de la délégation aux droits des Femmes et à l'égalité des chances entre hommes et femmes du Conseil économique, social et environnemental. Elle a rapporté deux communications : « Les femmes face au travail à temps partiel », 2008 ; « L'entrepreneuriat au féminin », 2009.

« *Les femmes stimulent la croissance de l'emploi en Europe et nous aident à atteindre nos objectifs économiques, mais un trop grand nombre d'obstacles les empêchent encore de faire pleinement valoir leur potentiel* » déclarait Vladimir Spidla, Commissaire européen en charge de l'emploi, des affaires sociales et de l'égalité des chances, lors de la présentation au Conseil européen de printemps des 8 et 9 mars 2007 du rapport de la Commission européenne sur l'égalité entre hommes et femmes.

Au sein de l'Union européenne (à 25), le taux d'emploi[③] des femmes atteint aujourd'hui 56,3 %, soit 2,7 points de plus qu'en 2000, année de lancement de la stratégie de Lisbonne[④]. Mais tandis qu'elles dépassent les hommes en matière d'éducation (59 % des diplômés universitaires européens sont des femmes), les

---

① Introduction des *Femmes Face au Travail à Temps Partiel — Communication du Conseil Économique et Social Présentée.*
② Confédération générale du patronat des petites et moyennes entreprises.
③ Le taux d'emploi est le rapport entre la population active ayant un emploi et la population totale de même sexe et de même âge. Conventionnellement, le taux d'emploi d'ensemble est estimé sur la population de 15 à 64 ans. L'objectif de Lisbonne est d'atteindre un taux d'emploi féminin de 60 % en 2010 (temps partiel inclus).
④ la stratégie de Lisbonne : 里斯本战略。欧盟15国领导人于2000年3月在葡萄牙首都里斯本举行了特别首脑会议，通过了一项关于欧盟十年经济发展的规划，即"里斯本战略"。

disparités dans les modalités de travail et la ségrégation du marché de l'emploi perdurent et se reflètent dans un écart de rémunération important et stable. En effet, les hommes gagnent encore 15% de plus qu'elles en moyenne, pour chaque heure de travail effectuée. Pour sa part, la France enregistre une différence de 12%.

L'équilibre entre la vie professionnelle et la vie privée est épinglé comme un domaine clé pour une plus grande égalité entre les hommes et les femmes. Il est frappant de constater que le taux d'emploi des femmes âgées de 20 à 49 ans chute de 15 points de pourcentage lorsqu'elles ont un enfant, alors que celui des hommes augmente de 6 points. De plus, les femmes sont nettement plus souvent que les hommes employées à temps partiel. En 2006, cette modalité de travail concernait un tiers d'entre elles contre seulement 7,7 % des hommes.

Le rapport de la Commission européenne met en évidence[1] de multiples obstacles à l'avènement d'une plus grande égalité tels que l'insuffisance d'infrastructures pour la garde des enfants, les aspects financiers, la pénalisation de la carrière, le risque de perte des compétences, la difficulté de reprendre le travail après une interruption et la pression des stéréotypes.

Au sein de l'Union, le recours au temps partiel demeure très variable (de 4,6% en Grèce à 45,6 % aux Pays-Bas) mais schématiquement on peut distinguer les pays du Sud, caractérisés par un taux d'activité féminine inférieur à la moyenne européenne et un taux de temps partiel assez faible, et les pays d'Europe du Nord, notamment la Suède et le Danemark, où les taux d'activité féminine et les taux de temps partiel sont très supérieurs à la moyenne européenne.

En France, le recours au temps partiel s'est développé de manière significative depuis le début des années 90. La proportion de l'emploi salarié à temps partiel est ainsi passée de 7 % en 1980 à 12 % en 1990, puis à 17,3 % en 1997, pour atteindre son niveau le plus élevé en 1998 (18 %). Selon les enquêtes annuelles de recensement de l'INSEE[2] de 2004 à 2006, il s'établit aujourd'hui à 17,9 % (soit quasiment le pourcentage enregistré en 1998) et concerne donc près de 5 millions d'actifs sur les 28 millions recensés en 2005 en France métropolitaine.

Comme ailleurs en Europe, le temps partiel en France est très majoritairement féminin puisque parmi les quelque 5 millions d'actifs à temps partiel, 83 % sont des femmes. Le temps partiel représente 31 % de leurs emplois. Pour les hommes, ces proportions sont respectivement de 18 % et 6 %. Ces statistiques sont globales et incluent les salariés en préretraite progressive[3] qui se trouvent être trois fois sur

---

① mettre en évidence : 突出，强调。La photo met les narines en évidence.（照片把鼻孔照得很突出。）

② INSEE : Institut national de la statistique et des études économiques（全国统计及经济研究所）.

③ La loi du 21 août 2003 portant réforme des retraites a abrogé la préretraite progressive à compter du 1er janvier 2005, mais les conventions conclues antérieurement continuent à produire leurs effets.

quatre des hommes.

Il ressort en outre des enquêtes qualitatives menées par l'INSEE qu'un tiers environ des femmes concernées subissent plus qu'elles ne choisissent ce mode d'activité, le « choix » étant par ailleurs souvent contraint par l'inégal partage des tâches dans la famille et l'insuffisance des dispositifs permettant l'articulation entre vie professionnelle et vie familiale.

Toujours est-il que choisi ou contraint le travail à temps partiel alimente les inégalités entre les femmes et les hommes : inégalités de revenus présents, donc de retraites futures, aggravées en cas de divorce ou de veuvage, moindres carrières...

...

Au cours de la seule année 2007, plusieurs rapports du Conseil économique et social : *Le développement des services à la personne, consommation, commerce et mutations de la société, la sécurisation des parcours professionnels* ont abordé sous différents angles les problèmes liés à cette modalité de travail et les discriminations subies par les femmes qui sont principalement concernées.

La délégation aux droits des Femmes et à l'égalité des chances entre hommes et femmes se propose donc, sur la base de la note d'information du 23 novembre 2005, et à la lumière des[①] autres travaux du Conseil économique et social, de faire le point sur[②] l'état actuel, l'évolution et les spécificités du temps partiel féminin en France au regard des réalités et pratiques observées dans les autres pays européens, de mieux cerner les notions de temps partiel contraint et choisi et d'approfondir les incidences de cette forme d'emploi sur l'égalité des chances entre hommes et femmes.

À partir de ce constat, l'objectif de cette communication vise à rechercher les moyens d'une meilleure articulation des temps au bénéfice de[③] tous, permettant en particulier à notre pays de continuer à conjuguer un taux très élevé d'activité féminine, facteur d'un dynamisme économique accru, et le taux de fécondité le plus élevé des pays européens.

La délégation aux droits des Femmes et à l'égalité des chances entre hommes et femmes est d'ores et déjà convaincue que l'atteinte de cet objectif passe d'abord par un changement de regard de la société sur le travail des femmes.

---

① à la lumière de : 借鉴。À la lumière de l'expérience personnelle, je le crois honnête. (根据个人经验，我觉得他是诚实的。)

② faire le point sur : 弄清情况。Cette étude fait le point sur la situation économique de France. (这项研究是在理清法国的经济状况。)

③ au bénéfice de... : 有助于……，为了……的利益。Des chanteurs ont donné un concert au bénéfice des aveugles. (一些歌手为盲人举行了一场音乐会。)

1. Questions et réponses :

(1) Dans quelle situation se trouvent les femmes au sein de l'Union Européenne après avoir dépassé les hommes en matière d'éducation ?

(2) Quels sont les désavantages des femmes lorsque l'on parle de la grande disparité entre homme et femme?

(3) Calculez la quantité totale des emplois des femmes en France d'après la phrase suivante : « Comme ailleurs en Europe, le temps partiel en France est très majoritairement féminin puisque parmi les quelque 5 millions d'actifs à temps partiel, 83 % sont des femmes. Le temps partiel représente 31 % de leurs emplois. »

(4) Qu'est-ce que la délégation aux droits des Femmes et à l'égalité des chances entre hommes et femmes compte faire à la lumière des autres travaux du Conseil économique et social ?

(5) Quel est l'objectif de cette communication à partir du constat ?

(6) Qu'est-ce que l'on aborde dans le rapport « *la sécurisation des parcours professionnels* » ?

(7) Que faut-il d'abord pour atteindre l'objectif de cette communication ?

2. Vrai ou faux :

(1) En France, les hommes gagnent encore 15% de plus que les femmes en moyenne.

(2) Le taux d'emploi des femmes âgées de 20 à 49 ans chute de 15 points de pourcentage lorsqu'elles ont un enfant, et celui des hommes de 6 points.

(3) Les hommes sont plus nombreux que les femmes lorsqu'il s'agit de prendre le travail à temps partiel.

(4) La proportion du temps partiel en France est plus grande pour l'homme que pour la femme.

(5) Dans les années 90, le recours au temps partiel en France augmente peu à peu.

(6) En France, les femmes qui ont recours au temps partiel ont atteint une proportion assez élevée : 18% en 1998.

(7) La situation des retraites futures des femmes qui travaillent à temps partiel sera aggravée si elles subissent le divorce ou le veuvage.

3. Enrichissement lexical :

(1) Trouvez le synonyme du mot « **perdurer** » dans la phrase suivante : « *Les disparités [...] perdurent et se reflètent dans un écart de rémunération important et stable.* »

(2) Quelle est la signification du mot « **enregistrer** » dans la phrase suivante : « *Pour sa part, la France enregistre une différence de 12%* » ?

4. Paraphrasez le paragraphe suivant :

Il ressort en outre des enquêtes qualitatives menées par l'INSEE qu'un tiers environ des femmes concernées subissent plus qu'elles ne choisissent ce mode d'activité, le « choix » étant par ailleurs souvent contraint par l'inégal partage des tâches dans la famille et l'insuffisance des dispositifs permettant l'articulation entre vie professionnelle et vie familiale.

II. 相关知识

　　法国人属白种人，个子在欧洲人中偏矮。法国女郎个子大多不高，如著名演员朱丽叶·比诺什，她们最值得骄傲的是身材而不是身高。法国女人兼具匀称身材之结构和精雕细刻之外貌。按世俗的观点，法国姑娘年轻活泼、面容姣好，身段诱人，可称作美女。然而法国人则另有判断。外表好看仅能算"漂亮"，称不上"美"。缺乏了文化气质，释放不出才智的魅力，这种姑娘焉能成为"美人"？法国人心目中的美女，须具有某种特殊的气质和不可抵挡的魅力，哪怕长相一般，身段平平。

　　坦诚地讲，法国人是浪漫的。法国女人总给人以清逸脱尘之感。她们爱打扮，但并不妖艳。单从服饰上看，法国女性的穿着颇为一般，年轻的女孩的穿着甚至可以说是单调和朴素的，她们的打扮基本上是休闲风格，以牛仔裤和各种T恤为主潮流，穿裙子的不多。这种不经意的装束，套在她们的身段上，却总能散发出一种特别的韵味，成为一道靓丽的风景，养眼怡人。

IV. Internet et famille [1]

par Bernard Benhamou

Bernard Benhamou, expert français de l'Internet et spécialiste de la Société de l'Information, délégué aux Usages de l'Internet au ministère de la Recherche et de l'Enseignement Supérieur, maître de conférence à l'Institut d'études politiques de Paris, est chargé d'enseignement à l'Université de Paris I Panthéon-Sorbonne. Il est défenseur de la neutralité des réseaux.

Internet, abréviation du mot anglais internetwork, désigne un réseau informatique constitué par l'interconnexion de réseaux locaux au moyen de routeurs utilisant une technologie appelée en anglais internetworking.

Internet est déjà devenu le réseau informatique mondial qui rend accessibles au public des services très variés comme le courrier électronique et le World Wide Web. À l'heure actuelle, l'internet joue un rôle indispensable dans la vie courante.

Ergonomie : vers une architecture de la simplicité

Pour être attractif, l'Internet ne doit pas être seulement économiquement accessible, il doit être d'une utilisation plus simple. Les ressources disponibles doivent aussi être adaptées à des utilisateurs « non-technophiles ». Pour être à même de [2] créer des ressources pour un large public, l'étude de l'ergonomie reste cruciale. Sur Internet, à la différence du support papier, les ressources mal conçues sont simplement inaccessibles et « n'existent » donc pas... Même si la démarche de recherche d'information peut prendre du temps avec un document papier, il est toujours possible de retrouver une information. À l'inverse, sur le web, la structure de certains sites rend virtuellement inconsultables certaines pages. On note d'ailleurs qu'après quelques secondes d'attente la plupart des internautes

---

① Extrait de *Mission Internet, École et Famille · Le Projet Proxima · pour une Appropriation de l'Internet · à l'École et dans les Familles.*

② être à même de : 有能力做……

n'ont pas la patience d'explorer plus avant une page web et cela quel que[1] soit son intérêt potentiel. Le temps étant de très loin la ressource la plus précieuse pour les internautes, les sites doivent être d'abord conçus pour économiser le temps de leurs visiteurs.

Les sites accessibles aux familles doivent intégrer, dès la conception, la logique de navigation des différents types d'internautes afin de limiter le temps d'utilisation. Chaque effort de localisation d'un élément cliquable, chaque changement de nature des contenus affichés doit faire l'objet d'une étude préalable. S'il est possible d'imposer à des populations hautement motivées (comme des chercheurs ou des professionnels) un effort d'adaptation face à des contenus très variables, imposer cette charge à des usagers non-spécialistes, constitue une erreur. Il convient de faire émerger les technologies les plus simples pour ne pas imposer d'emblée une technologie unique. Avant d'envisager une quelconque généralisation, il est donc nécessaire de recueillir l'avis des utilisateurs sur différents sites pilotes. L'ergonomie doit être étudiée pour favoriser une navigation plus intuitive dans l'ensemble des ressources informationnelles ainsi qu'une plus grande cohérence des sites. À l'opposé[2] du Minitel où le morcellement de l'information correspondait à une nécessité économique (en raison de la tarification à la durée), sur Internet, multiplier le nombre de « clics » pour accéder à une information constitue une erreur. Les temps de chargement étant variables, même sur des systèmes rapides, il convient de raccourcir le parcours des internautes vers les informations souhaitées. C'est d'ailleurs la multiplication du nombre de « clics » ainsi que la taille modeste des écrans des téléphones portables qui ont été à l'origine de l'échec de la technologie WAP[3].

Mirages industriels …

Un autre frein ergonomique souvent négligé concerne la lecture à l'écran. Le confort de lecture des écrans informatiques, même s'il a évolué avec les écrans plats (LCD[4]), reste insuffisant pour lire des textes longs. Les chercheurs les plus impliqués dans ces domaines reconnaissent que le papier reste encore, et de très loin, la meilleure « technologie » pour la lecture. Il possède en particulier une résolution exceptionnelle et un confort de lecture en lumière ambiante sans

---

① quel que + subj. : 不管，无论。 Quelle que soit son opinion, je maintiens mes idées. (不管他的意见如何，我都坚持自己的观点。)

② à l'opposé de... : 与……相反。 À l'opposé de son frère, il est très croyant. (与他哥哥相反，他非常虔诚。)

③ WAP : Wireless Application Protocol (无线电应用通讯协议).

④ LCD : Liquid Crystal Display (液晶显示器).

comparaison avec l'ensemble des écrans actuels. Tant qu'il sera nécessaire d'éclairer les écrans et tant que leurs résolutions resteront nettement plus faibles que celle des imprimés le remplacement du papier restera une illusion et le « bureau sans papier » un mirage industriel…

Créer des systèmes plus adaptés à la vie des usagers

Pour les concepteurs de systèmes technologiques, l'élégance et l'ergonomie ne sont plus un luxe mais doivent devenir les lignes directrices des projets. David Gelernter[1] incite même les futurs concepteurs d'interfaces à apprendre l'histoire de l'art afin de créer des systèmes et des environnements moins austères et plus adaptés à la vie de leurs usagers. Si dans les premières années de l'Internet, les systèmes informatiques ne pouvaient être maîtrisés que par une minorité techno-instruite, leur généralisation passera nécessairement par une simplification des interfaces et des machines. Cette simplification qui est au cœur des préoccupations des ergonomes de l'Internet, n'est le plus souvent pas encore mise en oeuvre par les concepteurs de sites web. C'est pourtant grâce à l'introduction d'une interface plus simple (et plus conviviale) que le web a réussi à séduire une immense population d'internautes et a connu la plus grande croissance en nombre d'utilisateurs de tous les médias existants. C'est cette préoccupation que résume l'ergonome Jakob Nielsen[2] en disant : « *Il faut que la simplicité du web aide les utilisateurs à pardonner les failles de leurs ordinateurs… »*

L'accompagnement : un « métier » sous estimé

Si la navigation sur Internet au travers des liens hypertexte a constitué une rupture importante en terme d'ergonomie, considérer l'Internet dans les familles comme relevant uniquement d'[3]une logique « pointer/cliquer » serait réducteur. L'accompagnement technique et humain des familles dans la découverte de ces technologies reste crucial. Le premier volet de cet accompagnement concerne la maintenance des systèmes informatiques personnels présents dans les foyers. En effet, la maintenance au quotidien des ordinateurs constitue encore une source de difficultés importantes pour les usagers.

Pour les nouveaux utilisateurs, le fait d'entrer en contact avec[4] l'Internet dans un espace public numérique ou dans un cybercafé constitue parfois un leurre en

---

① 他引述了作者在*Machine Beauty · Elegance and the Heart of Technology* 中的原话。

② Jakob Nielsen：雅克布·尼尔森，1957年出生于丹麦首都哥本哈根，人类工程学专家。

③ relever de... : 属于……范畴。 Son père contracte une maladie qui relève de la psychiatrie. （他父亲患上了一种精神类疾病。）

④ entrer en contact avec... : 和……开始接触。 Pour mieux la connaître, il est entré en contact avec ses amis. （为了更好地了解她，他开始接触她的朋友。）

terme de simplicité d'usage. Les systèmes qui sont mis à disposition[①] des usagers dans ces espaces font l'objet d'une maintenance régulière et celle-ci constitue une part importante du temps passé par les utilisateurs sur ces machines lorsqu'elles sont présentes dans les foyers.

La maintenance d'un micro-ordinateur constitue encore un véritable « métier » pour les utilisateurs dans les foyers. Ce métier dont la complexité a souvent été sous-estimée par les acteurs publics dans leurs actions en direction des familles. En matière de technologie, l'accompagnement a trop souvent été conçu par le passé comme la «voiture-balai» qui tentait *a posteriori* de combler d'éventuelles lacunes. Alors que cet accompagnement devrait plutôt être un « éveilleur de curiosité ». C'est en effet lors de la période de découverte des fonctionnalités techniques que les usagers doivent prendre la mesure du réseau.

L'acquisition des connaissances nécessaires à la maintenance d'un micro-ordinateur dans le cadre familial nécessite la mise en place de dispositifs de mutualisation d'expériences. Ces dispositifs pourront être élaborés par des associations et des solutions d'aide personnalisée à la formation devront aussi être envisagées.

Afin de familiariser les nouveaux utilisateurs avec les technologies de l'Internet, des dispositifs de rémunération pourront être mis en place auprès des jeunes (comme pour les dispositifs de « *Chèques Juniors* ») afin qu'ils puissent aider les familles et en particulier les personnes âgées à faire leurs premiers pas sur Internet.

Les mesures à prendre en terme d'accompagnement devront répondre à deux objectifs :

– **Apporter les connaissances techniques nécessaires aux familles** (en leur apportant le cas échéant le soutien de personnes disposant des connaissances techniques qui peuvent leur faire défaut).

– **Promouvoir les usages et les services les plus ergonomiques** en particulier dans le domaine public afin de rendre le média Internet plus attractif pour les populations les moins équipées.

...

① mettre qch à disposition de qn : 把某物供某人使用。 Ces caisses de secours sont mises à disposition des habitants. (这些急救箱是供居民使用的。)

1. Questions et réponses :

(1) Pourquoi l'Internet est-il si attractif selon le texte ?

(2) Qu'est-ce qui est le plus insupportable pour les internautes ?

(3) Comment devrait-on faire pour faciliter la navigation aux internautes ordinaires ?

(4) Quel est le but de l'ergonomie ?

(5) Est-ce que les écrans plats peuvent remplacer le papier pour la lecture ?

(6) Par quel moyen plus d'internautes sont-ils attirés par le web ?

(7) Pourquoi emploie-t-on le mot « **leurre** » dans la phrase : « *Pour les nouveaux utilisateurs, le fait d'entrer en contact avec l'Internet[...]constitue parfois un leurre en terme de simplicité d'usage* » ?

(8) Qu'est-ce que l'on devrait faire lorsque l'on élabore des dispositifs de mutualisation d'expériences ?

(9) Quelle mesure prend-on pour aider les personnes âgées ?

(10) Savez-vous quels systèmes sont plus adaptés à la vie des usagers ?

2. Vrai ou faux :

(1) À la différence du support papier, les ressources mal conçues n'existent pas encore pour Internet s'il s'agit de la recherche d'information.

(2) Des populations d'internautes doivent avoir des connaissances sur l'Internet de même niveau que des chercheurs.

(3) Il est correct d'après l'auteur de multiplier le nombre de « clics » pour accéder à une information sur l'Internet.

(4) Pour créer des systèmes et des environnements moins austères et plus adaptés à la vie de leurs usagers, il est nécessaire pour les futurs concepteurs d'interfaces d'apprendre l'histoire de l'art.

(5) Comme une interface plus simple a été introduite, le web a réussi à séduire une immense population d'internautes et a connu la plus grande croissance en nombre d'utilisateurs de tous les médias existants.

(6) L'accompagnement technique et humain a pour but la maintenance des systèmes informatiques personnels présents dans les foyers.

3. Sujets à développer :

(1) Dites la différence entre l'Internet et le Web.

(2) Faites-nous savoir le but final des industriels concernant l'informatique.

II. 相关知识

　　法国在互联网应用方面落后于其他欧洲国家。或许这是由于法国率先在世界上使用在线信息网络的缘故吧！早在80年代初，法国便推出了互联网服务的先驱：Minitel，它是一个将电话与8英寸荧屏结合在一起的图文系统。在80年代中期，全法国有超过300万Minitel系统投入使用。它是随新电话服务免费派发给用户的。就像在线黄页一样，Minitel能方便用户阅读新闻、交电话费、为旅行预订宾馆客房，而且还能执行多种其他任务。法国电信自1981年左右开始运营Minitel以来，开发了2万多种业务，覆盖了人们生活的方方面面。人们在Minitel上可以搜索信息、阅读诗歌、购买商品、寻找保姆、查询列车和航班等。Minitel成为互联网之前世界上最大的商用信息系统。许多分析家将其视为互联网的雏形。

　　实际上，即使同今天的互联网相比，Minitel系统仍然拥有一些独特的优势，例如：使用Minitel系统不需要购买接入服务，也不需要购买计算机，另外，在Minitel系统中使用信用卡更加安全。还有人注意到，同样是在线购买火车票，使用Minitel系统一般只需要花费3.5分钟时间，而使用万维网则通常会用去4.5分钟时间。所以，在互联网已经实现了商业化的今天，法国仍然有82%的用户经常使用Minitel，这也不足为奇了。

Pour en savoir plus :

(1) Michel Louis. 1977. *La Guerre du Café*. Paris. C.S.S.V.

(2) Christine Fauré. 1985. *La Démocratie sans les Femmes*. Paris. Presses Universitaires de France.

(3) Philippe Jobin. 1988. *Le Café(Le Goût de la Vie)*. Paris. Nathan.

(4) Philippe Landais, Martine Legrand, Thérèse Pécheux. 1995. *Les Femmes*. Paris. INSEE.

(5) Yannick Lemel et Bernard Roudet. 1999. *Fille et Garçon jusqu'à l'Adolescence*. Paris. L'Harmattan.

(6) Dominique Wolton. 2000. *Internet et Après ? Une Théorie Critique des Nouveaux Médias*. Paris. Flammarion.

(7) Véronique Helft-Malz et Paule-Henriette Lévy. 2000. *Les Femmes et la Vie Politique*

Française. Paris. Presses Universitaires de France.

(8) Keriec Pierre. 2005. *Vie et Mort d'un Café : Nouvelles*. Paris. La Luciole.

(9) Didier Brunowsky. 2007. *Ordinateur - Internet - E-mail... Toi Aussi Tu Peux y Arriver ! Les Conseils Informatiques d'un Petit-fils à son Grand-père*. Paris. Pearson CampusPress.

(10) Frédéric Rouvillois. 2008. *Histoire de la Politesse : de la Révolution à Nos Jours*. Paris. Flammarion.

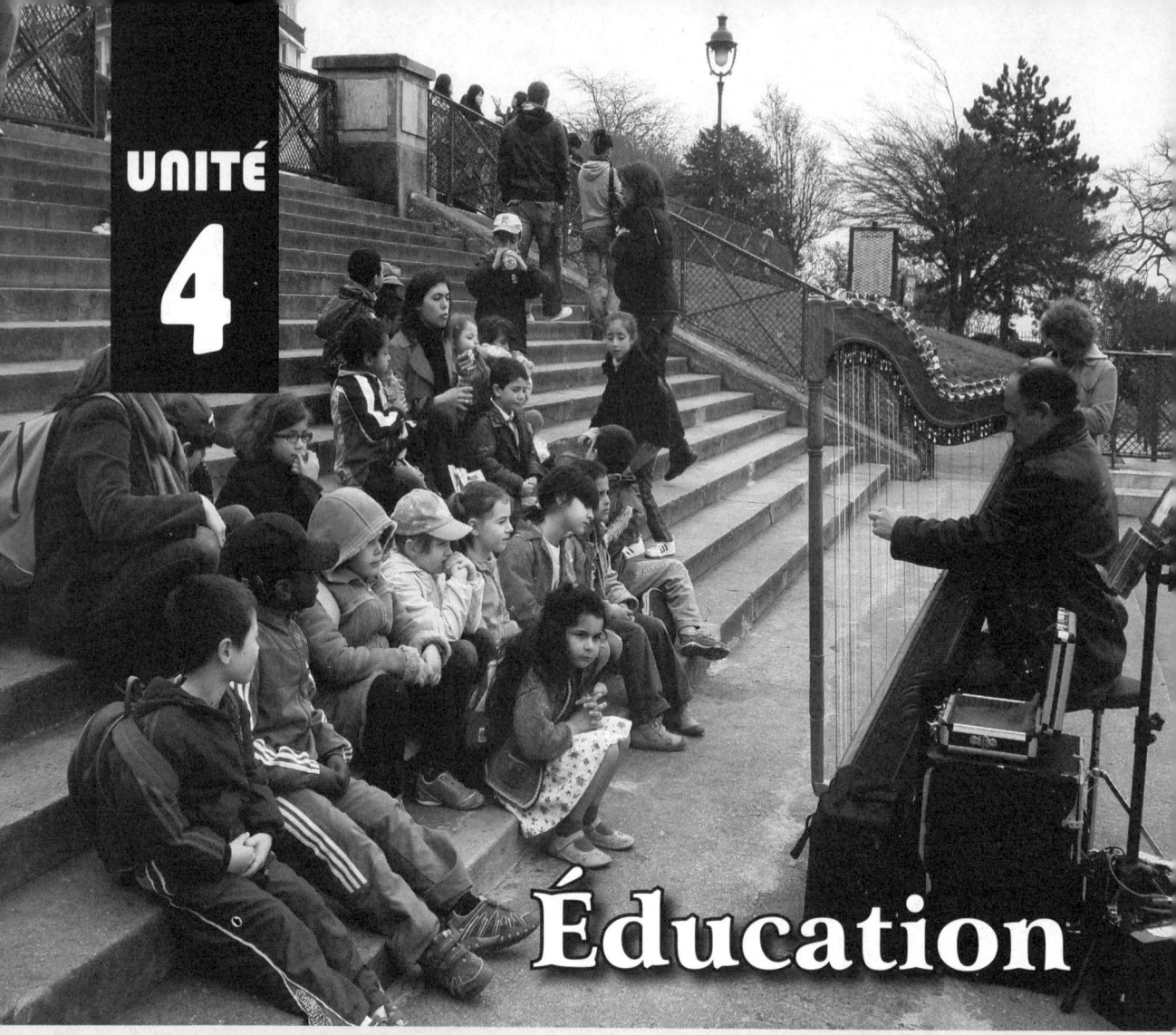

UNITÉ 4

Éducation

　　法国是一个非常注重教育的国家，其教育事业一直有着辉煌的成就。历史上，法国的名家大师们都特别关注教育事业。著名散文家蒙田早在400多年前就在教育孩子问题上发表过真知灼见。他认为，教育孩子是世界上最重要也是最困难的事情。教育孩子有如务农，播种不易，育苗更难。教育孩子是一项事业，必须有循循善诱的好老师。他们须根据学生的素质，因材施教。蒙田很早就提出了德、智、体全面发展的观点。他在《论儿童教育》一文中的一些观点和理论至今看来仍不过时。本单元第一篇选文便节选自《论儿童教育》。

弗朗索瓦·基佐不仅是法国著名的政治家、历史学家，而且还担任教育大臣多年，在教育方面也称得上行家。在他主持法国教育工作期间，通过了《教育法》，确立了公民均可接受初等教育的原则，并于1834年建立了历史与科学著作委员会。他在教育问题上也有着独特的见解。在第二篇选文中，他讲道，青年在结束学校的学习进入社会后，还应该不断地自我学习与完善，因为未来的生活需要他们不断地掌握新的知识。

论及教育，卢梭可谓是一代大师。他曾就此发表过许多文章。权以教师素质为例，他认为教师首先须品格高尚，其次才是学问渊博。只有教师的品格高雅，才有可能培养出德才俱佳的学生。当然，有时候即使品学俱佳，也不一定是位好教师，因为社会的价值观与教师的理念有时存在着差距。在本单元的第三篇选文中，卢梭以自己为例，为自己假设了一个学生，并为自己设计出一个教育路线图，他要按照自己的想法去教育他、塑造他、培养他。卢梭在书中提出了自己的教育观点，并将之用在他的"学生"身上。他巧妙地为自己找到发表见解的平台。卢梭的语言简明，文字规范，阅读流畅。

第四篇文章将重心转向法国的教育机构之一：大学。在世界范围内，大学也像中小学校一样，得到了不断的发展和壮大。然而大学到底有何功能？是以教学为主，还是以科研为主？是侧重基础研究还是侧重应用研究？大学该追求精英教育还是大众化教育？诸多问题的提出，都需要一一得到解答。

大学或许可以这样定义：一座结合基础研究的高等教育学府。因此，便可以确定大学的三大功能：高等教学、科研工作、社会职能。前两项不难理解，而社会职能实指服务社会的教育项目：如函授教育、成人培训等。总之，大学在社会发展中始终扮演着不可或缺的角色。

总体上讲，法国教育的发展历史悠久、名人辈出，笔者在此处摘选的几篇文章还远不能反映其全貌。

I. Sur l'éducation des enfants①

par Michel de Montaigne

Michel de Montaigne (1533–1592), philosophe sceptique, moraliste et homme politique français de la Renaissance, est bien connu pour ses *Essais*, tout premier ouvrage de ce genre de l'époque moderne.

Guy Jacquesson, alias Guy de Pernon, docteur en linguistique et maître de conférences à Nantes, a consacré plusieurs années à la traduction des *Essais* de Montaigne.

À Madame Diane de Foix, Comtesse de Gurson.

...

Quelqu'un qui était chez moi, ayant lu le chapitre précédent②, me disait l'autre jour que j'aurais dû m'étendre un peu plus sur le sujet de l'éducation des enfants. Or, Madame, si j'avais quelque connaissance sur le sujet, je ne saurais mieux l'employer que d'en faire le présent à ce petit homme qui promet de faire bientôt irruption③ chez vous... Mais en vérité, je sais seulement cela : traiter de la façon d'élever et d'éduquer les enfants semble être la chose la plus importante et la plus difficile de toute la science humaine.

Dans l'agriculture, les opérations à faire avant de planter sont précises et faciles, et planter n'est pas plus difficile. Mais dès que ce qui a été planté prend vie, on se trouve devant de multiples façons de faire et de grandes difficultés. Il en est de même pour les hommes : les planter n'est pas un gros travail, mais dès qu'ils sont nés, on se trouve devant de multiples soucis, d'embarras et de craintes, quant à la façon de les élever et les éduquer.

La manifestation de leurs tendances est si ténue et si peu visible en ce bas-âge, les promesses si incertaines et si trompeuses, qu'il est bien difficile de fonder

---

① Extrait d'*Essais · De l'Éducation des Enfants* écrit par Montaigne, traduit en français moderne par Guy de Pernon.

② Soit *Du pédantisme* de Montaigne.

③ faire irruption : 闯入。Les insurgés firent irruption dans le palais. （暴动者闯入了王宫。）

là-dessus un jugement solide. Voyez comment Cimon①, Thémistocle②, et mille autres personnages ont évolué au cours de leur vie. Les petits des ours et des chiens manifestent leurs inclinations naturelles ; mais les hommes, eux, prennent facilement des habitudes, adoptent très vite des coutumes, des opinions et des règles, et donc se changent ou se déguisent facilement.

Il est pourtant difficile de forcer ses penchants naturels ; c'est pourquoi, à défaut d'avoir bien choisi leur voie, on se donne souvent du mal pour rien, et l'on passe beaucoup de temps à inculquer aux enfants des choses qu'ils ne peuvent parvenir à maîtriser. Pourtant, face à cette difficulté, mon opinion est qu'il faut toujours les diriger vers les choses les meilleures et les plus profitables, et que l'on ne doit accorder que peu d'importance à ces prévisions et pronostics superficiels que nous formons à partir du comportement enfantin. Dans sa « République », Platon me semble leur accorder trop d'importance.

...

Enfin, on ne cesse de crier à nos oreilles, comme si l'on versait dans un entonnoir, et l'on nous demande seulement de redire ce que l'on nous a dit. Je voudrais que le précepteur change cela, et que dès le début, selon la capacité de l'esprit dont il a la charge, il commence à mettre celui-ci sur la piste, lui faisant apprécier, choisir et discerner les choses de lui-même. Parfois lui ouvrant le chemin, parfois le lui laissant ouvrir. Je ne veux pas qu'il invente et parle seul, je veux qu'il écoute son élève parler à son tour. Socrate, et plus tard Arcésilas③, faisaient d'abord parler leurs élèves, puis leur parlaient à leur tour.

L'autorité de ceux qui enseignent nuit généralement à ceux qui veulent apprendre. [Cicéron, *De natura deorum*, I, 5]

Il est bon qu'il le fasse trotter devant lui pour juger de son allure, et jusqu'à quel point il doit descendre pour s'adapter à ses possibilités. Faute d'établir ce rapport, nous gâchons tout. Et savoir le discerner, puis y conformer sa conduite avec mesure, voilà une des tâches les plus ardues que je connaisse ; car c'est le propre d'une âme élevée et forte que de savoir descendre au niveau de l'enfant, et de le guider en restant à son pas. Car je marche plus sûrement et plus fermement en montant qu'en descendant.

Si, comme nous le faisons habituellement, on entreprend de diriger plusieurs esprits de formes et de capacités si différentes en une même leçon et par la même méthode, il n'est pas étonnant que sur tout un groupe d'enfants, il s'en trouve à peine deux ou trois qui tirent quelque profit mérité de l'enseignement qu'ils ont reçu.

---

① Cimon：西门（约公元前510–公元前451），雅典将军、政治家。
② Thémistocle：地米斯托克利（约公元前524–公元前460），雅典海上强权的缔造者。
③ Arcésilas：阿赛西劳斯（约公元前316–公元前241），雅典怀疑派哲学家。

Que le maître ne demande pas seulement à son élève de lui répéter les mots de sa leçon, mais de lui en donner le sens et la substance. Et qu'il juge du profit qu'il en aura tiré, non par le témoignage de sa mémoire, mais par celui de son comportement. Qu'il lui fasse reprendre de cent façons différentes ce qu'il vient d'apprendre, en l'adaptant à autant de sujets différents, pour voir s'il l'a vraiment bien acquis et bien assimilé ; et qu'il règle sa progression selon les principes pédagogiques de Platon. Régurgiter la nourriture telle qu'on l'a avalée prouve qu'elle est restée crue sans avoir été transformée : l'estomac n'a pas fait son travail, s'il n'a pas changé l'état et la forme de ce qu'on lui a donné à digérer.

...

Qu'il lui fasse tout passer par l'étamine, et ne lui inculque rien par sa simple autorité ou en exploitant sa confiance. Que les principes d'Aristote, ainsi que ceux des stoïciens ou des épicuriens ne soient pour lui des dogmes, mais qu'on lui présente cette diversité d'opinions : il choisira s'il le peut, sinon il demeurera dans le doute. Il n'y a que les fous qui soient sûrs d'eux et catégoriques.

Car moins que de savoir, douter m'est agréable.
[Dante, *Enfer*, XI, 93]

Car s'il adopte les opinions de Xénophon[1] et de Platon au terme de sa propre démarche, ce ne seront plus alors leurs opinions, mais bien les siennes. Qui suit seulement un autre ne suit rien, en fait : il ne trouve rien, et même, ne cherche rien. « *Nous ne sommes pas soumis à un roi ; que chacun dispose de lui-même* »[2]. Qu'il sache qu'il sait, au moins. Il faut qu'il s'imprègne de leur caractère, et non qu'il apprenne leurs préceptes. Qu'il oublie même sans remords d'où il les tient, mais qu'il sache se les approprier. La vérité et la raison appartiennent à tout le monde, et pas plus à celui qui les a exprimées la première fois qu'à celui qui les répète ensuite. Et telle chose n'est pas plus selon Platon que selon moi, dès l'instant où nous la voyons et la comprenons de la même façon. Les abeilles butinent les fleurs de-ci, de-là, mais ensuite elles en font du miel, qui est vraiment le leur : ce n'est plus ni du thym, ni de la marjolaine. Ainsi il transformera et mélangera les éléments empruntés à autrui pour en faire quelque chose qui soit vraiment de lui : son jugement. Et c'est ce jugement-là que tout ne doit viser qu'à former : son éducation, son travail et son apprentissage.

...

Le gain de notre étude, c'est que l'on soit devenu meilleur, et plus sage, grâce à elle.

---

① Xénophon：色诺芬（公元前426或430–公元前355），古希腊哲学家、历史学家及军事家，苏格拉底的学生。

② 摘自塞内卡的《书信集》（*Épîtres*）第33篇。

ⅰ. Exercices

1. Questions et réponses :

(1) Pourquoi compare-t-on l'éducation à la plantation ?

(2) Quelles sont les différences entre les petits animaux et les enfants ?

(3) Pourquoi Montaigne nous propose-t-il d'accorder peu d'importance à nos prévisions et pronostics sur les enfants ?

(4) Montaigne aime-t-il la façon de demander aux enfants de redire ce qu'on leur a dit pendant l'éducation ?

(5) Quel moyen d'éducation le précepteur doit-il préférer d'après Montaigne ?

(6) Pourquoi le précepteur ne doit-il pas trotter devant son élève ?

(7) Sur un groupe d'enfants, pourquoi s'en trouve-t-il à peine deux ou trois qui tirent quelque profit mérité de l'enseignement?

(8) Pourquoi Montaigne propose-t-il aux enfants d'oublier même sans remords d'où viennent ses préceptes ?

2. Vrai ou faux :

(1) Montaigne a déjà élaboré des essais sur l'éducation des enfants avant ce texte.

(2) Sur la façon d'élever et d'éduquer un enfant, de multiples soucis et difficultés n'existent plus automatiquement au fur et à mesure de la naissance d'un enfant.

(3) Une fois qu'elles se sont fondées, les inclinations humaines ne changeront plus.

(4) C'est nécessaire et utile pour le précepteur de passer beaucoup de temps à inculquer aux enfants des choses qu'ils ne peuvent parvenir à maîtriser.

(5) Les précepteurs écoutent de temps en temps leurs élèves parler pour qu'ils apprennent mieux les choses.

(6) Le bon précepteur sait bien descendre au niveau de l'enfant et le guider en restant à son pas.

(7) Un maître idéal selon Montaigne doit toujours chercher à faire assimiler aux élèves le sens et la substance des leçons.

3. Enrichissement lexical :

(1) Parmi les propositions, choisissez le synonyme d'« **à défaut de** » selon la phrase :
« *C'est pourquoi, à défaut d'avoir bien choisi leur voie, on se donne souvent du mal pour rien, et l'on passe beaucoup de temps à inculquer aux enfants des choses qu'ils ne peuvent parvenir à maîtriser.* » (A. à cause de   B. faute de   C. par suite de)

(2) Parmi les propositions, choisissez le synonyme de « **nuit** » selon la phrase : « *L'autorité de ceux qui enseignent nuit généralement à ceux qui veulent apprendre.* » (A. facilite   B. aide   C. gêne)

(3) Parmi les propositions, choisissez le synonyme de « **faute de** » selon la phrase « *Faute d'établir ce rapport, nous gâchons tout* ». (A. À défaut de   B. Au lieu de   C. Sous prétexte de)

(4) Parmi les propositions, choisissez le synonyme de « **la piste** » selon la phrase « *il commence à mettre celui-ci sur la piste* » ? (A. la voie   B. la route   C. la trace)

(5) Que signifie l'expression de « **plusieurs esprits de formes et de capacités si différentes** » selon la phrase : « *on entreprend de diriger plusieurs esprits de formes et de capacités si différentes en une même leçon et par la même méthode* » ?

4. Paraphrasez la phrase suivante :

« Régurgiter la nourriture telle qu'on l'a avalée prouve qu'elle est restée crue sans avoir été transformée : l'estomac n'a pas fait son travail, s'il n'a pas changé l'état et la forme de ce qu'on lui a donné à digérer. »

5. Version :

Les abeilles butinent les fleurs de-ci, de-là, mais ensuite elles en font du miel, qui est vraiment le leur : ce n'est plus ni du thym, ni de la marjolaine. Ainsi il transformera et mélangera les éléments empruntés à autrui pour en faire quelque chose qui soit vraiment de lui : son jugement.

柏拉图的教育思想

柏拉图(公元前427–公元前347)是古希腊最著名的哲学家和教育家，出生于雅典奴隶主贵族家庭。他在教育理论集《理想国》中提出，抓好教育应是统治者的头等大事。他主张教育应该由国家管理，由国家严格控制，由国家聘请教师，并由国家审查教育内容。他认为，所有公民，不分男女，无论是统治者还是被统治者(奴隶除外)，都应从小受到强制性的教育，主张受教育者应该德、智、体和谐发展。他提倡早期教育，是最早提出胎教的人。他认为儿童学前教育应该愈早愈好，应以游戏为主。儿童从7岁至17–18岁应该接受普通教育：内容包括音乐和体育。这里他所指的音乐教育除了音乐和舞蹈外，还包括读、写、算等文化知识，还有文学、诗歌、艺术等内容。体育不仅包括体操等运动项目，还包括军事训练。18–20岁的青年，经过筛选，一部分要接受高一级的教育。这一阶段的教育以军事体育训练为主，还要学习理论知识和自然科学知识，如算术、几何学、天文学、音乐理论。经过筛选，少数20–30岁的青年将被送到更高一级的学校接受教育，主要是进行辩证法的训练，培养敏锐的抽象思维能力、丰富深邃的想象力和超群出众的记忆力，此外还要继续学习算术、几何学、天文学、音乐理论。受过这一级教育的人可以担任国家领导职务。约莫30岁时，再进行筛选，少数人可以继续学习，专攻哲学。5年学习之后，在35岁时，这些人就可以担任更重要的国家领导职务。再经过15年的实际锻炼后，这些年约50来岁的人，在经过严格的考试和挑选后，其中的少数人便可以成为"哲学王"，当国家的最高统治者。

II. De l'éducation qu'on se donne à soi-même [①]

par François Guizot

François Pierre Guillaume Guizot (1787–1874), historien et homme politique français, est connu pour ses travaux historiques. Et il a aussi contribué à l'éducation française pendant son ministère de l'instruction publique.

Le grand but de l'éducation est d'apprendre à l'homme à s'élever lui-même, lorsque d'autres auront cessé de l'élever[②]. Ce but, sur lequel nous ne saurions fixer de trop bonne heure nos regards, devient plus difficile à atteindre à mesure qu'on en approche davantage. Le maître, qui avait marché longtemps avec l'élève et soutenu de près ses premiers pas, s'en voit éloigné peu à peu par les nouvelles relations et les nouveaux besoins qui s'emparent de cette jeune existence.

Le monde s'ouvre devant le nouveau venu ; mille guides s'offrent à l'y conduire ; il est hors d'état d[③]'apprécier leur mérite et leur bonne foi ; les passions commencent à le séduire ; de mauvais conseillers cherchent à l'entraîner ; l'inexpérience l'égarera peut-être en lui, hors de lui, tout est obstacle ou danger. Cependant l'éducation est finie, il ne s'agit plus, dit-on, que de prendre un état, de se placer dans la société. Comment le jeune homme remplira-t-il cet état, comment occupera-t-il cette place ? On voudrait qu'il s'y conduisît bien, qu'il s'y distinguât ; on ne demande guère si cela est possible. Commet-il des fautes, soit d'ignorance, soit de volonté ? Les uns le traitent avec une indulgence dangereuse, les autres avec une sévérité inutile ; on ne voit pas que ce qui importe uniquement, c'est qu'il soit vraiment éclairé et sévère avec lui-même, qu'il sache penser et vouloir par

---

① Extrait d'*Instruction Publique-Éducation*.

② 孔狄亚克(Etienne Bonnot de Condillac, 1715–1780)，18世纪法国哲学的重要代表之一。
他叮嘱道： « C'est à vous, Monseigneur, à vous instruire désormais tout seul. Vous vous imaginez peut-être avoir fini ; mais c'est moi qui ai fini, Et vous, vous avez à recommencer ! »

③ hors d'état de… : 无法，不能。Mettez le bijou hors d'état de nuire. (请勿损坏这珠宝。)

lui-même, que tout vienne de lui enfin ; et c'est précisément là ce qui lui reste à apprendre, parce qu'on n'a pu le lui enseigner.

Ce n'est pas du dehors que l'on peut combattre les ennemis qui sont au-dedans. Si c'est dans l'esprit et au fond du cœur que se trouvent les plus redoutables adversaires de la raison et de la vertu de l'homme, c'est là aussi qu'il doit avoir des armes pour repousser leurs attaques ; le jeune homme n'a à craindre que lui seul, et c'est lui seul qui peut se sauver. Gardez-vous donc bien de lui laisser penser alors que son éducation est achevée ; dites-lui, au contraire, que *son* éducation proprement dite, celle qui est vraiment *la sienne*, puisqu'il doit se la donner lui-même, commence, et que c'est à lui d'y veiller.

Si l'on ne négligeait pas de prendre ce soin, d'où dépend peut-être la vie entière, nous aurions plus d'ouvrages et de meilleurs ouvrages destinés aux jeunes gens dont les études paraissent finies, qui sont déjà entrés dans le monde, qui vont être hommes enfin, avant de l'être devenus. Je conviens que de pareils livres sont aujourd'hui fort difficiles à faire ; l'état des connaissances humaines et celui des mœurs se réunissent pour embarrasser l'écrivain ; l'étendue des idées s'est accrue avec la variété des connaissances, et avec elle se sont multipliées les causes d'erreurs. Devenir savant est maintenant plus malaisé, et rester ignorant plus dangereux que jamais... Ces livres doivent être le résultat de connaissances étendues et profondes, et cependant rien n'y peut être traité avec étendue et profondeur...

Les difficultés qui proviennent de l'état des mœurs ne sont pas moins grandes. En matière d'instruction et de sciences, il faut marcher toujours pour être au niveau de leurs progrès ; mais, en fait de morale, il faut rester immobile et fixe au milieu des secousses que les révolutions du monde et de ses idées font subir aux principes qui la constituent. Les vérités de la science sont belles sans doute, mais on en découvre toujours de nouvelles, et elles sont toujours mêlées d'erreurs ; les vertus, ces filles des vérités morales, restent éternellement les mêmes : leur beauté durable et sans mélange ne craint ni l'altération des opinions, ni l'épreuve du temps. La Physique d'Aristote a perdu beaucoup de sa valeur, tandis que la conduite de Socrate saisit encore les âmes de la même admiration qu'elle inspirait à ses disciples.

Prenez donc garde que ces jeunes gens qui vont étudier les incertitudes de l'esprit humain, pour démêler, au milieu de ses erreurs, le progrès lent et caché de quelques vérités péniblement découvertes, longtemps méconnues, et quelquefois oubliées, ne regardent aussi les principes moraux comme variables et incertains, ou ne négligent du moins d'en bien comprendre et d'en accepter fermement l'immobilité. Ils doivent avoir les lumières de leur siècle et la vertu de tous les temps. Placez toujours la morale devant eux, et si haut que rien ne puisse leur en masquer la vue ; ils erreront dans le labyrinthe des connaissances humaines ; ils en parcourront et les routes tortueuses et les petits sentiers ; que la vertu soit toujours pour eux ce que sont les astres du ciel pour le voyageur près de s'égarer : c'est le feu sacré qu'on ne peut laisser éteindre sans encourir la mort. Maintenant surtout, nous avons besoin de veiller sévèrement à sa conservation. Les révolutions, qui établissent quelquefois l'empire de vérités utiles, ébranlent momentanément la morale au milieu de ces terribles bouleversements, les caractères mal disposés secouent ses liens, les caractères faibles la perdent de vue ; et, lorsqu'une telle catastrophe arrive dans un temps où l'esprit, fier de ses découvertes dans l'ordre de la science, est peu disposé à écouter docilement la voix de la conscience, les principes les plus respectables sont quelque temps oubliés et sans pouvoir.

La génération qui s'élève sera à l'abri de ces dangers si, dans toute son éducation, et surtout au moment où les jeunes gens qui la composent seront sur le point de devenir hommes, on ne cesse d'associer à toutes leurs études, à toutes leurs idées, l'idée et le sentiment de la vertu. Tous les livres d'instruction sortis de Port-Royal[①] et, en général, ceux du dix-septième siècle, les *Logiques*, les *Rhétoriques*, les *Histoires*, Fleury, Rollin, et tant d'autres, offrent ce grand et beau caractère. On ne le rencontre guère aujourd'hui, et il importe plus que jamais de le rétablir partout.

i. Exercices

1. Questions et réponses :

(1) Pour quelle raison le maître doit-il s'éloigner du jeune selon le texte ?

(2) Qu'est-ce qu'on voudrait lorsque le nouveau venu est séduit par le monde ouvert ?

(3) Pourquoi l'écrivain se sent-il embarrassé à faire de pareils livres ?

(4) Dans quel but l'auteur propose-t-il de placer la morale devant les jeunes gens ?

(5) Comment peut-on faire pour protéger la génération qui s'élève contre les dangers éventuels ?

2. Vrai ou faux :

(1) Il faut apprendre à l'homme à s'élever lui-même dès le début de l'éducation.

(2) Le nouveau veut qu'on le traite avec une indulgence dangereuse au lieu de le traiter avec une sévérité inutile.

---

① 巴黎的一处修道院，冉森教派的圣地，也是许多作家、哲学家聚会的地方。如法国著名哲学家帕斯卡尔就曾在此研习学问。1669年，Antoine Arnauld 和 Pierre Nicole 就在此地合写了 *la Logique ou l'Art de Penser*，后人称之为 *la Logique de Port-Royal*，这本著作是语言哲学和逻辑学的重要文献。

(3) Grâce à son maître, le jeune homme parvient à se sauver en repoussant les attaques des plus redoutables adversaires de la raison et de la vertu de l'homme.

(4) Au fur et à mesure du temps, les vérités de la science se renouvellent tandis que les vérités morales restent les mêmes.

3. Version :

(1) Devenir savant est maintenant plus malaisé, et rester ignorant plus dangereux que jamais... Ces livres doivent être le résultat de connaissances étendues et profondes, et cependant rien n'y peut être traité avec étendue et profondeur...

(2) Prenez donc garde que ces jeunes gens qui vont étudier les incertitudes de l'esprit humain, pour démêler, au milieu de ses erreurs, le progrès lent et caché de quelques vérités péniblement découvertes, longtemps méconnues, et quelquefois oubliées, ne regardent aussi les principes moraux comme variables et incertains, ou ne négligent du moins d'en bien comprendre et d'en accepter fermement l'immobilité.

II. 相关知识

《基佐教育法》

1833年，时任教育部部长基佐(Guizot)公布了一项在法国教育史上具有里程碑意义的法案：《基佐教育法》，从而确立了法国的初等教育体制，并逐渐形成了法国各级教育的主体，该法案对初等教育和师范教育的影响颇为深远。《基佐教育法》规定："政府与教会应携手发展初等教育；扩大初等学校办学自主权，发展私立初等学校；在每一区内设小学一所，超过六千人的城市设高小一所，每一省设师范学校一所。"法案虽然未规定儿童强制入学，却明确规定教师资格的标准由国家直接掌握，并废止了1830年以前宗教团体和教会推荐教师及颁发教师资格证书的权力。

该教育法颁布实施以后，法国初等教育在布局上取得了较大的发展，初等学校的教学科目也比以前更加丰富。但基佐同时强调在初等教育学校中"进行深入的宗教教育"的必要性。《基佐教育法》的颁布和实施，是法国初等教育发展史上的重要步骤，推动了法国初等教育和师范教育的发展。

III. Sur le gouverneur[①]

par Jean-Jacques Rousseau

Jean-Jacques Rousseau (1712–1778), écrivain, un des plus illustres philosophes du siècle des Lumières, a beaucoup influencé par ses travaux l'esprit révolutionnaire français. Il est particulièrement célèbre pour ses travaux sur l'homme, la société ainsi que sur l'éducation.

On raisonne beaucoup sur les qualités d'un bon gouverneur[②]. La première que j'en exigerais, et celle-là seule en suppose beaucoup d'autres, c'est de n'être point un homme à vendre. Il y a des métiers si nobles, qu'on ne peut les faire pour de l'argent sans se montrer indigne de les faire ; tel est celui de l'homme de guerre ; tel est celui de l'instituteur. Qui donc élèvera mon enfant ? Je te l'ai déjà dit, toi-même. Je ne le peux. Tu ne le peux ?... Fais-toi donc un ami. Je ne vois pas d'autre ressource.

Un gouverneur ! Ô quelle âme sublime !... En vérité, pour faire un homme, il faut être ou père ou plus qu'homme soi-même. Voilà la fonction que vous confiez tranquillement à des mercenaires.

Plus on y pense, plus on aperçoit de nouvelles difficultés. Il faudrait que le gouverneur eût été élevé pour son élève, que ses domestiques eussent été élevés pour leur maître, que tous ceux qui l'approchent eussent reçu les impressions qu'ils doivent lui communiquer ; il faudrait, d'éducation en éducation, remonter jusqu'on ne sait où. Comment se peut-il qu'un enfant soit bien élevé par qui n'a pas été bien élevé lui-même ?

Ce rare mortel est-il introuvable ? Je l'ignore. En ces temps d'avilissement, qui sait à quel point de vertu peut atteindre encore une âme humaine ? Mais supposons ce prodige trouvé. C'est en considérant ce qu'il doit faire que nous verrons ce qu'il doit être. Ce que je crois voir d'avance est qu'un père qui sentirait tout le prix d'un bon gouverneur prendrait le parti de s'en passer ; car il mettrait plus de peine à l'acquérir qu'à le devenir lui-même. Veut-il donc se faire un ami ? Qu'il élève son fils pour l'être ; le voilà dispensé de le chercher ailleurs, et la nature a

---

① Extrait d'*Émile*.

② Celui qui dirige l'éducation d'un jeune homme.

déjà fait la moitié de l'ouvrage.

Quelqu'un dont je ne connais que le rang m'a fait proposer d'élever son fils. Il m'a fait beaucoup d'honneur sans doute ; mais, loin de se plaindre de mon refus, il doit se louer de^① ma discrétion. Si j'avais accepté son offre, et que j'eusse erré dans ma méthode, c'était une éducation manquée ; si j'avais réussi, c'eût été bien pis, son fils aurait renié son titre, il n'eût plus voulu être prince.

Je suis trop pénétré de la grandeur des devoirs d'un précepteur, je sens trop mon incapacité, pour accepter jamais un pareil emploi de quelque part qu'il me soit offert ; et l'intérêt de l'amitié même ne serait pour moi qu'un nouveau motif de refus. Je crois qu'après avoir lu ce livre, peu de gens seront tentés de me faire cette offre ; et je prie ceux qui pourraient l'être, de n'en plus prendre l'inutile peine. J'ai fait autrefois un suffisant essai de ce métier pour être assuré que je n'y suis pas propre^②, et mon état m'en dispenserait^③, quand mes talents m'en rendraient capable. J'ai cru devoir cette déclaration publique à ceux qui paraissent ne pas m'accorder assez d'estime pour me croire sincère et fondé dans mes résolutions.

Hors d'état de remplir la tâche la plus utile, j'oserai du moins essayer de la plus aisée : à l'exemple de tant d'autres, je ne mettrai point la main à l'**œuvre, mais à la plume ;** et au lieu de faire ce qu'il faut, je m'efforcerai de le dire.

Je sais que, dans les entreprises pareilles à celle-ci, l'auteur, toujours à son aise dans des systèmes qu'il est dispensé de mettre en pratique, donne sans peine beaucoup de beaux préceptes impossibles à suivre, et que, faute de détails et d'exemples, ce qu'il dit même de praticable reste sans usage quand il n'en a pas montré l'application.

J'ai donc pris le parti de me donner un élève imaginaire, de me supposer l'âge, la santé, les connaissances et tous les talents convenables pour travailler à son éducation, de la conduire depuis le moment de sa naissance jusqu'à celui où, devenu homme fait, il n'aura plus besoin d'autre guide que lui-même. Cette méthode me paraît utile pour empêcher un auteur qui se défie de^④ lui de s'égarer dans des visions ; car, dès qu'il s'écarte de la pratique ordinaire, il n'a qu'à faire l'épreuve de la sienne sur son élève, il sentira bientôt, ou le lecteur sentira pour lui, s'il suit le progrès de l'enfance et la marche naturelle au cœur humain.

Voilà ce que j'ai tâché de faire dans toutes les difficultés qui se sont

---

① se louer de + inf. : 对……感到庆幸。Je me loue de lui avoir fait confiance. （我对相信了他 而感到庆幸。）

② propre à qch : 能胜任某事的。Ayant une grande idée de lui-même, il se croit propre à tout. （他过高地估计自己，以为自己能胜任一切。）

③ dispenser qn de qch : 免除某人做某事的义务。Il est impossible que la loi te dispense de ton obligation alimentaire. （法律不可能免除你的赡养义务。）

④ se défier de… : 不相信，怀疑。Je me défie des rumeurs non confirmées. （我不相信未经证 实的传闻。）

présentées. Pour ne pas grossir inutilement le livre, je me suis contenté de poser les principes dont chacun devait sentir la vérité. Mais quant aux règles qui pouvaient avoir besoin de preuves, je les ai toutes appliquées à mon Émile ou à d'autres exemples, et j'ai fait voir dans des détails très étendus comment ce que j'établissais pouvait être pratiqué ; tel est du moins le plan que je me suis proposé de suivre. C'est au lecteur à juger si j'ai réussi.

I. Exercices

1. Questions et réponses :

(1) D'après Rousseau, quelle est la première qualité d'un bon gouverneur ?

(2) Que pense Rousseau d'un bon gouverneur ?

(3) Quelles sont les nouvelles difficultés qu'aperçoit Rousseau lorsqu'il pense à la vertu du gouverneur ?

(4) Pourquoi Rousseau refuse l'emploi qu'on lui offre comme gouverneur ?

(5) Pourquoi Rousseau doit donner un élève imaginaire à lui-même ?

(6) Que doit faire Rousseau lorsqu'il établit telles ou telles autres règles d'après ses principes ?

2. Vrai ou faux :

(1) L'homme de guerre à cette époque travaille pour de l'argent.

(2) Les domestiques, selon Rousseau, doivent être élevés pour servir leur maître.

(3) Rousseau refuse l'offre des autres non seulement pour sa discrétion mais aussi pour l'intérêt de l'amitié.

3. Paraphrasez les phrases suivantes :

(1) « ... si j'avais réussi, c'eût été bien pis, son fils aurait renié son titre, il n'eût plus voulu être prince. »

(2) « Ce que je crois voir d'avance est qu'un père qui sentirait tout le prix d'un bon gouverneur prendrait le parti de s'en passer ; car il mettrait plus de peine à l'acquérir qu'à le devenir lui-même. »

(3) « Je sais que, dans les entreprises pareilles à celle-ci, l'auteur, toujours à son aise dans

des systèmes qu'il est dispensé de mettre en pratique, donne sans peine beaucoup de beaux préceptes impossibles à suivre, et que, faute de détails et d'exemples, ce qu'il dit même de praticable reste sans usage quand il n'en a pas montré l'application. »

4. Sujets à développer :

(1) Dites-en plus sur Rousseau, ses œuvres et son influence historique par exemple.

(2) Quant au bon professeur, faites-nous savoir ce que vous en pensez.

II. 相关知识

卢梭作为哲学家、教育家、文学家，是当时法国最杰出的启蒙活动家之一。在哲学上，卢梭主张感觉是认识的来源，坚持"自然神论"的观点；强调人性本善，信仰高于理性。在社会观上，卢梭坚持社会契约论，主张建立资产阶级的"理性王国"；主张自由平等，反对私有制及压迫；提出"天赋人权说"，反对专制、暴政。在教育上，他主张教育的目的在于培养自然人；反对封建教育的戕害、轻视儿童，要求提高儿童在教育中的地位；主张改革教育的内容和方法，顺应儿童的本性，让他们的身心自由发展，表达了将资产阶级和广大劳动人民从封建专制主义下解放出来的要求。

他的教育学论著《爱弥儿》论述了他独特而自由的教育思想。作者借着对爱弥儿的教育故事，表达了自己的教育观点。他认为教育人就是要防止人变坏，恢复"自然人"。爱弥儿虽然出身贵族，但通过教育可以战胜贵族阶级的偏见。作者从爱弥儿的襁褓谈起，包括建议爱弥儿离开城市到乡下去住，直至爱弥儿长大成人，恋爱结婚。作者借爱弥儿成长的每个过程，阐述了自己的教育观点。这部儿童教育的经典著作，因其独到的教育思想，对后来的教育学说产生了深远的影响。

IV. L'université①

par Olivier Reboul

Olivier Reboul (1925–1992), philosophe français, a pour autres principaux domaines de compétence la rhétorique et la philosophie de l'éducation. Il a commencé sa carrière au sein de l'Université de Tunis, et devenu professeur, il a travaillé à l'Université de Montréal. Il a fini par devenir professeur des universités à l'Université des Sciences Humaines de Strasbourg, poste qu'il a occupé jusqu'à son décès.

Comme l'école, l'université ne cesse de croître dans le monde d'aujourd'hui. Seulement, alors qu'on sait à peu près ce qu'on attend② de l'école, on est désorienté dès que l'on s'interroge sur les fonctions de l'université. Et cet « on » inclut les universitaires eux-mêmes. Si l'université est en crise, il s'agit essentiellement d'une crise d'identité. Enseignement culturel ou formation professionnelle ? Primat de la recherche ou primat de l'enseignement ? Recherche fondamentale ou appliquée ? Sélection des étudiants, avec le risque d'élitisme, ou accueil du plus grand nombre, avec le risque de nivellement ? Unité du savoir, ou savoirs spécialisés ? Nous ne pouvons répondre à ces questions ici, en admettant qu'on le puisse quelque part. Nous nous contenterons de repérer les fonctions sans lesquelles il n'y aurait pas d'université.

On peut donner de l'université la définition suivante : une institution qui allie l'enseignement supérieur à la recherche fondamentale. À partir de là, on peut repérer trois types de fonctions proprement universitaires.

D'abord, les fonctions d'*enseignement*. On ne peut concevoir, en effet, une université qui n'enseignerait pas, une université sans étudiants. Toutefois, cet enseignement lui-même assume des fonctions diverses et parfois antagonistes.

Il y a l'enseignement culturel, qui prolonge le secondaire et se caractérise par son contenu général et désintéressé, mais déjà spécialisé. Il y a l'enseignement

---

① Extrait de *La Philosophie de l'éducation*.

② attendre qch de qn/qch : 对某人/某事寄予……的期望。Que peut-on attendre de cette assemblé? （对这次大会人们能寄予什么样的希望？）

professionnel, qui forme des juristes, des médecins, des enseignants, etc. Il y a enfin l'enseignement de la recherche, qui forme des spécialistes au service de l'université ou d'établissements extérieurs, comme l'industrie ou l'armée. Ces trois types d'enseignement se confondent souvent dans les faits ; mais ils restent distincts, et parfois en conflit. Tentons de dépasser ces oppositions en nous demandant : qu'est-ce qui fait qu'un enseignement est *universitaire*?

D'abord, il s'agit d'un enseignement « supérieur ». Ce terme n'a rien d'antidémocratique. Un enseignement est « supérieur » au sens précis où il n'y en a plus au-delà de lui, du moins à l'intérieur de l'institution. C'est pourquoi il est si difficile de nommer des universitaires, puisqu'il n'y a pas d'instance au-dessus de la leur, que le seul recrutement logiquement possible est la cooptation, non sans risque de népotisme et de favoritisme !

Certes, l'enseignement supérieur est dispensé aussi, et souvent mieux, par les grandes écoles. Mais l'enseignement « universitaire » ne peut se réduire à un enseignement professionnel ; même quand il forme des enseignants ou des médecins, il apporte un *plus*, qui est son union intime avec la recherche. Un plus qui est aussi un moins. Alors que l'enseignement professionnel doit fournir aux élèves des savoirs parfaitement élaborés et prêts à servir, des savoirs clefs en main[1], l'université enseigne des savoirs qui se font et les enseigne en les faisant, avec toutes les questions, tous les doutes...

C'est dire qu'à l'université l'enseignement est inséparable de la recherche. Mais qu'est-ce que *la recherche*? Il nous semble que la recherche universitaire s'acquitte au moins de trois fonctions.

Premièrement, la recherche approfondie, ou *fondamentale*. Au sens général, la recherche est la production de savoirs nouveaux, dont le contenu est publiquement contrôlable. Elle comporte deux moments. D'abord l'invention, qui ne peut être programmée, on ne trouve pas sur commande ; l'invention ne peut être féconde que si elle prend le risque d'être libre, libre de toute consigne des pouvoirs et de toute contrainte d'application, ou même de réussite. Ensuite, la preuve, qui, elle, doit être programmée, selon une discipline parfois fastidieuse, mais indispensable.

...

Maintenant, comme l'écrit Alain Touraine, l'université n'est pas « seulement un laboratoire mais un conservatoire ». Autrement dit, la recherche assume une seconde fonction, une fonction de *maintien*. Elle conserve, au même titre qu'une bibliothèque ou qu'un musée[2] ; elle conserve non seulement des choses, mais des savoirs et des valeurs. Cette fonction de maintien fut prépondérante à certaines

---

① clef en main : 即可使用的。J'ai acheté un appartement clef en main. (我购置了一套即可入住的套间。)

② au même titre que qn/qch : 与某人/某物具有相同资格。J'y ai droit au même titre que lui. (这方面我与他有相同的权利。)

périodes. Par exemple dans l'université byzantine (du Ve au XVe siècle !), qui n'enseignait d'autre langue que le grec attique, et une mathématique abstraite, sans rapport avec la pratique des architectes ou des administrateurs du fisc. En fait, la fonction de maintien prédomine dans les sociétés menacées, comme l'Empire byzantin, ou dominées, comme les pays arabes colonisés. Alors, la tâche première de l'université est de préserver une identité culturelle.

Mais cette fonction nous concerne-t-elle encore ? Sans doute. On trouve normal, par exemple, qu'une université enseigne une langue en voie de disparition, non pas parce qu'elle est utile mais au contraire parce que, étant inutile, elle risque de se perdre à jamais. Bref, l'université est la mémoire intellectuelle et critique d'une société. Elle transmet un héritage culturel sacré ; sacré parce que inutile et fragile, qui disparaîtrait sans elle. Que serait notre civilisation sans l'université byzantine ?

Mémoire « critique » pourtant. Et là se montre la troisième fonction de la recherche universitaire, une fonction de *réflexion*, qui précisément la distingue de toute autre institution. Elle est là pour réfléchir, c'est-à-dire penser le déjà pensé, s'interroger sur ce qu'on sait ou croit savoir. Cette fonction, qui apparaît plus nettement dans certaines disciplines, comme l'épistémologie, la philosophie, l'esthétique, cette fonction est en fait indispensable à tout savoir universitaire, à toute recherche. Pourquoi ?

D'abord, parce que la réflexion est une quête de l'unité du savoir, unité sans doute irréalisable aujourd'hui, mais qui reste l'idéal vers lequel doit tendre toute culture, sous peine d'éclater en une poussière de spécialisations aveugles. Il fut important pour l'université médiévale de réfléchir sur les rapports de la raison et de la foi ; cette réflexion est l'âme même de l'université médiévale, chrétienne ou musulmane...

Ensuite, parce que la réflexion est indispensable à la juste application du savoir. Dans quelle mesure peut-on manipuler les gènes et les embryons humains, et pourquoi ? Quels crédits accorder respectivement à la recherche spatiale et à la recherche économique? Sans ce genre de réflexion, l'essor des sciences devient aussi peu maîtrisable et aussi nuisible finalement qu'une prolifération cancéreuse.

Certes, la fonction critique s'exerce ailleurs. Mais l'université est le seul lieu où la critique est institutionnelle, officielle en quelque sorte ; un lieu qui doit ou devrait être avant tout un lieu de « loisir » et d'indépendance. Oui, on peut critiquer dans un journal tel artiste ou tel homme politique ; on peut aussi critiquer ses amis et ses proches ; mais toujours à ses risques et périls ! Et la critique s'en ressentira, péchera par excès soit de gentillesse soit d'agressivité. Il faut un lieu où la critique puisse être une réflexion sereine, protégée par ses traditions et par ses méthodes, un lieu où l'on ait le droit à tout instant de demander « pourquoi » et, réciproquement, le devoir d'y répondre.

Restent les fonctions qu'assure l'université envers la société qui l'englobe et d'ailleurs la finance.

La première fonction sociale est la *collation des grades*. Notons qu'une université peut l'assurer sans dispenser l'enseignement correspondant... La seconde est la *formation des adultes*, prévue expressément en France par la loi de 1968...

Les fonctions de l'université : nous en avons donc découvert huit. Les trois fonctions d'enseignement, les trois fonctions de recherche, et les deux fonctions sociales. Finalement, peut-on trouver une unité de toutes ses fonctions ? L'analyse linguistique en tout cas nous suggère un mot qui pourrait tout englober, le mot *étude*, désignant une manière d'apprendre distincte à la fois de l'information (apprendre que) et de l'apprentissage (apprendre à), un enseignement et une recherche valant pour eux-mêmes et progressant l'un par l'autre. Or, quel est le but de l'étude ? Si l'on reprend toutes nos analyses, on verra que ce but se résume en un seul mot : comprendre, apprendre pourquoi. Comprendre, telle est la raison pour laquelle il existe des universités...

I. Exercices

1. Questions et réponses :

(1) Pourquoi se pose-t-on tant de questions dans le premier paragraphe ?

(2) Quelle est la définition de l'université ?

(3) Quelle est la fonction de maintien de la recherche universitaire ?

(4) Pourquoi l'université enseigne-t-elle une langue en voie de disparition ?

(5) Qu'est-ce qu'on veut dire par le mot « *réflexion* » ?

2. Vrai ou faux :

(1) Dans le monde d'aujourd'hui, l'université connaît une crise du développement comme l'école.

(2) Les fonctions d'enseignement doivent jouer le rôle le plus important lorsque l'on conçoit une université.

(3) L'enseignement professionnel consiste à former des spécialistes au service de l'université ou d'établissements extérieurs comme l'industrie ou l'armée.

(4) Les universités peuvent recruter leurs universitaires par eux-même avec un risque de népotisme et de favoritisme.

(5) Les élèves peuvent apprendre des savoirs parfaitement élaborés et prêts à servir, des savoirs clefs en main grâce à l'enseignement professionnel.

(6) La mathématique abstraite était enseignée dans l'université byzantine puisqu'elle servait à l'architecture.

3. Sujets à développer :

(1) Présentez trois enseignements qu'on lit au début du texte.

(2) Expliquez le mot « **supérieur** » dans la phrase suivante : « *D'abord, il s'agit d'un enseignement ‹ supérieur ›.* »

(3) Dites les trois fonctions de la recherche universitaire.

(4) Dites les deux fonctions sociales de l'université.

II. 相关知识

法国现代教育

1875年，法兰西第三共和国成立，法国开始向垄断资本主义经济阶段过渡，教育事业得到了一定的发展，到了19世纪末，法国现代教育制度的雏形基本形成。这是一种典型的双轨学制。在此期间，法国政府以当时教育部部长费里 (Jules Ferry) 的名字命名并颁布了《费里法案》(Lois Jules Ferry)，明确规定了国民教育制度的三大原则，即义务、免费、世俗化，1905年，又颁布了"政教分离"的法令，打击了教会势力对教育事业的控制。第一次世界大战结束后，法国逐步由农业国变为农业-工业国，经济得到了较快发展。1936年，教育部部长翟 (Jean Zay) 实施中学初级阶段统一学校制度，取得了较好的效果。第二次世界大战后，法兰西第四共和国成立，并于1947年拟定了著名的郎之万-瓦隆教育改革方案 (Plan Langevin-Wallon)，促使法国教育向民主化、现代化方向发展。1958年，以戴高乐为总统的法兰西第五共和国成立，并进行了新一轮的教育改革，从而为法国现代教育制度的确立和发展奠定了坚实基础。

Pour en savoir plus :

(1) François Pierre Guillaume Guizot. 1889. *Instruction Publique-Éducation*. Paris. Belin.

(2) Roger Labrusse. 1977. *La Question Scolaire en France*. Paris. Presses Universitaires de France.

(3) Angéla Médici. 1977. *Éducation Nouvelle*. Paris. Presses Universitaires de France.

(4) Olivier Reboul. 1989. *La Philosophie de l'Éducation*. Paris. Presses Universitaires de France.

(5) Maurice Capul et Michel Lemay. 1996. *De l'Education Spécialisée*. Paris. Erès.

(6) Jean-Jacques Rousseau. 1998. *Émile*. Paris. Ellipses Marketing.

(7) Françoise Dolio. 2000. *Les Chemins de l'Éducation*. Paris. Gallimard.

(8) Isabelle Filliozat. 2006. *Au Cœur des Emotions de l'Enfant*. Paris. Marabout.

(9) Thomas Gordon. 2007. *Parents Efficaces : Une Autre Ecoute de l'Enfant*. Paris. Marabout.

(10) Antoine Léon et Pierre Roche. 2008. *Histoire de l'Enseignement en France*. Paris. Presses Universitaires de France.

UNITÉ 5

Architecture

本单元第一篇选文介绍了法国最著名的两座宫殿：凡尔赛宫和枫丹白露宫。凡尔赛宫位于巴黎西南方，是一座巴洛克式的建筑，1682–1789年曾为法国王室住所。该地原为狩猎居所，后经路易十三和路易十四的扩建，成为一座典范式的宫殿。优美精致的建筑，庄重的建筑风格，华丽的喷泉花园，凡尔赛宫以它奢华的王室气派，成为欧洲皇室建造宫殿时竞相效仿的对象。

1837年，路易-菲力普修复了宫殿，并将之改建为博物馆。本文主要讲述其改建期间发生的事。随着岁月的流逝，建筑的内外环境都需要重新装修与复原，如历史人物曾经居住和工作过的厅房，国王和王后的房间等。文章还介绍了凡尔赛宫博物院的陈列馆，以及它们的藏品和位置。

枫丹白露宫位于法国北部，是法国国王修建的最大行宫之一。后人将它开辟成博物馆后，基本保留了原有的装饰风貌。室内因藏品丰富而摆放零乱，藏品也难以按时代分类陈列。在加布里埃厅，还存列着从中国掠夺来的藏品。

早在19世纪，大文豪雨果就已经提出了关于文物保护的问题。当时法国的文化古迹不断遭受到破坏。在第二篇选文中，雨果痛心疾首地指出："如果事态照此发展下去，我们国家的所有历史古迹都将不复存在……"在作者眼里，法国传统的建筑杰作不仅铭刻着国家的荣耀，而且还记录着民族的历史。这些建筑所剩无几，本应得到珍视，却反而沦落到无人问津、甚至肆意破坏的境地。雨果不得不愤而疾书，呼吁立法，以保护法国的历史古迹。这篇文章内容简单，其主旨却极为不凡。即使在今天，保护传统的文化建筑也是一项重要的课题。

第三篇文章选自法国著名的建筑师勒科比西埃的作品。这位城市规划师不仅在建筑领域取得了优秀的成绩，而且还出版了许多著作，阐释他在世界范围内所创的先锋主义。他认为建筑物并不等于建筑，因为建筑中寓含着艺术。建筑物虽受到实用性的限制，但也是建筑艺术的载体。作为艺术品的建筑除了生活起居功能外，还能给人带来愉悦之情。建筑好比五官，除了其生理功能外，也因不同的排列和组合而构成美丑各异的面容。巴特农神庙也是如此，台阶、石柱、三角楣都是神庙的组成部分，它们构成了一个能够给游人以震撼的整体。可以这样讲，建筑渗透着艺术家的心血，展示着他的个性与灵气。

法国大作家普鲁斯特也曾在文章中谈到过建筑及其功用。这位名满天下的作家，曾影响过20世纪的小说创作。他即使要对某种现象表达不满，也不会在文章中使用责难与咒骂的字眼，而是非常巧妙地借用假设的视角，通过展示可能的后果，来告诫或晓谕读者。

在最后一篇选文中，普鲁斯特谈到了教堂。该文的主旨虽然不是在谈建筑，但作者却在宗教活动场所的刻画上做足了文章。在教堂里举行的宗教活动，往往给人以庄严、肃穆的感觉。尽管教堂曾经是宗教权力与影响力的代表，但是随着政教的分离，教堂有可能被用作其他用途。笔者将这篇文章选入本单元的目的，是想向读者表明：建筑物一旦建成，一旦成为社会场所，其功用与影响力已经不再是建筑本身。建筑物可以代表一个社会，一段历史，一个宗教，甚至一个王朝。

I.   Versailles et Fontainebleau^①

par George Poisson

À la fois conservateur du Musée de l'Île-de-France, conservateur du patrimoine, professeur à l'école du Louvre, **George Poisson** qu'on considère comme historien de l'architecture et de la littérature a participé à la sauvegarde de plusieurs maisons célèbres, comme celles de Balzac, Alexandre Dumas, Saint-Simon et Zola.

1. Versailles

D'un château qui avait conservé son décor, à défaut de^② son mobilier vendu à la Révolution, Louis-Philippe^③ a fait un musée historique, dédié « à toutes les gloires de la France », suivant un programme assez mal défini, et où des collections de valeur inégale se substituèrent aux ensembles décoratifs supprimés à cette occasion, ou s'imbriquèrent à eux. Depuis quarante ans, l'effort des conservateurs, stimulé, en 1952, par la grande campagne de sauvegarde de Versailles, a consisté^④, d'une part, à réparer les dégâts du roi-citoyen en restituant le décor ancien et en le remeublant, quand cela était possible, d'autre part, à installer rationnellement dans le reste de l'édifice les pièces les plus intéressantes des collections. L'évolution du goût et l'influence des spécialistes ont fait que l'intérêt manifesté à la seconde de ces tâches se porte maintenant surtout vers la première.

Pour cette dernière, la reconstitution des ensembles anciens, les conservateurs partagent leurs responsabilités avec les architectes des Bâtiments civils, et l'on peut regretter une séparation des pouvoirs aussi radicale. La tâche consiste donc

---

① Extrait de *Musées de France*.
② à défaut de qch : 在缺乏某物时，如果没有某物。À défaut d'autre arme, il prit une barre de fer. (在没有其他武器的情况下，他拿起一根铁棍。)
③ 路易·菲利浦一世(Louis-Philippe Ier, 1773–1850)。1830年，路易·菲利浦加冕为法国国王。1846年，工农业萧条，人民普遍不满，引发了法国二月革命。他于1848逊位，隐居于英格兰的萨里，逝于1850年。在位期间的1837年，他下令将凡尔赛改为"法国历史博物院"。
④ consister à : 旨在。Le parfait bonheur consiste à rendre heureux les autres. (完美的幸福就是使别人幸福。)

à restituer le décor ancien des salles d'apparat et le mobilier qui, d'après les inventaires, s'y trouvait à une date précise, ceci conformément à des principes exposés en 1945[1] et promis à un grand retentissement dans le monde des musées. C'est ainsi que la chambre de la Reine a retrouvé en 1948, grâce aux soyeux lyonnais, ses tentures de soie de l'été 1789, retissées, son tapis, grâce à un don, et recevra prochainement un lit reconstitué, comme il sera fait également pour la chambre du Roi. La salle du Conseil a retrouvé des meubles et des tentures, la chambre du Dauphin, les deux bibliothèques de la Reine (1954), le salon des Nobles de la Reine (1963), leur décor et une partie de leur mobilier, tandis que le salon d'Hercule se voyait restituer *Le repas chez Simon* de Véronèse revenu du Louvre. Le cabinet intérieur du Roi et le salon des Jeux de Louis XVI ont retrouvé la presque-totalité de leur mobilier. On ne peut également manquer de citer, bien qu'il s'agisse d'une œuvre architecturale et non muséologique, la plus exemplaire et spectaculaire de ces restitutions, celle de l'Opéra (1952–1957).

Le gros effort de ces dernières années a surtout été porté sur le remeublement, destiné à faire revenir à Versailles tout ce qu'il était possible de récupérer du mobilier en place[2] au XVIIIᵉ siècle, et le retour au château, en 1957, du bureau de Louis XV, conservé au Louvre, a pris figure de symbole.[3] De 1953 à 1964, il est rentré à Versailles plus d'objets que de Louis-Philippe à 1953. [...]

Côté collection, Versailles est, avec ses six mille numéros, le plus important musée historique du monde. Le XVIIᵉ siècle occupe le rez-de-chaussée et le premier étage de l'aile nord, face au parc ; le XVIIIᵉ siècle, le rez-de-chaussée du corps central et le XIXᵉ siècle, l'attique du Midi ; les salles du Consulat y ont été réinstallées en 1958, et celles de l'Empire en 1970, dans une présentation « de style », avec tissus imprimés à Mulhouse d'après les dessins de l'époque. Des aménagements de Louis-Philippe subsistent la salle du Sacre, la galerie des Batailles, les salles des Croisades, la salle de 1792, les grandes salles de l'Empire au rez-de-chaussée de l'aile du Midi et les salles d'Afrique.

Versailles a pour annexes l'ancien Jeu de Paume de 1789, un musée de voitures et surtout les deux palais du Trianon.

Le Grand Trianon a été doté par Napoléon d'un beau mobilier Empire qui s'harmonise assez bien avec ses boiseries. Le palais a été entièrement restauré en 1963–1966 pour servir également de résidence occasionnelle aux hôtes du gouvernement.

---

[1] Pierre Verlet, *Le mobilier royal* (préface), t. I, Paris, 1945.

[2] en place : 现有的。 Les efforts du gouvernement en place consistent au développement de l'industrie. （现政府致力于工业的发展。）

[3] L'ameublement du cabinet de Louis XV comprend également les médailliers faits pour la collection des médailles du Roi, et conservés jusqu'à 1963 au Cabinet des Médailles.

Le Petit Trianon a fait ces dernières années l'objet d'importantes restaurations (escalier, grande salle à manger, salle à manger de Louis XV), destinées à lui rendre son aspect de 1789.

2. Fontainebleau

L'immense et hybride château a dû à ses habitants successifs, de Louis VI aux présidents de la IIIᵉ République, de conserver dans la plupart de ses pièces une décoration d'époques différentes, parvenue jusqu'à nous malgré les restaurations du XIXᵉ siècle.

Fontainebleau est donc essentiellement un *musée d'intérieurs* et la tâche de son conservateur consiste surtout en la sauvegarde des boiseries, fresques, meubles et objets d'art, et leur remise en place chaque fois que cela est possible.

Il est impossible de faire ici une visite suivant l'ordre chronologique des décors ou du mobilier. En effet, non seulement les salles qui se suivent alternent des décors d'époques diverses en fonction d'aménagements successifs mais, pour les mêmes raisons, une même salle possède un décor et un mobilier d'époques différentes, l'ordonnance du tout ayant été le plus souvent modifiée ou restaurée maladroitement au XIXᵉ siècle. Il n'est pas possible, en ses conditions, d'essayer de transformer la demeure en un musée rationnel. Quatre siècles ont marqué sur le palais leurs empreintes successives et parfois contradictoires. On ne peut que laisser les souvenirs y cohabiter, en s'efforçant de supprimer les restaurations abusives et de reconstituer les ameublements dispersés. C'est ainsi que la grande entreprise des années 1960–1964 a été la restauration de la salle de bal et de la galerie François Iᵉʳ où les fresques ont été heureusement retrouvées sous les repeints de Louis-Philippe, et où le plafond s'est vu restituer sa disposition primitive.

En dehors des appartements, d'ailleurs, le château présente des musées proprement dits. C'est d'abord le musée historique, ouvert en 1947, qui contient des dessins, gravures et documents concernant l'histoire du château, de sa construction, de sa décoration et de ses hôtes.

Dans le pavillon de Gabriel, le musée chinois, organisé par l'impératrice Eugénie①, rassemble le butin pris au palais d'Été de Pékin.

---

① l'impératrice Eugénie：欧也妮皇后(1826–1920)，拿破仑三世的妻子，1853年被封为皇后，1870年退位。

1. Questions et réponses :

(1) Quel effort les conservateurs font-ils lors de la grande campagne de sauvegarde de Versailles ?

(2) Où peut-on voir des objets aux XVIIe, XVIIIe, XIXe siècles à Versailles ?

(3) Quel rôle joue le Grand Trianon aujourd'hui ?

(4) Pourquoi le château de Fontainebleau est-il hybride ?

(5) Pourquoi est-il impossible de transformer Fontainebleau en un musée rationnel ?

2. Vrai ou faux :

(1) On pourra admirer plus tard un lit reconstitué dans la chambre du roi à Versailles.

(2) Le remeublement destiné à faire revenir à Versailles tout ce qu'il était possible de récupérer du mobilier en place au XVIIIe siècle a pris figure de symbole.

(3) Louis-Philippe a fait revenir à Versailles plus d'objets qu'à n'importe quelle autre époque.

(4) La tâche de restauration du château de Fontainebleau se fait essentiellement à l'intérieur des pièces.

(5) La grande entreprise dure quatre ans pour la restauration de la salle de bal et de la galerie François Ier à Fontainebleau.

3. Dégagez l'idée principale des paragraphes suivants :

(1) D'un château qui avait conservé son décor, à défaut de son mobilier vendu à la Révolution, Louis-Philippe a fait un musée historique, dédié « à toutes les gloires de la France », suivant un programme assez mal défini, et où des collections de valeur inégale se substituèrent aux ensembles décoratifs supprimés à cette occasion, ou s'imbriquèrent à eux.

(2) L'immense et hybride château a dû à ses habitants successifs, de Louis VI aux présidents de la IIIe République, de conserver dans la plupart de ses pièces une décoration d'époques différentes, parvenue jusqu'à nous malgré les restaurations du XIXe siècle.

4. Paraphrasez les phrases suivantes :

(1) « L'on peut regretter une séparation des pouvoirs aussi radicale. »

(2) « Dans le pavillon de Gabriel, le musée chinois, organisé par l'impératrice Eugénie, rassemble le butin pris au palais d'Été de Pékin. »

II. 相关知识

　　法国国家博物馆联合会 (la Réunion des musées nationaux，简称RMN)创始于1896年，其成立宗旨是募集并管理收购艺术作品的基金、丰富国家馆馆藏、举办艺术展览。RMN与全法国32所国家级博物馆共同开发馆藏复制品和艺术商品 (其中20所博物馆位于巴黎地区，巴黎市区有13所，如卢浮宫、奥赛宫博物馆；巴黎周边地区有7所，如凡尔赛宫、枫丹白露宫博物馆；其他大区有12所，如位于科西嘉岛阿雅克修的拿破仑故居博物馆)，同时也与大皇宫 (les Galeries nationales du Grand-Palais) 及金门宫 (Palais de la Porte Dorée) 的国家艺术厅合作。自1990年起，RMN成为国家级公有机构，隶属法国文化部，同时被赋予开发工商业的角色(l'établissement public à caractère industriel et commercial — EPIC)。时至今日，RMN已开发数千种商品，艺术年代跨越时空：古埃及、古希腊、古罗马……各时代、各流派、各类别皆有，营销至全球各地。

II. Guerre aux démolisseurs !

par Victor Hugo

Victor-Marie Hugo (1802–1885), écrivain, dramaturge, poète, homme politique, aca-démicien, est considéré comme le plus important des écrivains romantiques de langue et littérature françaises.

Ses œuvres sont très diverses : romans, poésie lyrique, drames en vers et en prose, dis-cours politiques à la Chambre des Pairs[①], correspondance abondante, etc.

Si les choses vont encore quelque temps de ce train, il ne restera bientôt plus à la France d'autre monument national que celui des *Voyages pittoresques et romantiques,* où rivalisent de[②] grâce, d'imagination et de poésie le crayon de Taylor et la plume de Ch. Nodier, dont il nous est bien permis de prononcer le nom avec admiration, quoiqu'il ait quelquefois prononcé le nôtre avec amitié.

Le moment est venu où il n'est plus permis à qui que ce soit de garder le silence. Il faut qu'un cri universel appelle enfin la nouvelle France au secours de l'ancienne. Tous les genres de profanation, de dégradation et de ruine menacent à la fois le peu qui nous reste de ces admirables monuments du Moyen Âge, où s'est imprimée la vieille gloire nationale, auxquels s'attachent à la fois la mémoire des rois et la tradition du peuple. Tandis que l'on construit à grands frais je ne sais quels édifices bâtards, qui, avec la ridicule prétention d'être grecs ou romains en France, ne sont ni romains ni grecs, d'autres édifices, admirables et originaux, tombent sans qu'on daigne s'en informer, et leur seul tort cependant, c'est d'être français par leur origine, par leur histoire et par leur but.

À Blois, le château des États sert de caserne, et la belle tour octogone de Catherine de Médicis croule ensevelie sous les charpentes d'un quartier de cavalerie. À Orléans, le dernier vestige des murs défendus par Jeanne vient de

---

① La Chambre des Pairs fut en France la Chambre haute du Parlement pendant les deux Restau-rations, les Cent-jours et sous la monarchie de Juillet.

② rivaliser de… : 与……相媲美。 Il est capable de rivaliser de courage et d'adresse avec nous. （他有能力跟我们斗智斗勇。）

disparaître. À Paris, nous savons ce qu'on a fait des vieilles tours de Vincennes, qui faisaient une si magnifique compagnie au donjon. L'abbaye de Sorbonne, si élégante et si ornée, tombe en ce moment sous le marteau. La belle église romane de Saint-Germain-des-Prés, d'où Henri IV avait observé Paris, avait trois flèches, les seules de ce genre qui embellissent la silhouette de la capitale. Deux de ces aiguilles menaçaient ruine. Il fallait les étayer ou les abattre ; on a trouvé plus court de les abattre. [...] La cathédrale gothique d'Autun a subit le même outrage. Lorsque nous passions à Lyon, en août 1825, il y a deux mois, on faisait également disparaître sous une couche de détrempe rose la belle couleur que les siècles avaient donnée à la cathédrale du primat des Gaules. Nous avons vu démolir encore, près de Lyon, le château renommé de l'Arbresle. Je me trompe, le propriétaire a conservé une des tours, il la loue à la commune, elle sert de prison. Une petite ville historique dans le Forez, Crozet, tombe en ruines avec le manoir des d'Aillecourt, la maison seigneuriale où naquit Tourville, et des monuments qui embelliraient Nuremberg. À Nevers, deux églises du onzième siècle servent d'écurie. Il y en avait une troisième du même temps, nous ne l'avons pas vue. À notre passage, elle était effacée du sol. Seulement nous en avons admiré à la porte d'une chaumière, où ils étaient jetés, deux chapiteaux romans qui attestaient par leur beauté celle de l'édifice dont ils étaient les seuls vestiges. On a détruit l'antique église de Mauriac. À Soissons, on laisse crouler le riche cloître de Saint-Jean et ses deux flèches si légères et si hardies. C'est dans ces magnifiques ruines que le tailleur de pierre choisit des matériaux. Même indifférence pour la charmante église de Braisnes, dont la voûte démantelée laisse arriver la pluie sur les dix tombes royales qu'elle renferme.

À la Charité-sur-Loire, près de Bourges, il y a une église romane qui, par l'immensité de son enceinte et la richesse de son architecture, rivaliserait avec les plus célèbres cathédrales de l'Europe ; mais elle est à demi ruinée. Elle tombe pierre à pierre, aussi inconnue que les pagodes orientales dans leurs déserts de sable. Il passe là six diligences par jour. Nous avons visité Chambord, cet Alhambra de la France. Il chancelle déjà, miné par les eaux du ciel qui ont filtré à travers la pierre tendre de ses toits dégarnis de plomb. Nous le déclarons avec douleur, si l'on n'y songe promptement, avant peu d'années, la souscription, souscription qui, certes, méritait d'être nationale, qui a rendu le chef-d'œuvre du Primatice au pays, aura été inutile ; et bien peu de chose restera debout de cet édifice, beau comme un palais de fées, grand comme un palais de rois.

Nous écrivons ceci à la hâte, sans préparation, et en choisissant au hasard quelques-uns des souvenirs qui nous sont restés d'une excursion rapide dans une petite portion de la France. Qu'on y réfléchisse, nous n'avons dévoilé qu'un bord de la plaie. Nous n'avons cité que des faits, et des faits que nous avions vérifiés. Que se passe-t-il ailleurs ?

On nous a dit que des Anglais avaient acheté *trois cents francs* le droit d'emballer tout ce qui leur plairait dans les débris de l'admirable abbaye de

Jumièges. Ainsi les profanations de Lord Elgin[①] se renouvellent chez nous, et nous en tirons profit[②]. Les Turcs ne vendaient que les monuments grecs ; nous faisons mieux, nous vendons les nôtres. On affirme encore que le cloître si beau de Saint-Wandrille est débité, pièce à pièce, par je ne sais quel propriétaire ignorant et cupide, qui ne voit dans un monument qu'une carrière de pierres. *Proh pudor*[③] ! Au moment où nous traçons ces lignes, à Paris, au lieu même dit *École des Beaux-Arts*, un escalier de bois, sculpté par les merveilleux artistes du quatorzième siècle, sert d'échelle à des maçons ; d'admirables menuiseries de la Renaissance, quelques-unes encore peintes, dorées et blasonnées, des boiseries, des portes touchées par le ciseau si tendre et si délicat qui a ouvré le château d'Anet, se rencontrent là, brisées, disloquées, gisant en tas sur le sol, dans les greniers, dans les combles, et jusque dans l'anti-chambre du cabinet d'un individu qui s'est installé là, et qui s'intitule *architecte de l'École des Beaux-Arts* et qui marche tous les jours stupidement là-dessus. Et nous allons chercher bien loin et payer bien cher des ornements à nos musées !

Il serait temps enfin de mettre un terme à[④] ces désordres, sur lesquels nous appelons l'attention du pays. Quoique appauvrie par les dévastateurs révolutionnaires, par les spéculateurs mercantiles et surtout par les restaurateurs classiques, la France est riche encore en monuments français. Il faut arrêter le marteau qui mutile la face du pays. Une loi suffirait ; qu'on la fasse. Quels que soient les droits de la propriété, la destruction d'un édifice historique et monumental ne doit pas être permise à ces ignobles spéculateurs que leur intérêt aveugle sur leur honneur ; misérables hommes, et si imbéciles qu'ils ne comprennent même pas qu'ils sont des barbares ! Il y a deux choses dans un édifice, son usage et sa beauté ; son usage appartient au propriétaire, sa beauté à tout le monde ; c'est donc dépasser son droit que le détruire.

Une surveillance active devrait être exercée sur nos monuments. Avec de légers sacrifices, on sauverait des constructions qui, indépendamment du reste, représentent des capitaux énormes. La seule église de Brou, bâtie vers la fin du quinzième siècle, a coûté vingt-quatre millions, à une époque où la journée d'un ouvrier se payait deux sous. Aujourd'hui ce serait plus de cent cinquante millions. Il ne faut pas plus de trois jours et de trois cents francs pour la jeter bas.

---

① Lord Elgin：额尔金勋爵，1799年被任命为英国驻奥斯曼土耳其帝国大使，其间曾将巴特农神庙的雕塑盗窃至英国。

② tirer profit de… : 从……中谋利益。 Le paysan chinois sait tirer le meilleur profit d'une exploitation de grande dimension. (中国农民善于从大面积耕田中获取最好的收益。)

③ 拉丁语，意为："真可耻！"

④ mettre un terme à… : 使……结束。 Les preuves parlantes mettent un terme à son mensonge. (有力的证据终止了他的谎言。)

Et puis, un louable regret s'emparerait de nous, nous voudrions reconstruire ces prodigieux édifices que nous ne le pourrions. Nous n'avons plus le génie de ces siècles. L'industrie a remplacé l'art.

Terminons ici cette note ; aussi bien c'est encore là un sujet qui exigerait un livre. Celui qui écrit ces lignes y reviendra souvent, à propos[1] et hors de propos[2] ; et, comme ce vieux Romain qui disait toujours : *Hoc censeo, et delendam esse Carthaginem*[3], l'auteur de cette note répétera sans cesse : « Je pense cela, et qu'il ne faut pas démolir la France. »

i. Exercices

1. Questions et réponses :

(1) Quelle est la vraie intention de l'auteur dans cette phrase : « *Si les choses vont encore quelque temps de ce train, il ne restera bientôt plus à la France d'autre monument national que celui des Voyages pittoresques et romantiques* » ?

(2) Qu'est-ce qui menace les monuments admirables aux yeux de Victor Hugo ?

(3) Quelle idée principale Hugo voudrait-il exprimer dans son article pour mettre un terme à ces désordres?

(4) Selon Hugo, quelle sorte d'édifice est appréciée par le gouvernement d'alors ?

(5) Que font les Anglais après avoir payé 300 francs pour les débris de l'admirable abbaye de Jumièges ?

(6) Qu'est-ce qui se passe à l'École des Beaux-Arts et fait si mal à Hugo ?

(7) Il y a deux choses dans un édifice, son usage et sa beauté, est-ce que le propriétaire a le droit de détruire la beauté selon le texte ?

(8) Pour quelle raison Victor Hugo a-t-il écrit : « *Nous écrivons ceci à la hâte, sans*

---

[1]　à propos：恰巧，刚好。Vous êtes venu très à propos.（您来的真是时候。）

[2]　hors de propos：不合时宜地。Il a intervenu hors de propos dans ce débat.（他参与这次辩论是不恰当的。）

[3]　拉丁语，意为："在我看来，迦太基不复存在似乎是好事。"

préparation, et en choisissant au hasard quelques-uns des souvenirs qui nous sont restés d'une excursion rapide dans une petite portion de la France » ?

(9) Quelle est la vraie signification de « l'industrie a remplacé l'art » ?

2. Vrai ou faux :

(1) Ce n'est pas le moment pour quiconque de garder le silence.

(2) Les édifices admirables et originaux aux yeux de Victor Hugo tombent sans qu'on daigne s'en informer parce qu'ils sont français par leur origine, par leur histoire et par leur but.

(3) La belle église romane de Saint-Germain-des-Prés avait encore au moment de Hugo trois flèches qui embellissaient la silhouette de la capitale. Deux de ces aiguilles menaçaient ruine. On les a étayées.

(4) L'église romane à la Charité-sur-Loire est aussi belle que les cathédrales les plus connues d'Europe.

(5) Il y a deux églises servant d'écurie à Nevers.

3. Enrichissement lexical :

(1) Que signifie « *au secours de l'ancienne* » dans le texte ?

(2) Comprenez-vous le mot « **inconnu** » dans la phrase « *elle (l'église romane) tombe pierre à pierre, aussi inconnue que les pagodes orientales dans leurs déserts de sable* » ?

(3) Quel est le sens de « **je ne sais quels** » dans la phrase « *tandis que l'on construit à grands frais je ne sais quels édifices bâtards* » ?

4. Paraphrasez les phrases suivantes :

(1) « C'est dans ces magnifiques ruines que le tailleur de pierre choisit des matériaux. »

(2) « Les Turcs ne vendaient que les monuments grecs ; nous faisons mieux, nous vendons les nôtres. »

(3) « Quoique appauvrie par les dévastateurs révolutionnaires, par les spéculateurs mercantiles et surtout par les restaurateurs classiques, la France est riche encore en monuments français. Il faut arrêter le marteau qui mutile la face du pays. »

(4) « Et puis, un louable regret s'emparerait de nous, nous voudrions reconstruire ces prodigieux édifices que nous ne le pourrions. Nous n'avons plus le génie de ces siècles. L'industrie a remplacé l'art. »

5. Sujet à développer :

Qui est Jeanne d'Arc dans l'histoire ?

6. Version :

(1) Nous écrivons ceci à la hâte, sans préparation, et en choisissant au hasard quelques-uns des souvenirs qui nous sont restés d'une excursion rapide dans une petite portion de la France. Qu'on y réfléchisse, nous n'avons dévoilé qu'un bord de la plaie. Nous n'avons cité que des faits, et des faits que nous avions vérifiés. Que se passe-t-il ailleurs ?

(2) Quels que soient les droits de la propriété, la destruction d'un édifice historique et monumental ne doit pas être permise à ces ignobles spéculateurs que leur intérêt aveugle sur leur honneur ; misérables hommes, et si imbéciles qu'ils ne comprennent même pas qu'ils sont des barbares !

II. 相关知识

　　巴黎仍算都市建设的成功范例。厚古不薄今的理念已广为接受。巴黎既执著地维护古都风貌，又大胆而谨慎地不断创新，为人们的想象力提供着驰骋的空间。巴黎不愿意为时代所抛弃，并总能大胆地拥抱新事物，与时俱进。

　　历数巴黎近年推出的新建筑，几乎件件不俗：科学城、巴士底歌剧院、卢浮宫金字塔等，这些无一没经历住历史的考验。细加思索，便发现其中的功劳应归于开放性的思维。法国在经济文化方面或许有几分保守，但在巴黎的建设上确实非常开放。近年来的十来项大型工程，其中不少出自外国设计家之手。当年，密特朗以国宾的礼遇将贝聿铭请到巴黎，为300年前的古典主义经典作品卢浮宫作扩建的新设计。贝聿铭提出要在卢浮宫的院子里建造一个玻璃金字塔，没料到这一提议遭到了空前的反对。在贝聿铭的回忆中，他投入卢浮宫扩建工程13年，就有2年时间花在了争论上。1984年1月23日，他把金字塔方案当作"钻石"提交给历史古迹最高委员会，得到了这样的回答：这巨大的破玩意只是一颗假钻石。有90%的巴黎人反对建造玻璃金字塔。为此，法国还引发了一场新的"金字塔战役"，报界争吵，夫妻拌嘴，甚至几乎演变成政治斗争。这不禁令人想起了埃菲尔铁塔，当年它的建造方案同样也引起了一场轩然大波。

III. Pure création de l'esprit[1]

par Le Corbusier

Le Corbusier (Charles-Édouard Jeanneret, 1887–1965), architecte, urbaniste, peintre et théoricien français d'origine suisse, a publié, en 1917, avec Ozenfant *Après le cubisme* (1918), manifeste du purisme, mouvement pictural s'inspirant de l'esthétique fonctionnelle des machines, prônant également dans son livre le recours à des formes essentielles et la recherche d'un équilibre structurel dans les compositions.

On met en œuvre de la pierre, du bois, du ciment ; on en fait des maisons, des palais ; c'est de la construction. L'ingéniosité travaille.

Mais, tout à coup, vous me prenez au cœur, vous me faites du bien, je suis heureux, je dis : c'est beau. Voilà l'architecture. L'art est ici.

Ma maison est pratique. Merci, comme merci aux ingénieurs des chemins de fer et à la Compagnie des Téléphones. Vous n'avez pas touché mon cœur.

Mais les murs s'élèvent sur le ciel dans un ordre tel que j'en suis ému. Je sens vos intentions. Vous étiez doux, brutal, charmant ou digne. Vos pierres me le disent. Vous m'attachez à cette place et mes yeux regardent. Mes yeux regardent quelque chose qui énonce une pensée. Une pensée qui s'éclaire sans mots ni sons, mais uniquement par des prismes qui ont entre eux des rapports. Ces prismes sont tels que la lumière les détaille clairement. Ces rapports n'ont trait à[2] rien de nécessairement pratique ou descriptif. Ils sont une création mathématique de votre esprit. Ils sont le langage de l'architecture. Avec des matériaux bruts, sur un programme plus ou moins utilitaire que vous débordez, vous avez établi des rapports qui m'ont ému. C'est l'architecture.

Ce qui distingue un beau visage, c'est la qualité des traits et une valeur toute particulière des rapports qui les unissent. Le type du visage appartient à tout

---

① Extrait de *Vers une Architecture*.

② avoir trait à … : 与……有关，相关联。Le progrès a trait aux machines et aux techniques de leur utilisation. (这个进步与机器及使用它们的技术有关。)

individu : nez, bouche, front, etc., ainsi qu'une proportion moyenne entre ces éléments. Il y a des millions de visages construits sur ces types essentiels ; pourtant tous sont différents : variation de qualité des traits et variation des rapports qui les unissent. On dit qu'un visage est beau lorsque la précision du modelage et la disposition des traits révèlent des proportions qu'on sent *harmonieuses* parce qu'elles provoquent au fond de nous, par delà nos sens, une résonance, sorte de table d'harmonie qui se met à vibrer. Trace d'absolu définissable préexistant au fond de notre être.

...

Si l'on s'arrête devant le Parthénon, c'est qu'à sa vue la corde interne sonne ; l'axe est touché. On ne s'arrête pas devant la Madeleine[1], qui comprend, comme le Parthénon, gradins, colonnes et frontons (mêmes éléments primaires) parce qu'au delà des[2] sensations brutales, la Madeleine ne va pas toucher notre axe ; nous ne sentons pas l'harmonie profonde, nous ne sommes pas cloués sur place par cette reconnaissance.

Les objets de la nature et les œuvres du calcul sont nettement formés ; leur organisation est sans ambiguïté. C'est parce *qu'on voit bien*, qu'on peut lire, savoir, et ressentir l'accord. Je retiens : il faut dans l'œuvre d'art *formuler nettement*.

Si les objets de la nature *vivent*, et si les œuvres du calcul tournent et fournissent du travail c'est qu'une unité d'intention motrice les anime. Je retiens : il faut une unité motrice à l'œuvre d'art.

Si les objets de la nature et les œuvres du calcul fixent notre attention, éveillent notre intérêt, c'est qu'ils ont, les uns et les autres, une attitude fondamentale qui les caractérise. Je retiens : il faut un caractère dans l'œuvre d'art.

Nettement formuler, animer d'une unité l'œuvre, lui donner une attitude fondamentale, un caractère : pure création de l'esprit.

On l'admet pour la peinture et la musique ; mais on rabaisse l'architecture à ses causes utilitaires : boudoirs, w.-c., radiateurs, ciment armé, voûtes en berceaux ou arcs ogivaux, etc., etc. Ceci est de construction, ceci n'est pas d'architecture. L'architecture, c'est quand il y a émotion poétique. L'architecture est chose de plastique. La plastique, c'est ce qu'on voit et ce qu'on mesure par les yeux. Il va de soi que si la toiture coulait, que si le chauffage ne fonctionnait pas, que si les murs se lézardaient, les joies de l'architecture seraient fortement gênées ; de même, un monsieur qui écouterait une symphonie assis sur une pelote d'épingles ou dans le

---

① 玛德莱娜教堂，位于巴黎第八区，因为大革命的政治格局的变动，其建造过程持续了85年，1837年它差点被改建成巴黎的第一个火车站，1845年最终成为教堂。

② au delà de : 在……之上。 Ce qu'il a fait est au-delà de notre imagination. （他的所作所为超出我们的想象。）

courant d'air d'une porte.

Presque toutes les périodes d'architecture ont été liées à des recherches constructives. On en a souvent conclu : l'architecture, c'est la construction. Il se peut que l'effort fourni par les architectes ait été canalisé principalement sur les problèmes constructifs d'alors ; ce n'est pas une raison pour confondre. Il est certain que l'architecte doit posséder sa construction au moins aussi exactement que le penseur possède sa grammaire. Mais la construction étant une science autrement plus difficile et complexe que la grammaire, les efforts de l'architecte y demeurent longuement attachés ; ils ne doivent pas s'y immobiliser.

Le plan de la maison, son cube et ses surfaces ont été déterminés, en partie, par les données utilitaires du problème et, en partie, par l'imagination, la création plastique. Déjà, dans son plan et par conséquent dans tout ce qui s'élève dans l'espace, l'architecture a été plasticien ; il a discipliné les revendications utilitaires en vertu d①'un but plastique qu'il poursuivait ; *il a composé.*

...

On mesure qu'il ne s'agit plus d'usages, ni de traditions, ni de procédés constructifs, ni d'adaptations à des besoins utilitaires. Il s'agit de l'invention pure, personnelle au point qu'elle est celle d'un homme ; Phidias a fait le Parthénon, car Ictinos et Callicrate②, les architectes officiels du Parthénon, ont fait d'autres temples doriques qui nous paraissent froids et assez indifférents. La passion, la générosité, la grandeur d'âme, autant de vertus qui sont inscrites dans les géométries de la modénature, quantités agencées dans des rapports précis. Le Parthénon, c'est Phidias③ qui l'a fait, Phidias le grand sculpteur.

Il n'existe rien d'équivalent dans l'architecture de toute la terre et de tous les temps. C'est le moment le plus aigu où un homme, agité par les plus nobles pensées, les a cristallisées en une plastique de lumière et d'ombre. La modénature du Parthénon est infaillible, implacable. Sa rigueur dépasse nos habitudes et les possibilités normales de l'homme. Ici se fixe le plus pur témoignage de la physiologie des sensations et de la spéculation mathématique qui peut s'y rattacher ; on est ravi par les sens ; on est ravi par l'esprit ; on touche l'axe d'harmonie. Il n'est point question de④ dogmes religieux, de description symbolique, de figurations

---

① en vertu de : 按照，依照。La police l'a arrêté en vertu de la loi. (警方依法逮捕了他。)

② 伊克梯诺(Ictinos, Ictinus ou Iktinos)和卡里克利特(Callicrate)均为公元前5世纪的古希腊建筑师，两人合作设计了为纪念战胜波斯人而兴建的巴特农神庙。

③ Phidias：菲狄亚斯，古希腊著名雕塑家、建筑设计师，雅典人，主要活动时期在约公元前490–公元前430年。巴特农神庙里供奉的雅典娜女神像就是由他亲手制作的。

④ Il n'est point question de... : 问题不在于……，与……无关。Il n'est point question de foi. (这与信仰无关。)

naturelles: ce sont des formes pures dans des rapports précis, exclusivement.

Depuis deux mille ans, ceux qui ont vu le Parthénon ont senti qu'il y avait là un moment décisif de l'architecture.

On est devant un moment décisif. Dans la période présente où les arts tâtonnent et où, par exemple, la peinture, trouvant petit à petit les formules d'une saine expression, heurte si violemment le spectateur, le Parthénon apporte des certitudes : l'émotion supérieure, d'ordre mathématique. L'art, c'est la poésie : l'émotion des sens, la joie de l'esprit qui mesure et apprécie la reconnaissance d'un principe axial qui affecte le fonds de notre être. L'art, c'est cette pure création de l'esprit qui nous montre, à certains sommets, le sommet des *créations* que l'homme est capable d'atteindre. Et l'homme ressent un grand bonheur *à se sentir créer*.

i. Exercices

1. Questions et réponses :

(1) Quelle est la définition de la construction selon le texte ?

(2) Pourquoi l'auteur dit que sa maison ne touche pas son cœur ?

(3) Quelle est la vraie architecture aux yeux de l'auteur ?

(4) Nous avons tous un nez, une bouche, un front, etc., mais quel visage doit être pris pour le plus beau ?

(5) Quelle est la différence entre le Parthénon et la Madeleine ?

(6) Pourquoi est-ce que les objets de la nature et les œuvres du calcul fixent notre attention, éveillent notre intérêt ?

(7) Quelle est la pure création de l'esprit selon le texte ?

(8) Quel prétexte prend-on souvent pour confondre l'architecture avec la construction ?

2. Vrai ou faux :

(1) Les rapports entre les prismes sont tout d'abord des rapports pratiques et descriptifs.

(2) La maison doit disposer de deux fonctions: l'utilitaire et la beauté selon Le Corbusier.

(3) Les architectes officiels, Ictinos et Callicrate, ont fait le Parthénon.

(4)   Selon le texte, le Parthénon est le meilleur exemple dans l'histoire de l'architecture.

3. Enrichissement lexical :

(1)   Que représente le pronom « **vous** » dans la phrase suivante: « *tout à coup, vous me prenez au cœur* » ?

(2)   Que signifie les mots « **corde interne** » et « **axe** » dans la phrase suivante : « *c'est qu'à sa vue la corde interne sonne ; l'axe est touché* » ?

(3)   Que signifie le mot « **grammaire** » dans la phrase suivante : « *le penseur possède sa grammaire* » ?

(4)   Expliquez l'expression « **un moment décisif** ».

4. Paraphrasez les phrases suivantes:

(1)   « Les efforts de l'architecte y demeurent longuement attachés ; ils ne doivent pas s'y immobiliser. »

(2)   « Un monsieur qui écouterait une symphonie assis sur une pelote d'épingle ou dans le courant d'air d'une porte ? »

(3)   « Le Parthénon, c'est Phidias qui l'a fait, Phidias le grand sculpteur. »

5. Dégagez l'idée principale du paragraphe suivant :

On est devant un moment décisif. Dans la période présente où les arts tâtonnent et où, par exemple, la peinture, trouvant petit à petit les formules d'une saine expression, heurte si violemment le spectateur, le Parthénon apporte des certitudes : l'émotion supérieure, d'ordre mathématique. L'art, c'est la poésie : l'émotion des sens, la joie de l'esprit qui mesure et apprécie la reconnaissance d'un principe axial qui affecte le fonds de notre être. L'art, c'est cette pure création de l'esprit qui nous montre, à certains sommets, le sommet des créations que l'homme est capable d'atteindre. Et l'homme ressent un grand bonheur à se sentir créer.

6. Citez au moins trois avantages du Parthénon.

巴特农神庙是举世闻名的古代七大奇观之一。神庙始建于公元前447年，正式启用于公元前438年，借着盛大的帕那太耐节奉献给雅典娜。

巴特农神庙是古希腊全盛时期建筑与雕刻的主要代表，有"希腊国宝"之称。这颗人类艺术宝库中的璀璨明珠经历了多舛的命运。公元5世纪中叶，神庙被改为基督教堂，雅典娜神像被移去。1458年，土耳其人占领雅典，神庙随之被用作清真寺。1687年，威尼斯人与土耳其人作战，炮火击中了神庙内的一个火药库，炸毁了神庙的中部。1801-1803年，神庙遭受了最严重的损失，其大部分残留的雕塑被英国贵族额尔金勋爵搬走。原来神庙中的古物，现已散落在不列颠博物馆、卢浮宫、哥本哈根等地。虽然史上曾有人对神庙进行过部分修复，但却根本无法恢复其原貌。如今，神庙遗址上仅留有石柱林立的外壳。

IV. La mort des cathédrales

— Une conséquence du projet Briand[①] sur la Séparation

par Marcel Proust

Marcel Proust (1871–1922) est un écrivain connu pour *À La Recherche du Temps Perdu*, qui est son œuvre la plus célèbre. Puis, il a publié *À l'Ombre Des Jeunes Filles En Fleurs*, pour lequel il a reçu le prix Goncourt en 1919.

Supposez pour un instant que le catholicisme soit éteint depuis des siècles, que les traditions de son culte soient perdues. Seules, monuments devenus inintelligibles, mais restés admirables, d'une croyance oubliée, subsistent les cathédrales, muettes et désaffectées. Supposez ensuite qu'un jour, des savants, à l'aide de documents, arrivent à reconstituer les cérémonies qu'on y célébrait autrefois, pour lesquelles elles avaient été construites, qui étaient proprement leur signification et leur vie, et sans lesquelles elles n'étaient plus qu'une lettre morte ; et supposez qu'alors des artistes, séduits momentanément par la vie de ces grands vaisseaux qui s'étaient tus, veuillent en refaire pour un drame mystérieux qui s'y déroulait au milieu des chants et des parfums, entreprennent, en un mot, pour la messe et les cathédrales, ce que les félibres ont réalisé pour le théâtre d'Orange et les tragédies antiques.

Est-il un gouvernement un peu soucieux du passé artistique de la France qui ne subventionnât largement une tentative aussi magnifique ? Pensez-vous que ce qu'il a fait pour des ruines romaines, il ne le ferait pas pour des monuments français, pour ces cathédrales qui sont probablement la plus haute mais indiscutablement la plus originale expression du génie de la France ? Car à notre littérature on peut préférer la littérature d'autres peuples, à notre musique leur musique, à notre peinture et à notre sculpture les leurs ; mais c'est en France que l'architecture gothique a créé ses premiers et ses plus parfaits chefs-d'œuvre. Les autres pays n'ont fait qu'imiter notre architecture religieuse, et sans l'égaler.

---

① 白里安计划，可参阅课后"相关知识"。

Ainsi donc (je reprends mon hypothèse), voici des savants qui ont su retrouver la signification perdue des cathédrales ; les sculptures et les vitraux reprennent leurs sens, une odeur mystérieuse flotte de nouveau dans le temple, un drame sacré s'y joue, la cathédrale se remet à chanter. Le gouvernement subventionne avec raison, avec plus de raison que les représentations des théâtres d'Orange, de l'Opéra-Comique et de l'Opéra, cette résurrection des cérémonies catholiques, d'un intérêt historique, social, plastique, musical.[...]

Des caravanes de snobs vont à la ville sainte (que ce soit Amiens, Chartres, Bourges, Laon, Reims, Rouen, Paris, la ville que vous voudrez, nous avons tant de sublimes cathédrales !), et une fois par an ils ressentent l'émotion qu'ils allaient autrefois chercher à Bayreuth et à Orange : goûter l'œuvre d'art dans le cadre même qui a été construit pour elle. Malheureusement, là comme à Orange, ils ne peuvent être que des curieux, des *dilettanti* ; quoi qu'ils fassent, en eux n'habite pas l'âme d'autrefois. Les artistes qui sont venus exécuter les chants, les artistes qui jouent le rôle des prêtres, peuvent être instruits, s'être pénétrés de l'esprit des textes ; le ministre de l'Instruction publique ne leur ménagera ni les décorations ni les compliments.[...] Combien l'œuvre tout entière devait parler plus haut, plus juste, quand tout un peuple répondait à la voix du prêtre, se courbait à genoux quand tintait la sonnette de l'élévation, non pas comme dans ces représentations rétrospectives, en froids figurants stylés, mais parce qu'eux aussi, comme le prêtre, comme le sculpteur, *croyaient*. Mais, hélas ! ces choses sont aussi loin de nous que le pieux enthousiasme du peuple grec aux représentations du théâtre et nos « reconstitutions » ne peuvent en donner une idée.

Voilà ce qu'on dirait si la religion catholique n'existait plus et si des savants étaient parvenus à retrouver ses rites, si des artistes avaient essayé de les ressusciter pour nous. Mais précisément elle existe encore et n'a pour ainsi dire pas changé depuis le grand siècle où les cathédrales furent construites. Nous n'avons pas besoin pour nous imaginer ce qu'était, vivante et dans le plein exercice de ses fonctions sublimes, une cathédrale du treizième siècle, d'en faire comme du théâtre d'Orange, le cadre de reconstitutions, de rétrospectives exactes peut-être, mais glacées. Nous n'avons qu'à entrer à n'importe quelle heure du jour où se célèbre un office. La mimique, la psalmodie et le chant ne sont pas confiés ici à des artistes sans « conviction ». Ce sont les ministres mêmes du culte qui officient, non dans une pensée d'esthétique, mais par foi, et d'autant plus esthétiquement. Les figurants ne pourraient être souhaités plus vivants et plus sincères, puisque c'est le peuple qui prend la peine de① figurer pour nous, sans

---

① prendre la peine de + inf. : 想尽办法，尽其所能做。 Il a pris la peine de venir lui-même. （他想办法自己来了。）

s'en douter. On peut dire que grâce à la persistance dans l'Église catholique des mêmes rites et, d'autre part, de la croyance catholique dans le cœur des Français, les cathédrales ne sont pas seulement les plus beaux monuments de notre art, mais les seuls qui vivent encore leur vie intégrale, qui soient restés en rapport avec[①] le but pour lequel ils furent construits.

Or, la rupture du gouvernement français avec Rome semble rendre prochaine la mise en discussion et probable l'adoption d'un projet de M. Briand aux termes duquel, au bout de cinq ans, les églises pourront être, et seront souvent désaffectées ; le gouvernement non seulement ne subventionnera plus la célébration des cérémonies rituelles dans les églises, mais pourra les transformer en tout ce qui lui plaira : musée, salle de conférence ou casino.[...]

...

Jamais spectacle comparable, miroir aussi géant de la science, de l'âme et de l'histoire ne fut offert aux regards et à l'intelligence de l'homme. Le même symbolisme embrasse jusqu'à la musique qui se fait entendre alors dans l'immense vaisseau et de qui les sept tons grégoriens figurent les sept vertus théologales et les sept âges[②] du monde. On peut dire qu'une représentation de Wagner à Bayreuth[③] est peu de chose auprès de la célébration de la grand'messe dans la cathédrale de Chartres.

Sans doute ceux-là seuls qui ont étudié l'art religieux du Moyen Âge sont capables d'analyser complètement la beauté d'un tel spectacle. Et cela suffirait pour que l'État eût l'obligation de veiller à sa perpétuité. C'est ainsi que l'État subventionne les cours du Collège de France[④], qui ne s'adressent cependant qu'à un petit nombre de personnes et qui, à côté de cette résurrection intégrale qu'est une grand'messe dans une cathédrale, paraissent de froides dissections...

...

Et nous n'avons parlé dans cet article que des cathédrales pour donner à ces conséquences du projet Briand leur forme la plus frappante, la plus choquante

---

① en rapport avec qch : 与……相符，与……一致。Les professeurs ont un salaire en rapport avec leur qualification. (老师们的工资与其资格相对应。)

② les sept vertus catholiques : trois vertus théologales (foi, espérance, charité) et quatre vertus cardinales (justice, prudence, force, tempérance) ; les sept âges de l'homme : enfance, puérilité, adolescence, jeunesse, âge mûr, vieillesse et décrépitude.

③ Bayreuth : 拜罗伊特，德国中东部城市，位于纽伦堡东北方，建于1194年。作曲家瓦格纳于1872年定居于此，并设计了节日剧院，瓦格纳音乐节自从1876年开幕以来一直在此举行。

④ 译名：法兰西学院，又译为法兰西公学。

pour l'esprit du lecteur. Mais on sait que la distinction entre les églises cathédrales et les autres est tout à fait artificielle, puisqu'il suffisait, à l'occasion d'une fête, d'y dresser la cathédrale d'un évêque, pour qu'une église devînt momentanément cathédrale. Ce que j'ai dit des cathédrales s'applique à toutes les belles églises de France et on sait qu'il y en a des milliers. En suivant une route française entre les champs de sainfoin et les clos de pommiers qui se rangent de chaque côté pour la laisser passer « si belle », c'est presque à chaque pas que vous apercevez un clocher qui s'élève contre l'horizon orageux ou clair... ; c'est presque à chaque pas que vous apercevez un clocher s'élevant au-dessus des maisons qui regardent à terre, comme un idéal, s'élançant dans la voix des cloches, à laquelle se mêle, si vous approchez, le cri des oiseaux.[...]

...

Enfin nous n'avons invoqué en tout ceci qu'un intérêt artistique. Cela ne veut pas dire que le projet Briand n'en menace pas d'autres et qu'à ces autres nous soyons indifférents. Mais enfin c'est à ce point de vue que nous avons voulu nous placer...

i. Exercices

1. Questions et réponses :

(1) Pourquoi l'auteur fait trois suppositions au début du texte ?

(2) Pour Proust, faut-il préférer l'architecture des autres pays à celle de la France ? Et pourquoi ?

(3) Pourquoi le gouvernement devrait subventionner avec plus de raison la résurrection des cérémonies catholiques ?

(4) Qu'est-ce qui arriverait si l'on adoptait le projet de Briand au bout de cinq ans ?

(5) La différence existe-t-elle entre des artistes sans « conviction » et les ministres de culte lorsqu'ils officient l'un ou l'autre, et quelle en est la raison ?

2. Vrai ou faux :

(1) Aux yeux de Proust, l'émotion que des snobs ressentent dans une ville sainte comme à

Orange semble plus appréciée que d'autrefois.

(2) Des artistes sans « conviction » font autant que les prêtres car leur mimique, leur psalmodie et leur chant exercent la même influence pendant l'office.

(3) Les cathédrales sont les plus beaux monuments de notre art.

(4) L'État ne s'inquièterait pas de la perpétuité de l'art religieux du Moyen Âge grâce aux savants.

(5) Dans cet article, Proust exprime son appréciation du projet Briand.

(6) Les cathédrales sous la plume de Proust évoquent aussi des églises.

3. Enrichissement lexical :

(1) Que signifie le mot « **vaisseaux** » dans la phrase suivante : « *supposez qu'alors des artistes, séduits momentanément par la vie à ces grands vaisseaux* » ?

(2) Que signifie le mot « **dilettanti** » dans la phrase suivante : « *ils ne peuvent être que des curieux, des dilettanti ; quoi qu'ils fassent, en eux n'habite pas l'âme d'autrefois* » ?

4. Dégagez l'idée principale du paragraphe suivant :

« Combien l'œuvre tout entière devait parler plus haut, plus juste, quand tout un peuple répondait à la voix du prêtre, se courbait à genoux quand tintait la sonnette de l'élévation, non pas comme dans ces représentations rétrospectives, en froids figurants stylés, mais parce qu'eux aussi, comme le prêtre, comme le sculpteur, croyaient. »

5. Paraphrasez la phrase suivante :

« On peut dire qu'une représentation de Wagner à Bayreuth est peu de chose auprès de la célébration de la grand'messe dans la cathédrale de Chartres. »

6. Version :

(1) « La rupture du gouvernement français avec Rome semble rendre prochaine la mise en discussion et probable l'adoption d'un projet de M. Briand aux termes duquel, au bout de cinq ans, les églises pourront être, et seront souvent désaffectées ; le gouvernement non seulement ne subventionnera plus la célébration des cérémonies rituelles dans les églises, mais pourra les transformer en tout ce qui lui plaira : musée, salle de conférence ou casino.

(2) Jamais spectacle comparable, miroir aussi géant de la science, de l'âme et de l'histoire ne fut offert aux regards et à l'intelligence de l'homme. Le même symbolisme embrasse jusqu'à la musique qui se fait entendre alors dans l'immense vaisseau et de qui les sept tons grégoriens figurent les sept vertus théologales et les sept âges du monde. On peut dire qu'une représentation de Wagner à Bayreuth est peu de chose auprès de la célébration de la grand'messe dans la cathédrale de Chartres.

II. 相关知识

白里安计划

1905 年 12 月 9 日，社会党众议员阿里斯蒂德·白里安(Aristide Briand)主持了政教分离的投票，从而结束了几个世纪以来天主教教会和法国国家政权之间的对抗。从中世纪开始，法国的天主教教会始终保持着一种权威，影响着当权者的决定以及民众的信仰、风俗和艺术。随着文艺复兴和启蒙运动的开展，摆脱教会控制的思潮开始萌生，人们希望政治、知识、创作和个人生活等各个层面均不再受教会的影响。《人权宣言》第十条就写道："只要观点的表达方式没有扰乱法律所确立的公共秩序，谁也不应因观点不同(包括宗教观点)而遭受干涉。"政教分离的思想随着"1905年法"的通过，在法国各类机构中深深扎根。可以这样讲，这项法案在确保信仰自由和思想自由、保证信仰的多元化、公民教育非宗教化等各个领域产生了重大作用。关于宗教活动的组织，法令的第二条规定"共和国不承认，也不以任何方式资助任何宗教活动。"由此便产生一个问题：进行宗教活动的建筑物属于公共财产，它的使用权应该交给谁？普鲁斯特正是基于这一点而展开了对白里安法案的质疑。

Pour en savoir plus :

(1) George Poisson. 1964. *Les Musées de France*. Paris. Presses Universitaires de Paris.

(2) Luc Fraisse. 1990. *L'Œuvre Cathédrale. Proust et l'Architecture Médiéval*. Paris. J. Corti.

(3) Le Corbusier. 1993. *L'Architecture pour Émouvoir*. Pairs. Gallimard.

(4) Le Corbusier. 1995. *Vers une Architecture*. Paris. Flammarion.

(5) Alain Erlande-Brandenburg, Anne-Bénédicte Mérel-Brandenburg. 1995. *L'Histoire de l'Architecture Française*. Paris. Mengès.

(6) Patrice Béghain. 1997. *Guerre aux Démolisseurs*. Paris. Paroles D'aube.

(7) George Poisson. 1997. *Histoire de l'Architecture à Paris*. Paris. Hachette.

(8) Damien Carraz. 1999. *L'Architecture Médiévale en Occident*. Paris. Presses Universitaires de France

(9) Le Corbusier. 2006. *Un Homme à sa Fenêtre*. Paris. Fage Editions

(10) Patrick Weber. 2008. *Histoire de l'Architecture : De l'Antiquité à Nos Jours*. Paris. Librio

UNITÉ

6

Art

中文导读

　　法国人以其丰富的艺术遗产而自豪，首都巴黎更是享有"艺术之都"的美誉。本单元中，笔者挑选了四篇文章，试图从不同的侧面向读者介绍法国的艺术。左拉的文章作为开篇，介绍了风景画家们的创作理念和创作方式。他以热情的笔调肯定了他们的创作及创作风格：如何突破传统的理念，如何记录大自然的美景等。

　　第二篇文章介绍著名画家德拉克洛瓦。此文的作者是大名鼎鼎的作家与艺术评论家夏尔·波德莱尔。由于他与德拉克洛瓦有着不解之缘，两人的交流早已成为一种超越世俗艺术的特殊对话。波德莱尔不仅是位诗人，而且还希望成为一位"最好的批评家"。他的批评风趣又有诗意，在介绍德拉克洛瓦时，目光独到而且见解过人。他在评价、阐释德拉克洛瓦的个人趣味和作品的同时，也推动了自身的艺术思考。他在具体分析德氏作品的同时，努力地推广德氏的浪漫艺术观念……然而，限于篇幅，我们只能节选其中的一小部分。

德拉克洛瓦在艺术界的成就有目共睹。这位浪漫主义画派的典型代表将色彩运用得炉火纯青，其影响力之大，甚至波及后期崛起的印象派画家以及著名画家梵·高。他留传于世的除了画作之外，还有他独具艺术见解的著述。为此，我们也节选了他的文章，希望通过大师的视角来解读"美"。德拉克洛瓦在《 Questions sur le Beau 》一文中，开宗明义，阐明如何鉴赏艺术美，以及鉴赏人可能的感受。不同的风格、不同的时代、不同的作家，会创作出不同的美感。优秀的作品，都能引起鉴赏者的共鸣。文中，作者还谈到鲁本斯的作品给他带来的感受，并点评其优劣。在谈论画作时，他特意以著名的画作为例，作出对比点评，提出自己的鉴赏观点。文学创造美，绘画创造美，鉴赏者鉴赏美。美带给人的是享受，是感悟，创作者如此，鉴赏者亦是如此。

第四篇文章摘录自《 Art contemporain 》一书，简略地介绍了法国现代艺术的发展以及遇到的困难。作者是法国著名学者、艺术史教授，对现代艺术的发展与现状有着独到的见解。作者在导论中说道："……艺术是荒诞怪异的，艺术是咄咄逼人的，艺术是丑陋的，艺术是俊俏的，艺术是悦人的……艺术是投机的……艺术要求公众最大程度的参与……"

艺术作品无论有多大的价值，如果没有市场的认同，没有评论家的品头论足，便不可能在这个信息爆炸的世界里凸显出来。为此，艺术家们的创作千奇百怪，或不拘一格，甚至有"偶发艺术"、"邮递艺术"等，但他们的目的只有一个，就是以奇特的艺术形式来吸引观众的关注并获得认同。

I. Les paysagistes

par Émile Zola

Émile Zola (1840–1902), écrivain, journaliste et homme public français, est considéré comme le chef de file du naturalisme. C'est l'un des romanciers français les plus populaires. Il est principalement connu pour *Les Rougon-Macquart*, fresque romanesque en vingt volumes dépeignant la société française sous le Second Empire. Quant à son avis sur l'art, il a proclamé que l'art est « un coin de la création vu à travers un tempérament », Zola a transcendé sa doctrine simplificatrice par une imagination puissante et un souffle épique ...

---

le 1er juin 1868

Nos paysagistes ont franchement rompu avec la tradition. Il était réservé à notre âge, qui s'est pris d'une tendre sympathie pour la nature, d'enfanter tout un peuple de peintres courant à la campagne en amont des rivières blanches et des vertes allées, s'intéressant au moindre bout d'horizon, peignant les brins d'herbe en frères attendris. Les poètes du commencement du siècle, en ressuscitant le vieux panthéisme, devaient forcément amener une école de paysagistes aimant les champs en eux-mêmes, les trouvant d'un intérêt et d'une vie assez larges pour les interpréter dans leur banalité, sans chercher à leur donner plus de noblesse.

Le paysage classique est mort, tué par la vie et la vérité. Personne n'oserait dire aujourd'hui que la nature a besoin d'être idéalisée, que les cieux et les eaux sont vulgaires, et qu'il est nécessaire de rendre les horizons harmonieux et corrects, si l'on veut faire de belles œuvres. Nous avons accepté le naturalisme sans grande lutte, parce que près d'un demi-siècle de littérature et de goût personnel nous avait préparés à l'accepter. Plus tard, j'en ai la conviction, la foule admettra les vérités du corps humain, les tableaux de figures pris dans le réel exact, comme elle a déjà admis les vérités de la campagne, les paysages contenant de vraies maisons et de vrais arbres.

...

Nos paysagistes partent dès l'aube, la boîte sur le dos, heureux comme des chasseurs qui aiment le plein air. Ils vont s'asseoir n'importe où, là-bas à la lisière de la forêt, ici au bord de l'eau, choisissant à peine leurs motifs, trouvant partout un horizon vivant, d'un intérêt humain pour ainsi dire. Tous, les petits et les grands, les excellents et les médiocres, suivent les mêmes sentiers, obéissent au même instinct qui les amène dans la campagne et leur dit de l'interpréter telle qu'elle est. Ce respect et cette adoration de la nature sont à cette heure dans notre sang.

Mais si tous ont renoncé au paysage d'invention classique, si tous se placent devant les horizons vrais, combien peu les voient et les rendent d'une façon franche et personnelle. Là est la misère de l'école. Le Salon, chaque année, est plein de copies fausses ou vulgaires. Certains paysagistes ont créé une nature au goût du jour, qui a un aspect suffisant de vérité, et qui possède en même temps les grâces piquantes du mensonge. La foule adore ces petits plats-là. Elle n'a point l'œil assez juste pour constater la fausseté de l'ensemble, elle se laisse prendre aux notes tapageuses, aux tons adoucis et charmants, au dessin élégant des arbres, et elle crie : « Comme c'est bien cela, comme c'est vrai ! » parce que, effectivement, au bond de ses rêveries langoureuses, elle revoit la campagne pomponnée et attifée de la sorte.

Je ne citerai aucun artiste, le nombre en est trop grand. J'espère qu'on reconnaîtra le groupe dont je veux parler. Ils n'ont abandonné le paysage classique que pour inventer un paysage fleuri à souhait, presque aussi faux que l'autre mais accommodé à[1] la mode nouvelle, à nos besoins de nature vierge. S'ils vivent aux champs, s'ils se mettent devant les horizons pour les copier, ils s'arrangent de façon à épicer convenablement leurs copies, à leur faire une toilette de jolie femme, afin de les produire avantageusement dans le monde. Ce sont les faux bonshommes de la nature, des hypocrites qui ont le talent de rendre mensongères les vérités des prairies et des bois.

Ce dont je les accuse surtout, c'est de manquer de personnalité. Ils se copient les uns les autres, ou plutôt ils ont créé une nature de convention, taillée sur le patron de la grande nature, et on retrouve cette nature-là dans chacun de leurs tableaux, indistinctement. Les naturalistes de talent, au contraire, sont des interprètes personnels ; ils traduisent les vérités en langages originaux, ils restent profondément vrais, tout en gardant leur individualité. Ils sont humains avant tout, et ils mêlent de leur humanité à la moindre touffe de feuillage qu'ils peignent. C'est ce qui fera vivre leurs œuvres.

J'étudiais Camille Pissarro[2] l'autre jour. Il n'existe pas de peintre plus consciencieux, plus exact. Celui-là est un des naturalistes qui serrent la nature de

---

① accommodé à : 适合，适应于。Nous avons besoin d'un discours accommodé aux circonstances. (我们需要的是一个适应场合的谈话。)

② Camille Pissarro：卡米耶·毕沙罗(1830–1903)，法国印象派画家。他的画作主要是人物画和大自然风景画。作品有《法兰西剧院广场》(1898)和《布鲁日的桥》(1903)。

près. Et cependant ses toiles ont un accent qui leur est propre, un accent d'austérité et de grandeur vraiment héroïque. Vous pouvez chercher ses paysages uniques, ils ne ressemblent à aucun autre. Ils sont souverainement personnels et souverainement vrais.

Je voudrais parler ici très longuement, pour mieux faire comprendre cette alliance de la personnalité et de la vérité, d'un paysagiste qui est, à mon sens, un des tempéraments les plus curieux de ce temps. La place m'est mesurée, je ne puis donner que quelques lignes à Jongkind[①] et à ses œuvres. Ce sera assez pour lui témoigner ma vive sympathie.

Je ne connais pas d'individualité plus intéressante. Il est artiste jusqu'au cœur Il a une façon si originale d'interpréter la nature humide et vaguement souriante du Nord, que chacune de ses toiles parle une langue étrange et particulière. On devine qu'il aime les horizons hollandais, pleins d'un charme mélancolique, qu'il les aime d'un amour fervent, comme il aime la grande mer, les eaux blafardes des temps gris et les eaux gaies et miroitantes des jours de soleil. Il est fils de cet âge qui s'intéresse à la tache claire ou sombre d'une barque, aux mille petites existences des herbes.

Son métier de peintre est tout aussi singulier que sa façon de voir. Il a des largeurs étonnantes, des simplifications suprêmes. On dirait des ébauches jetées à la hâte,[②] par crainte de laisser échapper l'impression première. On sent que tout le phénomène se passe dans l'œil et dans la main de l'artiste. Il voit un paysage d'un coup, dans la réalité de son ensemble, et il le traduit à sa façon, en en conservant la vérité et en lui communiquant l'émotion qu'il a ressentie. C'est ce qui fait que le paysage vit sur la toile, non plus seulement comme il vit dans la nature, mais comme il a vécu pendant quelques heures dans une personnalité rare et exquise.

Cette année, il a une perle au Salon : vue de la rivière d'Overschie, près Rotterdam. L'eau bavarde et miroite au premier plan ; au fond se dresse un groupe de maisons, dont les toits faits de tuiles rouges se reflètent dans la rivière transparente qui prend des tons roses ; à gauche se trouvent quelques cabanes d'une justesse incroyable ; un grand ciel, d'une pâleur douce, monte largement de l'horizon comme une bouffée d'air frais et limpide. On ne saurait imaginer la gaieté tendre et pénétrante de cette petite toile. Elle est d'une clarté heureuse.

Un artiste qui peint de la sorte est un maître, non pas un maître aux allures superbes et colossales, mais un maître intime qui pénètre avec une rare souplesse dans la vie multiple de la nature. Il faut être singulièrement savant pour rendre le ciel et la terre avec cet apparent désordre et cette véritable intelligence des détails

---

① John Barthold Jongkind：约翰·巴托德·容金德(1819–1891)，荷兰画家和版画家。其小幅风景画继承了荷兰风景画的传统，并促进了印象派的发展。

② à la hâte：匆忙地。Pressé par le temps, il dîne à la hâte. (由于时间紧张，他匆匆忙忙吃了晚饭。)

et de l'ensemble. Ici, tout est original, le métier, l'impression, et tout est vrai, parce que le paysage entier a été pris dans la réalité avant d'avoir été vécu par un homme.

...

Certes, je ne crois pas avoir nommé tous les paysagistes qui mériteraient de l'être. J'ai simplement cherché à donner une idée de notre école moderne de paysage, en citant quelques toiles à l'appui de mes opinions. Ce ne sont ici que des articles très écourtés, très incomplets. Il suffira que j'aie essayé une fois de plus de montrer que la personnalité féconde le vrai, et qu'un tableau est une œuvre nulle et médiocre, s'il n'est pas un coin de la création vu à travers un tempérament.

i. Exercices

1. Questions et réponses :

(1) Quelle conviction l'auteur a-t-il selon le texte ?

(2) Comment les paysagistes créent-ils leurs œuvres ?

(3) Que font des paysagistes pour flatter la foule ?

(4) Pourquoi un grand nombre d'artistes abandonnent-ils le paysage classique ?

(5) Comment les naturalistes de talent interprètent-ils leur personnalité lorsqu'ils traduisent les vérités ?

(6) Qu'est-ce que Zola pense de Jongkind ?

(7) Pourquoi l'auteur ne veut-il pas nommer tous les paysagistes connus dans cet article ?

2. Vrai ou faux :

(1) Les poètes du commencement du XIXe siècle cherchaient à donner aux champs plus de noblesse.

(2) La littérature a aidé les spectateurs à accepter le naturalisme.

(3) La création dans la nature est tout à fait la même pour tous les paysagistes.

(4) La foule est capable de constater la fausseté de l'ensemble.

(5) Zola est d'accord avec les artistes qui abandonnent le paysage classique pour inventer un paysage fleuri à souhait.

(6) Camille Pissarro possède une façon originale d'interpréter la nature humide et vaguement souriante du Nord.

(7) Les ébauches jetées à la hâte sont aussi nécessaires au peintre pour faire ses œuvres.

3. Enrichissement lexical :

(1) Que signifie le mot « **enfanter** » dans le texte ?

(2) Quel est la signification du mot « **mesurer** » dans la phrase suivante : « *la place m'est mesurée* » ?

(3) Essayez de nous faire savoir la vraie signification du mot « **perle** » dans la phrase « *il a une perle au Salon* ».

4. Version :

(1) Il était réservé à notre âge, qui s'est pris d'une tendre sympathie pour la nature, d'enfanter tout un peuple de peintres courant à la campagne en amont des rivières blanches et des vertes allées, s'intéressant au moindre bout d'horizon, peignant les brins d'herbe en frères attendris.

(2) Ils n'ont abandonné le paysage classique que pour inventer un paysage fleuri à souhait, presque aussi faux que l'autre mais accommodé à la mode nouvelle, à nos besoins de nature vierge.

II. 相关知识

巴比松画派 (l'école de Barbizon) 是法国19世纪的风景画派。巴比松是法国的一个小村庄，位于巴黎枫丹白露森林 (Forêt de Fontainebleau) 进口处，风景优美。19世纪30-40年代，一批画家因不满七月王朝统治和绘画美术科学院一成不变的理论，陆续来此定居作画，并渐渐形成画派。他们以写实手法表现自然，任凭自己去感受自然，力求在作品中表达出对自然的真诚感受，以真实的自然风景画创作否定了学院派虚假的历史风景画程式，从而揭开了19世纪法国现实主义美术运动的序幕。其成员有卢梭 (Théodore Rousseau)、迪亚兹 (Narcisse Diaz)、特罗容 (Constant Troyon)、柯罗 (Jean-Baptiste Corot)、雅克 (Charles Jacque)、米勒 (Jean-François Millet) 等，其中卢梭为其领袖。这个画派对欧美风景画家、包括印象主义画家产生了深刻影响。

II. Eugène Delacroix[1]

par Charles Baudelaire

Charles Pierre Baudelaire, (1821–1867), poète français, est écrivain majeur de l'histoire de la poésie française. Au travers de son œuvre, Baudelaire a tenté de tisser et de démontrer les liens entre le mal et la beauté. Dans le domaine des Beaux-Art, ses Curiosités esthétiques lui apporte aussi une grande réputation.

Le romantisme et la couleur me conduisent droit à Eugène Delacroix. J'ignore s'il est fier de sa qualité de romantique ; mais sa place est ici, parce que la majorité du public l'a depuis longtemps, et même dès sa première œuvre, constitué le chef de l'école moderne.

...

Aucun tableau ne révèle mieux à mon avis l'avenir d'un grand peintre, que celui de M. Delacroix, représentant *le Dante et Virgile aux enfers*. C'est là surtout qu'on peut remarquer ce jet de talent, cet élan de la supériorité naissante qui ranime les espérances un peu découragées par le mérite trop modéré de tout le reste.

Le Dante et Virgile, conduits par Caron[2], traversent le fleuve infernal et fendent avec peine la foule qui se presse autour de la barque pour y pénétrer. Le Dante, supposé vivant, a l'horrible teint des lieux ; Virgile, couronné d'un sombre laurier, a les couleurs de la mort. Les malheureux condamnés éternellement à désirer la rive opposée, s'attachent à la barque. L'un la saisit en vain, et, renversé par son mouvement trop rapide, est replongé dans les eaux ; un autre l'embrasse et repousse avec les pieds ceux qui veulent aborder comme lui ; deux autres serrent avec les dents le bois qui leur échappe. Il y a là l'égoïsme de la détresse et le désespoir de l'enfer. Dans ce sujet, si voisin de l'exagération, on trouve cependant une sévérité de goût, une convenance locale en quelque sorte[3], qui relève le dessin,

---

① Extrait de *Curiosités Esthétiques*.

② Charon 或 Caron：希腊神话中冥河上渡亡灵的神。

③ en quelque sorte：可以这么说。La femme est en quelque sorte la conscience de la famille. （女性可以说是家庭的灵魂。）

auquel des juges sévères, mais peu avisés ici, pourraient reprocher de manquer de noblesse. Le pinceau est large et ferme, la couleur simple et vigoureuse, quoique un peu crue.

L'auteur a, outre cette imagination poétique qui est commune au peintre comme à l'écrivain, cette imagination de l'art, qu'on pourrait appeler en quelque sorte l'imagination du dessin, et qui est tout autre que la précédente. Il jette ses figures, les groupe et les plie à volonté avec la hardiesse de Michel-Ange et la fécondité de Rubens. Je ne sais quel souvenir des grands artistes me saisit à l'aspect de ce tableau ; je retrouve cette puissance sauvage, ardente, mais naturelle, qui cède sans effort à son propre entraînement.

...

Pour E. Delacroix, la nature est un vaste dictionnaire dont il roule et consulte les feuilles avec un œil sûr et profond ; et cette peinture, qui procède surtout du souvenir, parle surtout au souvenir. L'effet produit sur l'âme du spectateur est analogue aux moyens de l'artiste. Un tableau de Delacroix, Dante et Virgile, par exemple, laisse toujours une impression profonde, dont l'intensité s'accroît par la distance. Sacrifiant sans cesse le détail à l'ensemble, et craignant d'affaiblir la vitalité de sa pensée par la fatigue d'une exécution plus nette et plus calligraphique, il jouit pleinement d'une originalité insaisissable, qui est l'intimité du sujet.

L'exercice d'une dominante n'a légitimement lieu qu'au détriment du[①] reste. Un goût excessif nécessite les sacrifices, et les chefs-d'œuvre ne sont jamais que des extraits divers de la nature. C'est pourquoi il faut subir les conséquences d'une grande passion, quelle qu'elle soit, accepter la fatalité d'un talent, et ne pas marchander avec le génie. C'est à quoi n'ont pas songé les gens qui ont tant raillé le dessin de Delacroix ; en particulier les sculpteurs, gens partiaux et borgnes plus qu'il n'est permis, et dont le jugement vaut tout au plus la moitié d'un jugement d'architecte. La sculpture, à qui la couleur est impossible et le mouvement difficile, n'a rien à démêler avec un artiste que préoccupent surtout le mouvement, la couleur et l'atmosphère. Ces trois éléments demandent nécessairement un contour un peu indécis, des lignes légères et flottantes, et l'audace de la touche. Delacroix est le seul aujourd'hui dont l'originalité n'ait pas été envahie par le système des lignes droites ; ses personnages sont toujours agités, et ses draperies voltigeantes. Du point de vue de Delacroix, la ligne n'est pas ; car, si ténue qu'elle soit, un géomètre taquin peut toujours la supposer assez épaisse pour en contenir mille autres ; et pour les coloristes, qui veulent imiter les palpitations éternelles de la nature, les lignes ne sont jamais, comme dans l'arc-en-ciel, que la fusion intime de deux couleurs.

...

---

① au détriment de... : 损害，牺牲。Elle a pris la meilleure part au détriment de ses frères. （她不顾兄弟之情拿走了最好的一份。）

Chacun des anciens maîtres a son royaume, son apanage, – qu'il est souvent contraint de partager avec des rivaux illustres. Raphaël[①] a la forme, Rubens[②] et Véronèse[③] la couleur, Rubens et Michel-Ange[④] l'imagination du dessin. Une portion de l'empire restait, où Rembrandt seul avait fait quelques excursions, – le drame, – le drame naturel et vivant, le drame terrible et mélancolique, exprimé souvent par la couleur, mais toujours par le geste.

En fait de gestes sublimes, Delacroix n'a de rivaux qu'en dehors de son art ...

i. Exercices

1. Questions et réponses :

(1) Quelle impression Baudelaire nous donne-t-il sur Eugène Delacroix ?

(2) Quelle est la vraie intention de Baudelaire en présentant « *le Dante et Virgile aux enfers* » dans ce texte ?

(3) Pourquoi la foule malheureuse se presse-t-elle autour de la barque de Dante et Virgile ?

(4) Comment l'auteur décrit-il « *le Dante et Virgile aux enfers* » ?

(5) Que demandent le mouvement, la couleur et l'atmosphère ?

2. Vrai ou faux :

(1) Les espérances de Delacroix sont un peu découragées par son mérite trop modéré.

(2) Les malheureux font leurs efforts pour pousser les autres tout en voulant s'attacher à la barque afin d'atteindre la rive opposée.

① Raphaël：拉斐尔(1483–1520)，文艺复兴时期意大利著名画家、建筑师，文艺复兴三杰之一。

② Rubens：皮埃尔·保罗·鲁本斯(1577–1640)，出生于荷兰弗拉芒，巴洛克艺术画家，担任过重要的外交职务，在当时的艺术家中很有影响。

③ Véronèse：韦罗内塞(1528–1588)，16世纪意大利画家，画风柔和。

④ Michel-Ange：米开朗基罗(1475–1564)，意大利文艺复兴时期绘画家、雕塑家、建筑师和诗人，文艺复兴时期雕塑艺术最高峰的代表，文艺复兴三杰之一。

(3) L'imagination de Delacroix se différe de la précédente.

(4) Dans le tableau de Delacroix, le reste est souvent sacrifié pour mettre en relief la dominante.

(5) À cause de l'originalité de Delacroix envahie par le système des lignes droites, ses personnages sont toujours agités, et ses draperies voltigeantes.

3. Paraphrasez les phrases suivantes :

(1) « L'effet produit sur l'âme du spectateur est analogue aux moyens de l'artiste. »

(2) « Chacun des anciens maîtres a son royaume, son apanage. »

(3) « En fait de gestes sublimes, Delacroix n'a de rivaux qu'en dehors de son art. »

4. Version :

(1) Il jette ses figures, les groupe et les plie à volonté avec la hardiesse de Michel-Ange et la fécondité de Rubens. Je ne sais quel souvenir des grands artistes me saisit à l'aspect de ce tableau ; je retrouve cette puissance sauvage, ardente, mais naturelle, qui cède sans effort à son propre entraînement.

(2) Dans ce sujet, si voisin de l'exagération, on trouve cependant une sévérité de goût, une convenance locale en quelque sorte, qui relève le dessin, auquel des juges sévères, mais peu avisés ici, pourraient reprocher de manquer de noblesse. Le pinceau est large et ferme, la couleur simple et vigoureuse, quoique un peu crue.

II. 相关知识

　　《但丁和维吉尔共渡冥河》（又译《但丁小舟》）由欧仁·德拉克洛瓦于1822年创作，取材于但丁的名著《神曲》。头戴月桂花环的诗人维吉尔正引导但丁乘小舟穿越地狱。船头，一名围着长条蓝布的赤身男子为其摇橹。河中浪花翻滚，数个被罚入地狱者紧抓住小船不放；其中还有一名女子，水珠在她身上闪光。近看，那些飞溅的水花是红绿互补色中黄色和白色的涂点。精练的手法，逼真的效果，令人叹为观止。艺术史家认为，画作的悲剧性感受出自对米开朗基罗和鲁本斯的缅怀，画家在展现执拗个性的同时，也为自己赢得了法国浪漫主义画派先行者的美誉。

　　但丁的《神曲》(la Divine Comédie) 采用了中世纪文学特有的幻游形式。作者以自己为主人公，记录了游历地狱的经历。全诗分为《地狱》(l'Enfer)、《炼狱》(le Purgatoire)、《天堂》(le Paradis) 三部。诗中叙述了但丁在"人生旅程的中途"，即1300年，他35岁时，迷失于一个黑暗的森林。他竭力寻找走出迷津的道路，黎明时分来到一座洒满阳光的小山脚下，便朝山顶攀登，忽然三只猛兽(分别象征淫欲、强暴、贪婪的豹、狮、狼)迎面扑来。但丁高声呼救。这时，古罗马诗人维吉尔出现了，他受贝雅特里奇(Béatrice)的嘱托前来帮助但丁走出迷途，并引导他游历地狱。由于该作品影响深远，画家们常在其中选取创作素材。

III. Questions sur le beau [1]

par Eugène Delacroix

Eugène Delacroix, (1798–1863), peintre français majeur du mouvement romantique, est apparu, en peinture, au début du XIXe siècle. Il est surtout l'artiste emblématique du romantisme en peinture. À sa mort, les artistes contemporains lui ont rendu de vibrants hommages. Son *Question sur le Beau* présente son avis sur les beaux-arts.

En présence d'un objet véritablement beau, un instinct secret nous avertit[2] de sa valeur et nous force à l'admirer en dépit de nos préjugés ou de nos antipathies. Cet accord des personnes de bonne foi prouve que si tous les hommes sentent l'amour, la haine et toutes les passions de la même manière, s'ils sont enivrés des mêmes plaisirs ou déchirés par les mêmes douleurs, ils sont émus également en présence de la beauté, comme aussi ils se sentent blessés par la vue du laid, c'est-à-dire de l'imperfection. [...]

Mais la vue des beaux ouvrages de tous les temps prouve que le beau ne se rencontre pas à de semblables conditions ; il ne se transmet ni ne se concède comme l'héritage d'une ferme ; il est le fruit d'une inspiration persévérante qui n'est qu'une suite de labeurs opiniâtres ; il sort des entrailles avec des douleurs et des déchirements, comme tout ce qui est destiné à vivre ; il fait le charme et la consolation des hommes, et ne peut être le fruit d'une application passagère ou d'une banale tradition. Des palmes vulgaires peuvent couronner de vulgaires efforts ; un assentiment passager peut accompagner, pendant la durée de leur succès, des ouvrages enfantés par le caprice du moment ; mais la poursuite de la gloire commande d'autres tentatives : il faut une lutte obstinée pour arracher un de ses sourires ; ce serait peu encore : il faut, pour l'obtenir, la réunion de mille dons et la faveur du destin.

...

---

① Extrait de l'*Œuvres Littéraires · Questions sur le Beau*.

② avertir qn de qch：引起某人对某事的注意。Ses regards bizarres m'avertissent de ses conduites.（他奇怪的眼神使我注意到他的举止。）

Les critiques ne se sont pas toujours accordés sur les qualités essentielles qui établissent la perfection. Ceux qui seraient tentés de condamner aujourd'hui Beethoven ou Michel-Ange au nom de la régularité et de la pureté, les auraient absous et portés aux nues① dans d'autres temps où triomphaient d'autres principes. Ainsi, les écoles ont placé ces principes, tantôt dans le dessin, tantôt dans la couleur, tantôt dans l'expression, tantôt, qui le croirait ? dans l'absence de toute couleur et de toute expression. Les peintres anglais du dernier siècle et du commencement de celui-ci, école éminente et peu appréciée dans notre pays, les voyaient surtout dans les effets de l'ombre et de la lumière, comme on ne veut les voir aujourd'hui que dans le contour, c'est-à-dire dans l'absence complète de l'effet.

Il est permis de penser que les grands artistes de tous les temps ne se sont point arrêtés à toutes ces distinctions. La couleur et le dessin étant les éléments nécessaires dont ils avaient à se servir, ils ne se sont point appliqués à faire prédominer l'un ou l'autre. C'est leur propre penchant qui les a conduits à leur insu à mettre en relief certains mérites particuliers. Est-il raisonnable de penser qu'il puisse se rencontrer en peinture un chef-d'œuvre qui ne présente dans une certaine mesure la réunion des qualités essentielles de cet art ? Chacun des grands peintres s'est servi de la couleur ou du dessin qui allait à son esprit, qui surtout donnait à son ouvrage cette qualité suprême dont les écoles ne parlent pas, et qu'elles ne peuvent enseigner, la poésie de la forme et celle de la couleur. C'est sur ce terrain qu'ils se sont tous rencontrés et à travers toutes les écoles.

...

Quoi ! le beau, ce besoin et cette pure satisfaction de notre nature ne fleurirait que dans des contrées privilégiées, et il nous serait interdit de le chercher autour de nous ! La beauté grecque serait la seule beauté ! Ceux qui ont accrédité ce blasphème sont les hommes qui ne doivent sentir la beauté sous aucune latitude, et qui ne portent point en eux cet écho intérieur qui tressaille en présence du beau et du grand. Je ne croirai point que Dieu ait réservé aux Grecs seuls de produire ce que nous, hommes du Nord, nous devons préférer ; tant pis pour les yeux et les oreilles qui se ferment, et pour ces connaissances qui ne veulent ni connaître, ni par conséquent admirer ! Cette impossibilité d'admirer est en proportion de l'impossibilité de s'élever. C'est aux intelligences d'élite qu'il est donné de réunir dans leur prédilection ces types différents de la perfection entre lesquels les savants ne voient que des abîmes. Devant un sénat qui ne serait composé que de grands hommes, les disputes de ce genre ne seraient pas longues. Je suppose réunies ces vives lumières de l'art, ces modèles de la grâce ou de la force, ces Raphaël. ces Titien②, ces Michel-Ange, ces Rubens et leurs émules ; je les suppose réunies pour

---

① porter qn aux nues : 把某人捧上天。Il est si fier puisqu'il est porté aux nues par ses subordonnés. (他如此自豪，因为下属们都把他捧上天了。)

② Titien : 提香 (约1490 –1576)，文艺复兴时期意大利威尼斯画派画家，当时最著名的肖像画家之一。

classer les talents et distribuer la gloire, non pas seulement à ceux qui ont suivi dignement leurs traces, mais pour se rendre entre eux la justice que l'assentiment des siècles ne leur a pas refusée : ils se reconnaîtraient bien vite à une marque commune, à cette puissance d'exprimer le beau, mais d'y atteindre chacun par des routes différentes.

i. Exercices

1. Questions et réponses :

(1) Qu'est-ce que la poursuite de la gloire demande selon le texte ?

(2) Dans quel but Delacroix prend-il l'exemple de Beethoven et Michel-Ange dans le texte ?

(3) De quoi les grands artistes se servent-ils comme élément nécessaire ?

(4) Pourquoi les peintres ne savent-ils pas mettre en relief certains mérites particuliers ?

2. Vrai ou faux :

(1) Les préjugés ou les antipathies ne nous empêchent pas d'admirer un bel objet.

(2) Tous les hommes se sentent aussi émus en présence du laid.

(3) Les qualités essentielles sont très importantes pour la perfection. Et donc, sur ce terrain, on critique les ouvrages.

(4) Le beau ne peut ni se transmettre ni se concéder puisqu'il est le fruit d'une inspiration persévérante.

3. Enrichissement lexical :

(1) Proposez des synonymes du mot « **obstinée** » dans le texte.

(2) Trouvez une autre locution qui exprime le même sens de « **sous aucune latitude** ».

4. Dégagez l'idée principale du paragraphe suivant :

Mais la vue des beaux ouvrages de tous les temps prouve que le beau ne se rencontre pas à de semblables conditions ; il ne se transmet ni ne se concède comme l'héritage d'une ferme ; il est le fruit d'une inspiration persévérante qui n'est qu'une suite de labeurs opiniâtres ; il sort des entrailles avec des douleurs et des déchirements, comme tout ce qui est destiné à vivre ; il fait le charme et la consolation des hommes, et ne peut être le fruit d'une application passagère ou d'une banale tradition.

5. Paraphrasez la phrase suivante :

Je ne croirai point que Dieu ait réservé aux Grecs seuls de produire ce que nous, hommes du Nord, nous devons préférer.

6. Version :

(1) En présence d'un objet véritablement beau, un instinct secret nous avertit de sa valeur et nous force à l'admirer en dépit de nos préjugés ou de nos antipathies. Cet accord des personnes de bonne foi prouve que si tous les hommes sentent l'amour, la haine et toutes les passions de la même manière, s'ils sont enivrés des mêmes plaisirs ou déchirés par les mêmes douleurs, ils sont émus également en présence de la beauté, comme aussi ils se sentent blessés par la vue du laid, c'est-à-dire de l'imperfection.

(2) Chacun des grands peintres s'est servi de la couleur ou du dessin qui allait à son esprit, qui surtout donnait à son ouvrage cette qualité suprême dont les écoles ne parlent pas, et qu'elles ne peuvent enseigner, la poésie de la forme et celle de la couleur. C'est sur ce terrain qu'ils se sont tous rencontrés et à travers toutes les écoles.

■■ II. 相关知识

《德拉克洛瓦日记》

德拉克洛瓦除了系列名画之外，为后人所熟知的还有他的日记。他的日记分为两部分，第一部分是他早年的日记，包括1822年他24岁开始写的部分以及1832年在北非摩洛哥旅行时写下的简短旅途杂记；第二部分是他中年以后的日记。1847年1月，德拉克洛瓦又开始写日记，他在1847年1月19日的日记中表明他动笔写是为了给自己的生活感受保留一个记录，以便日后回想时会有更深刻的印象。德拉克洛瓦在日记中记下了他对前辈画家和同时代人的艺术作品的见解、他自己艺术创作的构思和计划、他对周围环境的观察，同时他也记载了自己丰富的社交生活，因而这部日记也就成了19世纪中叶法国上流社会生活的真实写照。日记中记录了他与同时代作家、诗人、音乐家和画家日常交往的内容，这些人中有巴尔扎克、大仲马、乔治·桑、波德莱尔、肖邦、柏辽兹、柯罗、米勒和梅里美等。

IV. L'art contemporain [1]

par Isabelle de Maison Rouge

Isabelle de Maison Rouge, rédactrice de rubrique sur le site internet www.Art11. com, collabore régulièrement à la revue *Art Actuel* où elle publie de nombreux articles et interviews d'artistes. Également, en tant que commissaire d'expositions d'art contemporain, elle sélectionne des œuvres et des artistes, rédige le catalogue, organise accrochages et vernissages.

---

1. Introduction

De l'art contemporain, on peut dire tout et son contraire, en tout cas on a tout entendu. Il n'y a rien à comprendre, on n'y voit rien, on se perd dans tous ces mouvements, il est fait pour tout le monde, il est réservé à une élite, il est engagé, il est politique, il est vide de sens, il est drôle, il est agressif, il est laid, il est beau, il fait plaisir, il dérange, il est subventionné, il est gratuit, il est spéculatif, il appartient au monde des marchands et des conservateurs qui font la pluie et le beau temps, il a perdu le contact avec le public, il exige de son public une très grande participation... la litanie n'en finit pas. Il se pourrait que toutes ces critiques soient justes dans leurs contradictions. On ne peut réduire l'art contemporain à un style ou un label.

Puisque, par nature, l'art contemporain est en train de se faire, il ne peut par conséquent se limiter à un état défini. Il reste fluctuant, s'écrivant continuellement au présent. Forcément, les contemporains de cet art s'interrogent, ne savent pas ce qui restera, sont intrigués par la nouveauté. N'ayant pas suffisamment de recul pour le juger, ils ne le comprennent pas et sont déroutés.

L'art contemporain échappe aux catégories admises ou transgresse leurs limites. Aucune frontière n'enferme le geste de l'artiste contemporain, qui revendique une liberté d'expression. Aucun repère, ni dans l'espace, ni dans le temps, ne vient aider le public. Tout peut devenir art, mais pas dans n'importe quelle condition.

---

[1] Extrait du livre de même titre.

Les artistes le déclarent eux-mêmes, comme Donald Judd[1] en 1966 : Si quelqu'un affirme que son travail participe de l'art, c'est de l'art. Ainsi, pour être artiste, il faut se reconnaître comme tel, puis l'être par les autres. Autre difficulté : les arts plastiques[2] s'inscrivent dans le cadre d'une culture qui n'est pas seulement visuelle. Elle regroupe les attitudes diverses d'artistes qui ne sont ni peintres, ni sculpteurs, qui ne peuvent être qualifiés avec précision. Certaines œuvres demeurent invisibles, d'autres existent sous la forme d'énoncés verbaux ou écrits... Certains artistes envahissent des lieux inhabituels, d'autres utilisent des technologies employées par des professionnels qui n'ont rien à voir avec une production artistique... Et tous exigent entre l'œuvre et le public des rapports nouveaux.

2. L'artiste sacrifie à la mode

Trop souvent l'art contemporain est associé à un marché de dupes où le snobisme joue l'élément moteur. La reconnaissance des œuvres, ou plutôt des artistes, serait liée à un phénomène de mode et non pas à une connaissance approfondie de l'histoire de l'art.

Il est important de prendre en compte la divergence des regards qui peuvent être portés sur l'œuvre d'art. En effet, pour son auteur, l'œuvre est le produit d'un travail, d'une réflexion souvent menée à long terme et dans laquelle il croit. Quand ce « produit fini » est livré au public, quel qu'en soit le canal de diffusion (musée, galerie ou autre...), quand il apparaît sur la scène culturelle, il est soumis à l'approbation des instances savantes : marché de l'art, critiques, public. Mais, dispersée dans la réalité du monde, l'œuvre bute sur[3] les limites que celle-ci lui impose. Elle devient aussi plus difficile à identifier. Le commentaire se fait alors indispensable. L'art se livre au discours ; il doit passer par une information rapide et ouverte, par une médiatisation pour être sûr d'attirer l'attention, dans une société saturée d'images et d'informations.

...

Pourtant, l'art contemporain n'est vraiment pas le fait d'arrivistes ou d'oppor-tunistes et l'ensemble des artistes authentiques doit faire face à cette image défa-

① Donald Judd：唐纳德·贾德，极简抽象艺术派的画家。该派的画家从本质上否定了至今为止作为常识的近代绘画的理念，他们认为物质本身不具有任何意味，而主张一种纯粹的物质性。

② arts plastiques：造型艺术，艺术形态之一。指以一定物质材料(如绘画用颜料、墨、绢、布、纸、木板等，雕塑、工艺用木、石、泥、玻璃、金属等，建筑用多种建筑材料等)和手段创造的静态空间形象的可视艺术。18世纪的德国哲学家莱辛在《拉奥孔》中开始使用这一名词。

③ buter sur / contre：遭遇……(困难)。Leur amour bute sur l'opposition de la famille. (他们的感情遭到家庭反对。)

vorable et trop souvent répandue. Il est de véritables artistes, « mus par des projets radieux », comme les qualifie Jean-Pierre Raynaud[1], qui doivent se soumettre au parcours du combattant pour que leur œuvre soit reconnue et éventuellement appréciée. L'image d'insouciance et de liberté que l'artiste donne généralement peut être perçue par le public comme le reflet d'une vie facile. Cette idée commune et bien ancrée est souvent associée à la notion de « je-m'en-foutisme » que l'admiration jalouse et l'envie provoquent.

Nous l'avons déjà vu, l'artiste contemporain exprime par bien des moyens la réalité de sa propre existence : geste qui engage le corps entier, Performance[2], Mail Art[3]... il dit son cheminement intime. L'artiste, mû par son obsession (formelle, colorée, conceptuelle) ne cherche pas la notoriété mais espère la reconnaissance, car toute œuvre est le reflet profond de son créateur et il importe qu'elle soit vue et lue. Il témoigne par son œuvre de son être et de ses aspirations ; la légitimation lui est donc nécessaire pour poursuivre sa voie.

C'est le développement des musées imaginaires qui contribua au succès des musées réels. Le musée et l'exposition, phénomènes récents (mi-XIXe siècle), correspondent aux nouveaux lieux et aux nouveaux canaux que les artistes doivent expérimenter pour que leurs œuvres trouvent leur public ou en tout cas soient visibles par un grand nombre. Aujourd'hui, l'art n'est pas seulement accessible dans les endroits officiels : musées, galeries, fondations privées. On le trouve aussi dans les endroits publics comme la rue, le métro, les places des grandes villes, ou dans des lieux plus incongrus (silos à grains, quartiers en friches) ou sur la toile du net. Mais se pose à nouveau le problème de la reconnaissance. Sur une affiche publicitaire dans les couloirs du métro, on peut lire l'écriture très reconnaissable de Ben qui vante un produit de grande consommation. Une main inconnue a écrit en substance juste en dessous que la renommée de Ben lui permet de faire et d'écrire des « conneries » alors que lui, l'auteur obscur, reste dans l'anonymat...

Alors, comment devient-on un artiste avéré? Il n'y a pas de recette miracle. L'artiste, s'il croit en son projet, par sa ténacité et en profitant de la chance,

---

① Jean-Pierre Raynaud：让・皮埃尔・雷诺，出生于1939年，法国人，造型艺术家。从 1969年起，他开始着手建造自己的住所，后来成为其代表作。

② Performance：行为艺术，是指在特定时间和地点，由个人或群体的行为而构成的 一种艺术。行为艺术必须包含以下4项基本元素，除此之外不受任何其他限制：时 间、地点、行为艺术者的身体，以及与观众的交流。该艺术不同于绘画、雕塑等仅 由单个事物构成的艺术。

③ Mail Art：邮递艺术，是一种利用通信的方式进行的艺术活动，有很强的社会性，必 须有两个或两个以上的人合作完成，即发件人和收件人。信封、邮票、邮戳是构成 该艺术的重要因素。

parviendra à exprimer (durablement et sans céder à la mode) ce qui lui tient à cœur et lui sert de moteur pour vivre.

i. Exercices

1. Questions et réponses :

(1) Comment l'auteur définit-il l'art contemporain au début du texte ?

(2) Pourquoi ne peut-on pas réduire l'art contemporain à un style ou un label ?

(3) Est-il facile pour le public d'apprécier une œuvre d'art contemporain ?

(4) Pourquoi le commentaire se fait-il indispensable?

(5) Comment l'œuvre fait-elle pour attirer l'attention dans une société saturée d'images et d'informations ?

(6) Que cherche l'artiste en exprimant par bien des moyens la réalité de sa propre existence et pourquoi ?

(7) Quels sont les endroits publics par rapport aux endroits officiels ?

(8) Quel est le conseil donné par l'auteur à l'artiste qui a envie d'être reconnu ?

2. Vrai ou faux :

(1) Tout ce que l'artiste a créé est destiné à devenir art.

(2) Pour être artiste, il faut tout d'abord croire l'être.

(3) Certains artistes envahissent des lieux inhabituels, tandis que des professionnels qui n'ont rien à voir avec une production artistique utilisent des technologies comme d'autres artistes.

(4) L'image d'insouciance et de liberté du public peut être perçue par l'artiste comme le reflet d'une vie facile.

3. Enrichissement lexical :

(1) Que signifie le mot « **participer** » dans « *son travail participe de l'art* » ?

(2) Trouvez le synonyme de « **s'inscrire** » dans « *les arts plastiques s'inscrivent* ».

(3) Trouvez la substitution d' « **une main inconnue** » selon le contexte.

4. Paraphrasez les phrases suivantes :

(1) « N'ayant pas suffisamment de recul pour le juger, ils ne le comprennent pas et sont déroutés. »

(2) « Aucune frontière n'enferme le geste de l'artiste contemporain, qui revendique une liberté d'expression. »

(3) « L'art contemporain n'est vraiment pas le fait d'arrivistes ou d'opportunistes. »

5. Version :

(1) Trop souvent l'art contemporain est associé à un marché de dupes où le snobisme joue l'élément moteur. La reconnaissance des œuvres, ou plutôt des artistes, serait liée à un phénomène de mode et non pas à une connaissance approfondie de l'histoire de l'art.

(2) C'est le développement des musées imaginaires qui contribua au succès des musées réels. Le musée et l'exposition, phénomènes récents (mi-XIXe siècle), correspondent aux nouveaux lieux et aux nouveaux canaux que les artistes doivent expérimenter pour que leurs œuvres trouvent leur public ou en tout cas soient visibles par un grand nombre.

II. 相关知识

先锋派

20世纪50年代后，法国各种艺术门派纷纷破壳而出。当然，正在形成的艺术不能立即算作门派，它们在形成过程中很可能被纳入多种分类，所以统称为先锋派。先锋派的概念就像一个抽屉，许多流派都可以归入其中，如新抽象派、新达达派、新形象艺术画派、新先锋派。社会上对先锋派多加以指责，这些指责不无道理，因为它们的代表画家缺乏想象力和创造力。而没有创造力的画家，是经不起历史的考验的。所以，一些流派还没有兴起，便消于无形。

再有，艺术派别已经突破了国界，相互影响已经不可避免。法国艺术在发展的过程中既影响了其他国家，自身也汲取了其他国家的经验。20世纪后半叶出现的各种艺术运动中，有的便是源自于其他国家，它们渐渐传入法国，进而影响到法国的美术创作。其中较有影响的画派有波普艺术、奥普艺术和行为艺术等。

Pour en savoir plus :

(1) Charles Baudelaire. 1991. *Curiosités Esthétiques*. Paris. Garnier Freres.

(2) André Chastel. 1999. *Introduction à l'Histoire de l'Art Français*. Paris. Flammarion.

(3) André Chastel. 2000. *L'Art Français*. Paris. Flammarion.

(4) Lionel Richard. 2002. *L'Aventure de l'Art Contemporain de 1945 à Nos Jours*. Paris. Chêne.

(5) Christine Sourgins. 2005. *Les Mirages de l'Art Contemporain*. Paris. Éditions de La Table Ronde.

(6) Daniel Sibony. 2005. *Essai sur l'Art Contemporain*. Paris. Seuil.

(7) Isabelle Ewig. 2005. *Lire L'Art Contemporain*. Paris. Larousse.

(8) Henri Loyrette, Sébastien Allard, Laurence Des Cars. 2009. *L'Art Français : Le XIXe Siècle (1819-1905)*. Paris. Flammarion.

UNITÉ
7

Drame

　　法国戏剧经过上千年的发展，已具有自己的民族特色。早期有宗教戏剧，接踵而至的有古典主义、象征主义、超现实主义、达达主义、神秘主义，以及20世纪的诸多流派，这些都成为法兰西民族的骄傲。法国戏剧的代表人物更是享誉世界：有高乃依、拉辛、莫里哀、博马舍等。古典主义戏剧是法兰西文化辉煌成就的标记，启蒙时期的戏剧奠定了法国戏剧的基础。19世纪以后，尤其在整个20世纪，法国戏剧更是流派纷呈，争奇斗艳，对欧美戏剧产生了巨大影响，成为世界戏剧大家庭中的佼佼者。

　　本单元第一篇文章开宗明义，谈到戏剧的特点。戏剧艺术源于生活而高于生活。它必须具有生活的逻辑性、内容的逼真性，以及生动的人物形象与跌宕的情节。戏剧不仅冲击着观众的视觉感官，而且还启迪着智慧和心灵。戏剧追求效果的逼真，如果刀工斧凿的痕迹过浓，虽然会赢得一些观众，但更将会受到有识之士的蔑视。

谈及戏剧，影响极大的当数喜剧大师莫里哀。他的作品辛辣幽默，抨击那些虚伪的人物更是入木三分，结果自然受到上流社会的极大非难，尤其是其作品《伪君子》。出于反击需要，莫里哀写下一篇寓意深刻的文章，被笔者收入本书中。他在文中强调：喜剧的功能在于改正世人的毛病。严肃的道德说教无论多么精彩，其力度往往赶不上讽刺作品；虽然喜剧有着这样或那样的不足，但总不能因噎废食吧。那些老于世故的奸猾之徒，极尽所能，煽动狂热分子大肆攻击、侮辱莫里哀，意欲将他打入地狱而后快。莫里哀在此不仅作了自我辩护，而且还重申了喜剧的社会功能。当然，他没忘借钟馗打鬼，抬出国王的支持来反击对手。

伏尔泰的《论喜剧》表面上在谈论英国喜剧，因为他花了大量的篇幅介绍英国的喜剧作家，谈论他们各自的特色、作品的优劣，甚至还转述了戏剧中的故事……但随后，作家笔锋一转，画龙点睛般地将重心放回到法国。或许伏尔泰并没有用很多的笔墨来赞扬莫里哀，但寥寥数语已经肯定了法国喜剧大师不容置疑的成就。作者匠心独运地用对比的方式来烘托他心目中的人物。当然，英国王室中不乏出色的诗人，他们拿着丰厚的俸禄，享受着种种特权，然而他们的成就呢？或许高明不过法国的高乃依。一部喜剧，浸透着民族语言与文化，那精妙的双关语，生动可笑的情节，都是喜剧不可缺少的元素。伏尔泰文笔简明清晰，穿透力强。那种衬托式的创作手法，不时地表露出其浓厚的民族情结。

艺术是不断发展的。左拉在《戏剧中的自然主义》中正式提出了"自然主义"戏剧的名称及其创作原则。在文章的开篇，他便大声疾呼舞台创新：观众期待着新的作家、新的气象；昔日的悲剧因陈旧受到浪漫主义戏剧的冲击；"三一律"被突破了，整个剧院出现了新的气象。细心的读者会发现，左拉虽然在文章中谈到了浪漫主义戏剧成功地冲击了悲剧，但这并非他宣扬的主旨。事实上，左拉在文章中明扬暗抑浪漫主义戏剧，因为他真正的主旨在于追求变革：戏剧发展的交替兴亡是不可逆转的趋势。过去的戏剧流派，虽曾有过辉煌，但随着时间的推移，不可避免地会变得老态龙钟，适应不了社会的新需要。戏剧艺术与其他艺术一样，有着广阔的发展空间。如果停滞不前失去了发展的动力，那只能归咎于人类自身。末了，左拉明确地提出：现代戏剧呼唤革新，期待着推陈出新，只有自然主义才是戏剧发展的新方向。

I.   Derniers propos sur le théâtre ①

par Paul Claudel

Paul Claudel (1868–1955), dramaturge, poète, essayiste, est beaucoup admiré pour le caractère universel de son œuvre poétique et théâtrale. Il montre comment la mélodie peut jaillir de la parole et la phrase du rythme élémentaire, de même que la poésie peut surgir de la réalité la plus grossière. Quant au drame, il contribue à substituer à l'esthétique traditionnelle du drame lyrique celle d'un théâtre musical mettant en jeu les formes les plus diverses de l'expression. En 1946, Paul Claudel est élu membre de l'Académie française.

LE DRAME

Le poème épique est un spectacle, le poème dramatique est une action. Une action confiée à des acteurs. Comme le poème épique développe une situation, c'est-à-dire une espèce de site moral, le drame actualise, complète, authentifie, élève à la valeur d'exemple, un de ces débats inchoatifs, plus ou moins riches de signification, au milieu desquels la vie courante ne cesse de nous promener. L'ambiance, et le tonus général qui en résulte, ne sont plus ceux de l'épopée. Le conteur reste consciemment distinct de son récit. Mais avec le drame nous pénétrons dans la région la plus obscure du cerveau humain, celle du rêve. Dans le rêve, notre esprit, réduit à un état passif ou semi-passif, celui de plateau, est envahi par des fantômes — d'où venus ? Pas seulement de la mémoire — qui séduisent notre collaboration à la perpétration d'un événement. [...]

LE PLAISIR THÉÂTRAL

Dans le plaisir qu'éprouve le spectateur devant une œuvre dramatique, il y a des éléments très divers. Il y a un plaisir d'abord de logique, une construction conforme à② la vraisemblance. Dans la vie, rien n'arrive dans un ordre rigoureux : nous n'assistons, somme toute, qu'à des mutilées, manquées, imparfaites, tandis que le drame nous

---

① Extrait de *Mes Idées sur le Théâtre*.
② conformer à... : 使符合。Elle conforme ses paroles à la situation. （她使自己的话语得体。）

donne le spectacle, au contraire, d'événements dépendant d'une logique plus ou moins rigoureuse et aboutissant à une fin qui est le plaisir de Dieu, puisque la fin est le plaisir de l'ordre, et même le principe du commencement. Voilà un des éléments du plaisir que le drame nous procure.

En second lieu, il y a un autre plaisir : c'est un plaisir assez analogue à celui de la peinture ; la peinture nous fournit le plaisir par la juxtaposition des couleurs, comme la musique des timbres... du moins, c'est un des éléments de la musique. De même, dans le théâtre, nous tirons un plaisir de la juxtaposition des caractères et des réactions différentes qu'ils exercent l'un sur l'autre. Il est intéressant, par exemple, de voir dans Shakespeare les différentes réactions, les différents contrecoups que les personnages de *Hamlet* exercent l'un sur l'autre. En dehors même d'une logique mécanique, d'une mécanique absolument rigoureuse, il y a une harmonie, une « cause harmonique », si vous voulez, des rapports des caractères tels quels, l'un par l'autre, qui réagissent l'un sur l'autre, comme le jaune peut réagir sur le bleu ou le rouge sur le vert, mais avec infiniment plus de détails, parce que ça ne s'adresse pas seulement à un de nos sens, la vision, ça s'adresse également à notre intelligence et à notre cœur.

...

La musique ne donne place qu'aux sens. La poésie donne lieu à[①] la fois à toutes les formes de l'intelligence, du caractère, du sentiment et du discours. Parce que le discours aussi est capable de donner une joie.

C'est là l'élément de délectation dont je vous parlais. Cette délectation se tire non seulement d'un appel à nos sentiments, qui ne trouvent pas dans la vie ordinaire le moyen de s'exercer, mais d'une composition délectable entre ces différents sentiments [...]

...

Vous me disiez que ce drame était pris dans une espèce d'ensemble où il avait à se déployer. Ce n'est pas tout à fait comme ça que je vois les choses. Dans un drame, c'est l'action elle-même qui crée le monde autour d'elle. Elle ne se déploie pas dans un monde voulu. Elle n'a pas, comme ont fait les écrivains romantiques, à se servir de tel ou tel événement historique pour y placer une action plus ou moins pittoresque. C'est le drame lui-même qui, par sa logique intrinsèque, crée, pour ainsi dire, le monde autour de lui, que ce monde emprunte des éléments à la réalité ou qu'il soit purement imaginaire.

Cette première observation étant faite, je réponds à votre seconde question. Vous me demandez si je n'exige pas un effort trop considérable des spectateurs. À

---

① donner lieu à : 引起，致使。La baisse des prix a donné lieu à la création d'une organisation des pays producteurs de pétrole.（石油价格的下跌促使了石油生产国组织的建立。）

ça, *Le Soulier de Satin*[①] fournit une réponse. Quand on a dédié *Le Soulier de Satin* au Français, il s'agissait de demander aux spectateurs une attention ininterrompue de deux heures et demie, ce qui n'avait jamais été fait en France. Et l'administrateur général, Vaudoyer[②], me disait : « Le spectateur ne pourra jamais tolérer ça ! » surtout qu'il y avait énormément d'éléments nouveaux qui intervenaient, soit dans le style de la pièce, soit dans le développement de l'action, soit dans la mise en scène. Et on pensait que le spectateur serait noyé, désorienté.

...

Le vraisemblable est une chose contingente, et qui ne joue pas le rôle essentiel. Il ne faut pas naturellement insulter de trop près la vraisemblance, parce qu'alors on entre dans l'artificiel, ce qui est tout différent. Mais quand il faut entrer dans le vif des passions, on dépend de certaines contingences historiques ou réelles. Je ne crois pas que la chose ait énormément d'importance.

Si vous regardez de très près *Œdipe roi*, par exemple, vous voyez qu'*Œdipe roi* est basé sur une série d'invraisemblances absolument flagrantes, qui sautent aux yeux[③] : il n'y a pas un de ces coups d'État, pour ainsi dire, dont est constitué *Œdipe roi*, qui réponde à la vraisemblance la plus évidente. Et cependant, le public suit, le cœur palpitant, toute cette série de coq-à-l'âne, si on peut dire, devant lesquels aussi bien les Athéniens que les Français, s'ils avaient l'esprit critique, ont dû renâcler.

Mais ce qui était important, c'est que l'action elle-même, c'est-à-dire, le véritable sujet de l'action, qui était le malheur d'un homme en proie aux dieux sans qu'il y ait de sa faute, ce sujet était traité avec une logique parfaite, avec un traitement des vraisemblances assez dédaigneux, il faut bien le reconnaître. À peu près dans toutes les pièces du théâtre grec, nous sommes dans la même situation. Même l'histoire de *Phèdre*, si l'on y regarde de très près, n'est pas très vrai-semblable : je ne citerai par exemple que l'apparition du monstre ; il est certain que ce n'est pas vraisemblable qu'un monstre vienne dérober Hippolyte. L'auteur, pour amener l'action à son terme, a tout de même besoin de certains événements qu'il amène tant bien que mal. Si c'est bien, tant mieux ; si c'est mal, mais si l'auteur sait son métier, ça n'a pas grande importance.

---

① 本文作者的作品，汉语译名为《缎子鞋》。该剧由于剧情太过冗长，所以上演的机会不多。1985年被葡萄牙导演 Manoel de Oliveira 搬上银幕。

② Jean-Louis Vaudoyer (1883–1963)，法国小说家，诗人，散文作家与艺术史学家。1941–1944年期间曾担任法兰西剧院行政总管。

③ sauter aux yeux : 显而易见，不言而喻。Les causes du marasme économique sautent aux yeux.（导致经济萧条的原因显而易见。）

1. Questions et réponses :

(1) Quelle est la définition du drame que Paul Claudel a donnée dans le texte ?

(2) Pouvez-vous donner la différence entre la vie et le drame ?

(3) Pourquoi le drame est-il comparé à la peinture ?

(4) Quels sont les deux plaisirs que l'auteur a mentionnés dans le texte ?

(5) Dans le drame, qu'est-ce que l'action peut faire et qu'est-ce qu'elle ne doit pas faire comme le font les écrivains romantiques ?

(6) Est-ce que les spectateurs peuvent accepter un drame comme *le Soulier de Satin* lorsqu'on leur demande un effort trop considérable ?

2. Vrai ou faux :

(1) Le drame nous permet de nous enfoncer dans l'esprit ou dans le rêve.

(2) La vie connaît toujours des événements dépendant d'une logique plus ou moins rigoureuse et aboutissant à une fin parfaite.

(3) La musique nous frappe par la juxtaposition des timbres.

(4) Les personnages de telle ou telle autre pièce exercent différentes réactions, différents contrecoups, ce qui apporte du plaisir au spectateur.

(5) La couleur exerce une influence visuelle sur le théâtre.

(6) Le vraisemblable joue un rôle très important parce qu'il est une chose contingente.

3. Enrichissement lexical :

(1) Choisissez le synonyme de « **rigoureux** » selon la phrase suivante : « *Dans la vie, rien n'arrive dans un ordre rigoureux.* »

(2) Proposez des synonymes de « **contingent** » selon le texte.

(3) Que signifie « **toute cette série de coq-à-l'âne** » dans le texte ?

(4) Proposez des synonymes de « **analogue** » dans le texte.

4. Paraphrasez le paragraphe suivant :

Si vous regardez de très près Œdipe roi, par exemple, vous voyez qu'Œdipe roi est basé sur une série d'invraisemblances absolument flagrantes, qui sautent aux yeux : il n'y a pas un de ces coups d'État, pour ainsi dire, dont est constitué Œdipe roi, qui réponde à la vraisemblance la plus évidente. Et cependant, le public suit, le cœur palpitant, toute cette série de coq-à-l'âne, si on peut dire, devant lesquels aussi bien les Athéniens que les Français, s'ils avaient l'esprit critique, ont dû renâcler.

5. Version :

Mais ce qui était important, c'est que l'action elle-même, c'est-à-dire, le véritable sujet de l'action, qui était **le malheur d'un homme en proie aux dieux sans qu'il y ait de sa faute**, ce sujet était traité avec une logique parfaite, **avec un traitement des vraisemblances assez dédaigneux**, il faut bien le reconnaître.

II. 相关知识

《俄狄浦斯王》

　　《俄狄浦斯王》是古希腊索福克里斯的戏剧代表作之一，约公元前430-前426年首演。作品取材于希腊神话"俄狄浦斯杀父娶母的故事"。在俄狄浦斯王执政时期，底比斯国瘟疫盛行。天神宣告，只有杀害前王拉伊俄斯的凶手伏法，才能消灾祛祸。因为前王外出时遇害，一直查不出谁是凶手。俄狄浦斯王诅咒凶手，下令追查。先知却说，真正的凶手就是俄狄浦斯本人。因为俄狄浦斯在出生时就有神谕，说他将来是杀父娶母之人。正因如此，他被刺穿脚踝，丢弃野外。后来，他辗转成了科林斯国王之子。他成年后，得悉神谕，为了避免出现杀父娶母的现象，他逃出科林斯国。不料，在途中与人抢道，他将主仆数人打死。他来到底比斯国，制服了狮身人面怪，被拥立为王，并娶寡后为妻。俄狄浦斯这些经历恰好符合当初神谕所说的杀父娶母。经过一番追查，证据确凿。俄狄浦斯承担了罪过，刺瞎双眼，自我放逐。王后亦因羞愤而自尽。

　　该剧典型地展示了希腊悲剧的冲突：人与命运的冲突。剧作家虽然无法摆脱浓厚的宿命观念，但也无法掩饰他对主人公命运的强烈同情。俄狄浦斯并非故意想杀父娶母，却必须要承受可怕的命运。就其作为来看，他是一个英雄，为民除害；是一个君王，受人爱戴。他智慧超群，热爱祖国，大公无私。他没有臣服于宿命，而是想方设法欲逃离"神示"的预言……跌宕起伏的情节，突转、悬念等技巧的巧妙运用，都对悲剧性的结局起到了推波助澜的作用，令观众难以释怀。总之，该剧有着极高的艺术成就，堪称希腊悲剧的经典。

II. Préface du *Tartuffe*[1]

par Molière

Jean-Baptiste Poquelin, dit Molière (1622–1673), dramaturge et acteur de théâtre français. Il écrit beaucoup de drame pour se montrer impitoyable envers le pédantisme des faux savants, le mensonge des médecins ignorants, la prétention des bourgeois enrichis. Molière, homme inoubliable pour sa contribution à la comédie française, est considéré comme l'âme de la Comédie-Française.

Voici une comédie dont on a fait beaucoup de bruit, qui a été longtemps persécutée : et les gens qu'elle joue ont bien fait voir qu'ils étaient plus puissants en France que tous ceux que j'ai joués jusques ici. Les marquis, les précieuses, les cocus et les médecins ont souffert doucement qu'on les ait représentés, et ils ont fait semblant de se divertir, avec tout le monde, des peintures que l'on a faites d'eux ; mais les hypocrites n'ont point entendu raillerie ; ils se sont effarouchés d'abord, et ont trouvé étrange que j'eusse la hardiesse de jouer leurs grimaces et de vouloir décrier un métier dont tant d'honnêtes gens se mêlent.

C'est un crime qu'ils ne sauraient me pardonner : et ils se sont tous armés contre ma comédie avec une fureur épouvantable. Ils n'ont eu garde de[2] l'attaquer par le côté qui les a blessés : ils sont trop politiques pour cela, et savent trop bien vivre pour découvrir le fond de leur âme. Suivant leur louable coutume, ils ont couvert leurs intérêts de la cause de Dieu ; et *Le Tartuffe*, dans leur bouche, est une pièce qui offense la piété. Elle est, d'un bout à l'autre, pleine d'abomina-tions, et l'on n'y trouve rien qui ne mérite le feu. Toutes les syllabes en sont impies ; les gestes même y sont criminels ; et le moindre coup d'œil, le moindre branlement de tête, le moindre pas à droite ou à gauche, y cache des mystères qu'ils trouvent moyen d'expliquer à mon désavantage. J'ai eu beau la soumettre aux lumières de mes amis, et à la censure de tout le monde, les corrections que j'ai pu faire, le jugement

---

① Préface du *Tartuffe*.

② n'avoir garde de + inf. : 绝对不会做某事。Il n'a garde de nous tromper, il est trop honnête. (他绝不会骗我们，他是个非常诚实的人。)

du roi et de la reine, qui l'ont vue, l'approbation des grands princes et de messieurs les ministres, qui l'ont honorée publiquement de leur présence, le témoignage des gens de bien qui l'ont trouvée profitable, tout cela n'a de rien servi. Ils n'en veulent point démordre ; et, tous les jours encore, ils font crier en public des zélés indiscrets, qui me disent des injures pieusement et me damnent par charité.

...

Si l'on prend la peine d'examiner de bonne foi ma comédie, on verra sans doute que mes intentions y sont partout innocentes, et qu'elle ne tend nullement à jouer les choses que l'on doit révérer ; que je l'ai traitée avec toutes les précautions que me demandait la délicatesse de la matière et que j'ai mis tout l'art et tous les soins qu'il m'a été possible pour bien distinguer le personnage de l'hypocrite d'avec celui du vrai dévot. J'ai employé pour cela deux actes entiers à préparer la venue de mon scélérat. Il ne tient pas un seul moment l'auditeur en balance ; on le connaît d'abord aux marques que je lui donne ; et d'un bout à l'autre il ne dit pas un mot, il ne fait pas une action, qui ne peigne aux spectateurs le caractère d'un méchant homme, et ne fasse éclater celui du véritable homme de bien que je lui oppose.

...

Si l'emploi de la comédie est de corriger les vices des hommes, je ne vois pas pour quelle raison il y en aurait de privilégiés. Celui-ci est, dans l'État, d'une conséquence bien plus dangereuse que tous les autres ; et nous avons vu que le théâtre a une grande vertu pour la correction. Les plus beaux traits d'une sérieuse morale sont moins puissants, le plus souvent, que ceux de la satire ; et rien ne reprend mieux la plupart des hommes que la peinture de leurs défauts. C'est une grande atteinte aux vices que de les exposer à la risée de tout le monde. On souffre aisément des appréhensions, mais on ne souffre point la raillerie. On veut bien être méchant, mais on ne veut point être ridicule.

...

J'avoue qu'il y a eu des temps où la comédie s'est corrompue. Et qu'est-ce que dans le monde on ne corrompt point tous les jours ? Il n'y a chose si innocente où les hommes ne puissent porter du crime, point d'art si salutaire dont ils ne soient capables de renverser les intentions, rien de si bon en soi qu'ils ne puissent tourner à de mauvais usages. La médecine est un art profitable, et chacun la révère comme une des plus excellentes choses que nous ayons : et cependant il y a eu des temps où elle s'est rendue odieuse, et souvent on en a fait un art d'empoisonner les hommes. La philosophie est un présent du Ciel ; elle nous a été donnée pour porter nos esprits à la connaissance d'un Dieu par la contemplation des merveilles de la nature ; et pourtant on n'ignore pas que souvent on l'a détournée de son emploi, et qu'on l'a occupée publiquement à soutenir l'impiété. Les choses même les plus saintes ne sont point à couvert de la corruption des hommes ; et nous voyons des scélérats qui, tous les jours, abusent de la piété, et la font servir méchamment aux crimes les plus grands. Mais on ne laisse pas pour cela de faire les distinctions qu'il est besoin de faire. On n'enveloppe point, dans une fausse conséquence, la bonté des choses que l'on corrompt avec la malice des corrupteurs. On sépare toujours le mauvais usage d'avec l'intention de l'art ; et comme on ne s'avise point de défendre la médecine pour avoir été bannie de Rome, ni la philosophie, pour avoir été condamnée publiquement dans Athènes, on ne doit point aussi vouloir interdire la comédie, pour avoir été censurée en de certains temps. [...] De semblables arrêts, sans doute, feraient un grand désordre dans le monde. Il n'y aurait rien par là qui ne fût condamné ; et puisque l'on ne garde point cette rigueur à tant de choses dont on abuse tous les jours, on doit bien faire la même grâce à la comédie, et approuver les pièces de théâtre où l'on verra régner l'instruction et l'honnêteté.

Je sais qu'il y a des esprits, dont la délicatesse ne peut souffrir aucune comédie, qui disent que les plus honnêtes sont les plus dangereuses ; que les passions que l'on y dépeint sont d'autant plus touchantes qu'elles sont pleines de vertu, et que les âmes sont attendries par ces sortes de représentations. Je ne vois pas quel grand crime c'est que de s'attendrir à la vue d'une passion honnête ; et c'est un haut étage de vertu que cette pleine insensibilité où ils veulent faire monter notre âme. Je doute qu'une si grande perfection soit dans les forces de la nature humaine ; et je ne sais s'il n'est pas mieux de travailler à rectifier et adoucir les passions des hommes, que de vouloir les retrancher entièrement. J'avoue qu'il y a des lieux qu'il vaut mieux fréquenter que le théâtre ; et si l'on veut blâmer toutes les choses qui ne regardent pas directement Dieu et notre salut, il est certain que la comédie en doit être, et je ne trouve point mauvais qu'elle soit condamnée avec le reste. Mais supposé, comme il est vrai, que les exercices de la piété souffrent des intervalles et que les hommes aient besoin de divertissement, je soutiens qu'on ne leur en peut trouver un qui soit plus innocent que la comédie. Je me suis étendu trop loin. Finissons par un mot d'un grand prince sur la comédie du Tartuffe.

Huit jours après qu'elle eut été défendue, on représenta devant la Cour une pièce intitulée *Scaramouche ermite*, et le roi, en sortant, dit au grand prince que je veux dire : « Je voudrais bien savoir pourquoi les gens qui se scandalisent si fort de la comédie de Molière ne disent mot de celle de *Scaramouche*. » À quoi le prince répondit : « La raison de cela, c'est que la comédie de *Scaramouche* joue le Ciel et la religion, dont ces messieurs-là ne se soucient point ; mais celle de Molière les joue eux-mêmes ; c'est ce qu'ils ne peuvent souffrir. »

...

i. Exercices

1. Questions et réponses :

(1) Pourquoi *le Tartuffe* a été longtemps persécuté à l'époque de Molière ?

(2) Comment les hypocrites réagissent-ils contre *le Tartuffe* après s'être effarouchés ?

(3) Pourquoi l'effet de la satire est-il plus puissant que les autres moyens ?

(4) Est-ce que la comédie peut aussi se corrompre ?

(5) Pour quel but Dieu donne-t-il la philosophie à l'homme ?

(6) Pourquoi *le Tartuffe* connaît-il une résistance si forte ?

2. Vrai ou faux :

(1) Les marquis, les précieuses, les cocus et les médecins se divertissaient avec tout le monde des peintures que l'on a faites d'eux.

(2) Ils ne veulent pas attaquer *le Tartuffe* par le côté qui les blesse, sinon ils créeraient un scandale.

(3) L'approbation du roi, de la reine et des grands princes a fait taire les hypocrites.

(4) Le scélérat de Molière est facilement distingué en scène.

(5) Les hommes qui avaient des vices ont accepté d'être méchants au lieu d'être exposés à la risée de tout le monde.

(6) La médecine est un art moins apprécié à cause de son empoisonnement des hommes.

3. Enrichissement lexical :

(1) Quelle est la signification du verbe « **jouer** » dans la phrase suivante : « *ils ... ont trouvé étrange que j'eusse la hardiesse de jouer leurs grimaces...* » ?

(2) Proposez le synonyme d'« **innocent** » dans la phrase suivante : « *... mes intentions y sont partout innocentes.* »

(3) Proposez le synonyme de « **trait** » dans la phrase suivante : « *Les plus beaux traits d'une sérieuse morale sont moins puissants, le plus souvent, que ceux de la satire.* »

(4) Proposez le synonyme du verbe « **envelopper** » dans la phrase suivante : « *On n'enveloppe point, dans une fausse conséquence, la bonté des choses...* »

(5) Proposez des synonymes d'« **arrêt** » dans la phrase suivante : « *De semblables arrêts, sans doute, feraient un grand désordre dans le monde.* »

(6) Que signifie « **des esprits** » dans la phrase suivante : « *il y a des esprits, dont la délicatesse ne peut souffrir aucune comédie* » ?

4. Version :

(1) Si l'on prend la peine d'examiner de bonne foi ma comédie, on verra sans doute que mes intentions y sont partout innocentes, et qu'elle ne tend nullement à jouer les choses

que l'on doit révérer ; que je l'ai traitée avec toutes les précautions que me demandait la délicatesse de la matière et que j'ai mis tout l'art et tous les soins qu'il m'a été possible pour bien distinguer le personnage de l'hypocrite d'avec celui du vrai dévot.

(2) Si l'emploi de la comédie est de corriger les vices des hommes, je ne vois pas pour quelle raison il y en aurait de privilégiés. Celui-ci est, dans l'État, d'une conséquence bien plus dangereuse que tous les autres ; et nous avons vu que le théâtre a une grande vertu pour la correction.

II. 相关知识

    1462–1598年，法国新教徒与天主教徒之间的宗教战争结束后，天主教东山再起，势力迅猛扩展，活动极为频繁。当时，法国贵族在资本主义和王权的冲击下走向没落。大贵族聚集巴黎，依附王权，成为国王的"食客"，小贵族在耗光家业后，也流落城市，寻找出路。不少人选择了教士作为职业，骗取钱财，以此谋生。教会与贵族相互勾结利用，打着慈善事业的幌子，干着宗教特务的勾当……

    《伪君子》正是取材于这一现实生活。该剧于1664年5月12日在凡尔赛宫首演后，立即遭到了各种围攻和辱骂，其中就有路易十四的母亲、巴黎大主教和最高法院院长。面对如此强大的反对阵容，该剧遭到长期的禁演也就不足为奇了。

    在《伪君子》遭禁的日子里，莫里哀利用各种机会与场合，为该剧的解禁而奔走。1667年曾有过解禁，但立即又遭最高法院院长干涉。巴黎大主教甚至以开除教籍相威胁，禁止他人朗诵和阅读。1669年2月5日，在国王的御批下，《伪君子》终获解禁。无数观众涌入剧场，公演大获成功。莫里哀以他坚韧的意志，在与强大的封建教会的斗争中获得了最后的胜利。

    有意思的是，莫里哀生前一直被法兰西学院所拒绝。然而在他去逝后，出于某些原因，法兰西学院被迫作出一个意味深长的决定：在学院内放置一尊莫里哀的半身像。雕像的台座上写着：« Rien ne manque à sa gloire, il manquait à la nôtre. »

III. Sur la comédie ①

par Voltaire

François Marie Arouet, dit Voltaire (1694–1778), écrivain et philosophe, a marqué le XVIIIe siècle et occupe une place particulière dans la mémoire collective des Français. De son œuvre littéraire, on peut compter aujourd'hui ses écrits philosophiques en prose, sa correspondance, son théâtre, ses poésies épiques, ses œuvres historiques... À vrai dire, peu d'écrivains ont écrit en français mieux que Voltaire : sa phrase est courte, simple, élégante, toujours précise...

Je ne sais comment le sage et ingénieux M. de Muralt②, dont nous avons les lettres sur les Anglais et sur les Français, s'est borné, en parlant de la comédie, à critiquer un comique nommé Shadwell③. Cet auteur était assez méprisé de son temps ; il n'était point le poète des honnêtes gens ; ses pièces, goûtées pendant quelques représentations par le peuple, étaient dédaignées par tous les gens de bon goût, et ressemblaient à tant de pièces que j'ai vues, en France, attirer la foule et révolter les lecteurs, et dont on a pu dire : Tout Paris les condamne, et tout Paris les court.

M. de Muralt aurait dû, ce me semble, nous parler d'un auteur excellent qui vivait alors : c'était M. Wicherley④, qui fut longtemps l'amant déclaré de la maîtresse la plus illustre de Charles second. Cet homme, qui passait sa vie dans le plus grand monde, en connaissait parfaitement les vices et les ridicules, et les peignait du pinceau le plus ferme et des couleurs les plus vraies.

Il a fait un misanthrope, qu'il a imité de Molière. Tous les traits de Wicherley y sont plus forts et plus hardis que ceux de notre misanthrope ; mais aussi ils ont

---

① Extrait de *Lettres Philosophiques*.
② Louis de Muralt : 路易·德·姆拉尔(1665–1749)，瑞士作家，1725年发表《关于英国人与法国人信札》，比较研究了两国文学。
③ 英国剧作家托马斯·沙德韦尔。
④ M. Wicherley : 威却利(1640–1716)，英国剧作家，诗人，文笔犀利，著有以恨世者为主题的喜剧《心直口快的人》。

moins de finesse et de bienséance. L'auteur anglais a corrigé le seul défaut qui soit dans la pièce de Molière ; ce défaut est le manque d'intrigue et d'intérêt. La pièce anglaise est intéressante, et l'intrigue en est ingénieuse, elle est trop hardie sans doute pour nos mœurs.

C'est un capitaine de vaisseau plein de valeur, de franchise, et de mépris pour le genre humain ; il a un ami sage et sincère dont il se défie, et une maîtresse dont il est tendrement aimé, sur laquelle il ne daigne pas jeter les yeux ; au contraire, il a mis toute sa confiance dans[①] un faux ami qui est le plus indigne homme qui respire, et il a donné son cœur à la plus coquette et à la plus perfide de toutes les femmes ; il est bien assuré que cette femme est une Pénélope[②], et ce faux ami un Caton[③]. Il part pour s'aller battre contre les Hollandais, et laisse tout son argent, ses pierreries et tout ce qu'il a eu à cette femme de bien, et recommande cette femme elle-même à cet ami fidèle, sur lequel il compte si fort. Cependant, le véritable honnête homme dont il se défie tant s'embarque avec lui ; et la maîtresse qu'il n'a pas seulement daigné regarder se déguise en page et fait le voyage sans que le capitaine s'aperçoive de son sexe de toute la campagne.

Le capitaine, ayant fait sauter son vaisseau dans un combat, revient à Londres, sans secours, sans vaisseau et sans argent, avec son page et son ami, ne connaissant ni l'amitié de l'un, ni l'amour de l'autre. Il va droit chez la perle des femmes, qu'il compte retrouver avec sa cassette et sa fidélité : il la retrouve mariée avec l'honnête fripon à qui il s'était confié, et on ne lui a pas plus gardé son dépôt que le reste. Mon homme a toutes les peines du monde à croire qu'une femme de bien puisse faire de pareils tours ; mais, pour l'en convaincre mieux, cette honnête dame devient amoureuse du petit page, et veut le prendre à force. Mais, comme il faut que justice se fasse et que, dans une pièce de théâtre, le vice soit puni et la vertu récompensée, il se trouve, en fin de compte que le capitaine se met à la place du page, couche avec son infidèle, fait cocu son traître ami, lui donne un bon coup d'épée au travers du corps, reprend sa cassette et épouse son page. [...] Vous remarquerez qu'on a encore tardé cette pièce d'une comtesse de Pimbesche, vieille plaideuse, parente du capitaine, laquelle est bien la plus plaisante créature et le meilleur caractère qui soit au théâtre.

---

① mettre la confiance dans qn : 信任某人。Elle ne met sa confiance que dans ses parents. （她只相信她的父母。）
② 潘尼洛普，希腊神话中的美女，曾令许多王子为之倾倒，其父为避免追求者互相伤害，设计了个竞赛，获胜者便可得到她，最后战神尤利西斯胜出并与她结婚，两人生有一子。
③ M. P. Cato：加图（前95－前46），指小加图，古罗马政治家。在法尔萨处亚战役中，他加入庞培反对凯撒。战败后，他出于对盟友的忠心，为了保证他们的顺利撤退而自我牺牲。

Wicherley a encore tiré de Molière une pièce non moins singulière et non moins hardie : c'est une espèce d'*École des Femmes*.

Le principal personnage de la pièce est un drôle à bonnes fortunes, la terreur des maris de Londres, qui, pour être plus sûr de son fait, s'avise de faire courir le bruit que dans sa dernière maladie les chirurgiens ont trouvé à propos de le faire eunuque. Avec cette belle réputation, tous les maris lui amènent leurs femmes, et le pauvre homme n'est plus embarrassé que du choix ; il donne surtout la préférence à une petite campagnarde qui a beaucoup d'innocence et de tempérament, et qui fait son mari cocu avec une bonne foi qui vaut mieux que la malice des dames les plus expertes. Cette pièce n'est pas, si vous voulez, l'école des bonnes mœurs, mais en vérité c'est l'école de l'esprit et du bon comique.

Un chevalier Vanbrugh[①] a fait des comédies encore plus plaisantes, mais moins ingénieuses. Ce chevalier était un homme de plaisir ; par-dessus cela, poète et architecte : on prétend qu'il écrivait comme il bâtissait, un peu grossièrement. C'est lui qui a bâti le fameux château de Blenheim, pesant et durable monument de notre malheureuse bataille d'Hochstedt. Si les appartements étaient seulement aussi larges que les murailles sont épaisses, ce château serait assez commode.

On a mis dans l'épitaphe de Vanbrugh qu'on souhaitait que la terre ne lui fût point légère, attendu que de son vivant il l'avait si inhumainement chargée.

Ce chevalier, ayant fait un tour en France avant la guerre de 1701, fut mis à la Bastille, et y resta quelque temps, sans avoir jamais pu savoir ce qui lui avait attiré cette distinction de la part de notre ministère. Il fit une comédie à la Bastille ; et ce qui est à mon sens fort étrange, c'est qu'il n'y a dans cette pièce aucun trait contre le pays dans lequel il essuya cette violence.

Celui de tous les Anglais qui a porté le plus loin la gloire du théâtre comique est feu M. Congreve. Il n'a fait que peu de pièces, mais toutes sont excellentes dans leur genre. Les règles du théâtre y sont rigoureusement observées ; elles sont pleines de caractères nuancés avec une extrême finesse ; on n'y essuie pas la moindre mauvaise plaisanterie ; vous y voyez partout le langage des honnêtes gens avec des actions de fripon : ce qui prouve qu'il connaissait bien son monde, et qu'il vivait dans ce qu'on appelle la bonne compagnie. Il était infirme et presque mourant quand je l'ai connu ; il avait un défaut, c'était de ne pas assez estimer son premier métier d'auteur, qui avait fait sa réputation et sa fortune. Il me parlait de ses ouvrages comme de bagatelles au-dessous de lui, et me dit, à la première conversation, de ne le voir que sur le pied d'un gentilhomme qui vivait très uniment ; je lui répondis que, s'il avait eu le malheur de n'être qu'un gentilhomme

---

① Vanbrugh：约翰·范布勒爵士(1664–1726)，英国剧作家，建筑家，著有多部喜剧，笔调随和。其主要建筑作品为牛津西北部的布莱尼姆宫，意在纪念1704年的布莱尼姆战役。

comme un autre, je ne le serais jamais venu voir, et je fus très choqué de cette vanité si mal placée.

Ses pièces sont les plus spirituelles et les plus exactes ; celles de Vanbrugh, les plus gaies, et celles de Wicherley, les plus fortes.

Il est à remarquer qu'aucun de ces beaux esprits n'a mal parlé de Molière. Il n'y a que les mauvais auteurs anglais qui aient dit du mal de ce grand homme. Ce sont les mauvais musiciens d'Italie qui méprisent Lulli, mais un Buononcini l'estime et lui rend justice, de même qu'un Mead[1] fait cas d'un Helvétius[2] et d'un Silva[3].

L'Angleterre a encore de bons poètes comiques, tels que le chevalier Steele et M. Cibber, excellent comédien et d'ailleurs poète du Roi, titre qui paraît ridicule, mais qui ne laisse pas de donner mille écus de rente et de beaux privilèges. Notre grand Corneille n'en a pas eu tant.

Au reste ne me demandez pas que j'entre ici dans le moindre détail de ces pièces anglaises dont je suis si grand partisan, ni que je vous rapporte un bon mot ou une plaisanterie des Wicherley et des Congreve ; on ne rit point dans une traduction. Si vous voulez connaître la comédie anglaise, il n'y a d'autre moyen pour cela que d'aller à Londres, d'y rester trois ans, d'apprendre bien l'anglais et de voir la comédie tous les jours. Je n'ai pas grand plaisir en lisant Plaute et Aristophane : pourquoi ? c'est que je ne suis ni Grec ni Romain. La finesse des bons mots, l'allusion, l'à-propos, tout cela est perdu pour un étranger.

Il n'en est pas de même dans la tragédie ; il n'est question chez elle que de grandes passions et de sottises héroïques consacrées par de vieilles erreurs de fable ou d'histoire. Oedipe, Électre appartiennent aux Espagnols, aux Anglais, et à nous, comme aux Grecs. Mais la bonne comédie est la peinture parlante des ridicules d'une nation, et si vous ne connaissez pas la nation à fond, vous ne pouvez guère juger de la peinture.

i. Exercices

1. Questions et réponses :

(1) Entre Shadwell et M. Wicherley, lequel est plus apprécié par voltaire et pour quelle

---

① R. Mead：米德（1673–1745），英国医生，对鼠疫、精神病有研究。

② Hevetius：爱尔维修（1715–1771），法国启蒙思想家，唯物主义哲学家，主要著作为《精神论》。

③ A. de Silva：席尔瓦（1705–1739），葡萄牙戏剧家，被宗教法庭判火刑烧死。

raison ?

(2) Dans quels domaines Wicherley est plus capable en comparaison de Molière ?

(3) Après son retour à Londres, le capitaine retrouve-t-il son amour et son amitié selon l'intrigue de la pièce anglaise ?

(4) Comment le capitaine se venge-t-il de son infidèle aimée et de son traître ami selon la pièce anglaise ?

(5) Pourquoi tous les maris de Londres veulent confier à ce drôle leurs femmes ?

(6) Quelle position le chevalier Vanbrugh occupe-t-il aux yeux de Voltaire ?

(7) Qu'est-ce que Vanbrugh a connu pendant son voyage en France ?

(8) Quels sont les avis de l'auteur sur les pièces des trois dramaturges : Congreve, Vanbrugh et Wicherley ?

(9) Quel est le meilleur moyen de bien connaître la comédie des autres pays ?

2. Vrai ou faux :

(1) Le capitaine de vaisseau aime bien sa maîtresse et la suit souvent de ses yeux.

(2) La femme qui aime le capitaine fait le voyage avec lui en se déguisant.

(3) Une autre pièce que Wicherley tire de *l'École des Femmes* doit être une école de l'esprit, du bon comique et des bonnes meurs à la fois.

(4) Comme Vanbrugh a été mis à Bastille où il a fait une pièce de comédie, cette pièce critique systématiquement la France.

(5) Si Voltaire avait été Grec ou Romain, il aurait pu comprendre la finesse des bons mots, l'allusion, l'à-propos dans la comédie greque.

3. Version :

(1) [...] au contraire, il a mis toute sa confiance dans un faux ami qui est le plus indigne homme qui respire, et il a donné son cœur à la plus coquette et à la plus perfide de toutes les femmes ; il est bien assuré que cette femme est une Pénélope...

(2) [...]on souhaitait que la terre ne lui fût point légère, attendu que de son vivant il l'avait si inhumainement chargée.

(3) Il est à remarquer qu'aucun de ces beaux esprits n'a mal parlé de Molière. Il n'y a que les mauvais auteurs anglais qui aient dit du mal de ce grand homme. Ce sont les mauvais musiciens d'Italie qui méprisent Lulli, mais un Buononcini l'estime et lui rend justice, de même qu'un Mead fait cas d'un Helvétius et d'un Silva.

伏尔泰早年年轻气盛，敢于触犯权贵，曾被驱逐出巴黎，进过巴士底监狱。1726-1729年间，他住在伦敦，研究英国社会政治、牛顿的科学思想、洛克的唯物主义哲学和英国文学与戏剧。他是首位在法国介绍莎士比亚戏剧的人。伏尔泰著述涉猎面广博。中年时期他曾为《百科全书》撰稿，1760年后卷入哲学论战。他毕生从事戏剧创作。从悲剧《俄狄浦斯王》到最后的《伊雷娜》共有50余部剧作，其中悲剧27部。代表作有《俄狄浦斯王》、古罗马历史题材的《布鲁图斯》，以及取材于中国的《中国孤儿》等。

伏尔泰的诗体悲剧在创作方式上很大程度效仿了高乃依和拉辛。1718年，他的作品《俄狄浦斯王》获得成功，被称为拉辛的继承人，他也从此改用笔名伏尔泰。伏尔泰的悲剧承袭了古典主义形式，但内容却贯穿着启蒙主义精神。《布鲁图斯》是一部政治悲剧，宣扬效忠共和政体的思想。由于自己的儿子将祖国出卖给共和国的敌人，罗马元老布鲁图斯毫不犹豫地判处他死刑。待他的儿子被处决后，他说："罗马自由了，这就行了!"这部悲剧在法国资产阶级革命年月里起过很大的作用，它激起人们对专制暴政的仇恨，宣传自由的思想。

伏尔泰是位语言大师，他的语言精练简洁，三言两语便击中要害。伏尔泰的思想不仅深入18世纪法国第三等级人民的心里，为法国大革命准备了思想条件，并且对19世纪欧洲许多国家争取民族独立自由的斗争起到了很大的作用。

IV. Le naturalisme au théâtre[①]

par Emile Zola

Zola n'est pas seulement romancier, père des Rougon-Macquart, mais aussi fin connaisseur de peinture. Et pourtant, Zola met le même talent, la même passion, le même art de la polémique que dans ses autres écrits, à appeler de ses veux et à promouvoir un théâtre naturaliste.

Chaque hiver, à l'ouverture de la saison théâtrale[②], je suis pris des mêmes pensées. Un espoir pousse en moi, et je me dis que les premières chaleurs de l'été ne videront peut-être pas les salles, sans qu'un auteur dramatique de génie se soit révélé. Notre théâtre aurait tant besoin d'un homme nouveau, qui balayât les planches encanaillées, et qui opérât une renaissance, dans un art que les faiseurs ont abaissé aux simples besoins de la foule ! Oui, il faudrait un tempérament puissant dont le cerveau novateur vint révolutionner les conventions admises et planter enfin le véritable drame humain à la place des mensonges ridicules qui s'étalent aujourd'hui. Je m'imagine ce créateur enjambant les ficelles es habiles, crevant les cadres imposés, élargissant la scène jusqu'à la mettre de plain-pied avec la salle, donnant un frisson de vie aux arbres peints des coulisses, amenant par la toile de fond le grand air libre de la vie réelle.

Malheureusement, ce rêve, que je fais chaque année au mois d'octobre, ne s'est pas encore réalisé et ne se réalisera peut-être pas de sitôt[③]. J'ai beau attendre, je vais de chute en chute. Est-ce donc un simple souhait de poète ? Nous a-t-on muré dans cet art dramatique actuel, si étroit, pareil à un caveau où manquent l'air et la lumière ? Certes, si la nature de l'art dramatique interdisait cet envolement dans des formules plus larges, il serait quand même beau de s'illusionner et de se promettre

---

① Extrait du livre de même titre.
② "法国戏剧月"每年开始时间略有不同，当时开始于9月份结束于10月份，这期间会上演各种形式的戏剧。
③ pas de sitôt : 不会立即，不会马上。La modernisation ne se réalisera pas de sitôt. (现代化不会这么快实现。)

à toute heure une renaissance. Mais, malgré les affirmations entêtées de certains critiques qui n'aiment pas à être dérangés dans leur critérium, il est évident que l'art dramatique, comme tous les arts, a devant lui un domaine illimité, sans barrière d'aucune sorte, ni à gauche ni à droite. L'infirmité, l'impuissance humaine seule est la borne d'un art.

...

Depuis le dix-huitième siècle, le drame romantique s'agitait donc dans la tragédie. Les trois unités étaient parfois violées, on donnait plus d'importance à la décoration et à la figuration, on mettait en scènes les péripéties violentes que la tragédie reléguait dans des récits, comme pour ne pas troubler par l'action la tranquillité majestueuse de l'analyse psychologique. D'autre part, la passion de la grande époque était remplacée par de simples procédés, une pluie grise de médiocrité et d'ennui tombait sur les planches. On croit voir la tragédie, vers le commencement de ce siècle, pareille à une haute figure pâle et maigrie, n'ayant plus sous sa peau blanche une goutte de sang, traînant ses draperies en lambeaux dans les ténèbres d'une scène, dont la rampe s'est éteinte d'elle-même. Une renaissance de l'art dramatique sous une nouvelle formule était fatale, et c'est alors que le drame romantique planta bruyamment son étendard devant le trou du souffleur. L'heure se trouvait marquée, un lent travail avait eu lieu, l'insurrection s'avançait sur un terrain préparé pour la victoire. Et jamais le mot insurrection n'a été plus juste, car le drame saisit corps à corps[①] la tragédie, et par haine de cette reine devenue impotente, il voulut briser tout ce qui rappelait son règne. Elle n'agissait pas, elle gardait une majesté froide sur son trône, procédant par des discours et des récits ; lui, prit pour régie l'action, outrée, sautant aux quatre coins de la scène, frappait à droite et à gauche, ne raisonnant et n'analysant plus, étalant sous les yeux du public l'horreur sanglante des dénouements. Elle avait choisi pour cadre l'Antiquité, les éternels Grecs et les éternels Romains, immobilisant l'action dans une salle, dans un péristyle de temple ; lui, choisit le Moyen Age, fit défiler les preux et les châtelaines, multiplia les décors étranges, des châteaux plantés à pic sur des fleuves, des salles d'armes emplies d'armures, des cachots souterrains trempés d'humidité, des clairs de lune dans des forêts centenaires. Et l'antagonisme se retrouve ainsi partout ; le drame romantique, brutalement, se fait l'adversaire armé de la tragédie et la combat par tout ce qu'il peut ramasser de contraire à sa formule.

Il faut insister sur cette rage d'hostilité, dans le beau temps du drame romantique, car il y a là une indication précieuse. Sans doute, les poètes qui ont dirigé le mouvement, parlaient de mettre à la scène la vérité des passions et réclamaient un cadre plus vaste pour y faire tenir la vie humaine tout entière,

---

① corps à corps : 激烈地，短兵相接地。Ce groupe luttait corps à corps avec les ennemis.（这 支队伍与敌人激烈搏斗。）

avec ses oppositions et ses inconséquences ; ainsi, on se rappelle que le drame romantique a surtout bataillé pour mêler le rire aux larmes dans une même pièce, en s'appuyant sur cet argument que la gaieté et la douleur marchent côte à côte ici-bas. [...]

Certes, je ne suis pas injuste envers le mouvement romantique. Il a eu une importance capitale et définitive, il nous a fait ce que nous sommes, c'est-à-dire des artistes libres. Il était, je le répète, une révolution nécessaire, une violente émeute qui s'est produite à son heure pour balayer le règne de la tragédie tombée en enfance. Seulement, il serait ridicule de vouloir borner au drame romantique l'évolution de l'art dramatique. Aujourd'hui surtout, on reste stupéfait quand on lit certaines préfaces, où le mouvement de 1830 est donné comme une entrée triomphale dans la vérité humaine. Notre recul d'une quarantaine d'années suffit déjà pour nous faire clairement voir que la prétendue vérité des romantiques est une continuelle et monstrueuse exagération du réel, une fantaisie lâchée dans l'outrance. [...]

...

Aujourd'hui donc, tragédie et drame romantique sont également vieux et usées. Et cela n'est guère en l'honneur du drame, il faut le dire, car en moins d'un demi-siècle il est tombé dans le même état de vétusté que la tragédie, qui a mis deux siècles à vieillir. Le voilà par terre^① à son tour, culbuté par la passion même qu'il a montrée dans la lutte. Plus rien n'existe. Il est simplement permis de deviner ce qui va se produire. Logiquement, sur le terrain libre conquis en 1830, il ne peut pousser qu'une formule naturaliste.

...

Mon continuel souci, mon attente pleine d'angoisse est donc de m'interroger, de me demander lequel de nous va avoir la force de se lever tout debout et d'être un homme de génie. Si le drame naturaliste doit être, un homme de génie seul peut l'enfanter. Corneille et Racine ont fait la tragédie. Victor Hugo a fait le drame romantique. Où donc est l'auteur encore inconnu qui doit faire le drame naturaliste ? Depuis quelques années, les tentatives n'ont pas manqué. Mais, soit que le public ne fût pas mûr, soit plutôt qu'aucun des débutants n'eût le large souffle nécessaire, pas une de ces tentatives n'a eu encore de résultat décisif.

En ces sortes de combats, les petites victoires ne signifient rien ; il faut des triomphes, accablant les adversaires, gagnant la foule à la cause. Devant un homme vraiment fort, les spectateurs plieraient les épaules. Puis, cet homme apporterait le mot attendu, la solution du problème, la formule de la vie réelle sur la scène, en la combinant avec la loi d'optique nécessaire au théâtre. Il réaliserait enfin ce que les nouveaux venus n'ont pu trouver encore : être assez habile ou assez puissant pour

---

① par terre : 消失，毁坏。Voilà, tous tes projets par terre. （瞧，你的计划全泡汤了。）

imposer, rester assez vrai pour que l'habileté ne le conduisît pas au mensonge.

Et quelle place immense ce novateur prendrait dans notre littérature dramatique ! Il serait au sommet. Il bâtirait son monument au milieu du désert de médiocrité que nous traversons, parmi les bicoques de boue et de crachat dont on sème au jour le jour nos scènes les plus illustres, il devrait tout remettre en question et tout refaire, balayer les planches, créer un monde, dont il prendrait les éléments dans la vie, en dehors des traditions. Parmi les rêves d'ambition que peut faire un écrivain à notre époque, il n'en est certainement pas de plus vaste. Le domaine du roman est encombré ; le domaine du théâtre est libre. À cette heure, en France, une gloire impérissable attend l'homme de génie qui, reprenant l'œuvre de Molière, trouvera en plein dans la réalité la comédie vivante, le drame vrai de la société moderne.

i. Exercices

1. Questions et réponses :

(1) Qu'espère l'auteur lorsque les premières chaleurs de l'été menacent de vider les salles de théâtre ?

(2) Selon l'imagination de Zola, qu'est-ce que le créateur doit faire pour la rénovation ?

(3) Quelle est la vraie borne d'un art dramatique qui a un domaine illimité comme tous les arts ?

(4) À quoi l'auteur compare-t-il le drame romantique lorsque celui-ci connaît le déclin ?

(5) Combien de temps nous faut-il reculer pour bien voir que la prétendue vérité des romantiques est une continuelle et monstrueuse exagération du réel, une fantaisie lâchée dans l'outrance ?

(6) Devant l'attaque du drame insurgé, comment réagit la tragédie ?

(7) Comment une nouvelle succède-t-elle à l'ancienne dans l'évolution dramatique ?

(8) Qu'est-ce qu'il manque à la veille de la naissance du naturalisme ?

2. Vrai ou faux :

(1) L'homme que le théâtre attendrait tant pourra balayer les planches encanaillées, et opérer une renaissance dans un art abaissé !

(2) Zola est assez optimiste sur la réalisation de son rêve qu'il fait au mois d'octobre.

(3) Les critiques qui ne veulent pas être dérangés dans leur critérium se prononcent pour la révolution dramatique.

(4) Le drame romantique succède à la tragédie.

(5) Depuis le XVIIIe siècle, le drame romantique ne secouait pas la tragédie.

(6) Selon l'avis de Zola, sur le terrain libre conquis en 1830, il naît inévitablement le drame naturaliste.

3. Paraphrasez les phrases suivantes :

(1) Un espoir pousse en moi, et je me dis que les premières chaleurs de l'été ne videront peut-être pas les salles, sans qu'un auteur dramatique de génie se soit révélé.

(2) Notre théâtre aurait tant besoin d'un homme nouveau, qui balayât les planches encanaillées, et qui opérât une renaissance, dans un art que les faiseurs ont abaissé aux simples besoins de la foule !

4. Enrichissement lexical :

(1) Quelle est la vraie signification de « **mensonges ridicules** » dans la phrase suivante : « *... planter enfin le véritable drame humain à la place des mensonges ridicules qui s'étalent aujourd'hui* » ?

(2) Que signifie « **on nous a muré dans cet art**... » dans la phrase suivante : « *Nous a-t-on muré dans cet art dramatique actuel...* » ?

(3) Trouvez un mot ou une expression qui peut remplacer « **tombée en enfance** » dans l'expression de « *la tragédie tombée en enfance* ».

5. Sujets à développer :

(1) Présentez les trois unités du drame.

(2) Parlez des différents fondateurs des mouvements dramatiques : la tragédie et le drame romantique.

(3) Résumez l'évolution dramatique.

(4) Récrivez ce que Zola prévoit du naturalisme.

(5) Le conflit entre la tragédie et le drame romantique.

II. 相关知识

　　古典主义逐步形成于17世纪初至60–70年代。古典主义的特点便是规范一切。各种文学体裁有着严格的界限与规律，悲剧就是悲剧，喜剧就是喜剧，不能写出悲喜剧，悲剧也必须遵守"三一律"等。当年，高乃依的《熙德》便因有违三一律的规范，而受到官方组织的舆论围剿。在法国的古典主义文学中，出现过三大戏剧家：悲剧作家高乃依、拉辛，以及喜剧作家莫里哀。

　　到了19世纪，古典主义渐渐失去了往日的活力。由于古典主义的杰出成就是戏剧，尤其是悲剧，所以浪漫主义与古典主义的主战场自然在戏剧领域。首先向古典主义发起进攻的是司汤达，他在《拉辛和莎士比亚》(1823–1825)中抨击了古典主义的"三一律"，表达追求创新与变革的要求，以适应时代的潮流，宣称"浪漫主义是为人民提供文学作品的艺术"。

　　浪漫主义的文学表现手法具有幻想大胆、构思奇特、手法夸张等特点，追求艺术表现的"神似"。作家在创作时充分发挥非再现性艺术手段，如想象、夸张、虚构、变形、比喻、象征等，营造出理想的艺术世界。浪漫主义文学经常使用特别夸张的艺术表现方式，注重传奇式的故事情节、华丽的语言形式。小说中不乏历史传说、神话故事、自然奇观和异域风情，从而烘托出雄伟奇瑰的氛围。

　　在浪漫主义戏剧方面成就最高、影响最大的是大仲马和雨果。虽然浪漫主义戏剧推翻了古典主义，但是由于浪漫主义剧作家在题材和形式方面的随心所欲，无法形成合力，这就决定了浪漫主义戏剧无法像古典主义戏剧那样影响深远。他们的题材涉及历史、风俗、家庭、爱情，体裁有历史剧、情节剧和哲理剧等。1843年，雨果的《城堡里的伯爵》上演没能获得成功，浪漫主义戏剧便被其他体裁的喜剧所淹没，如风俗喜剧、主题喜剧、讽刺喜剧、历史喜剧、通俗喜剧和滑稽剧等。由于这些喜剧未能形成主导的流派，从而为戏剧革新留下了相应的空间。

Pour en savoir plus :

(1) Doisy Marcel. 1947. *Le Théâtre Français Contemporain*. Bruxelles. Editions La Boétie.

(2) Paul Claudel. 1966. *Mes Idées sur le Théâtre*. Paris. Gallimard.

(3) Victor Hugo. 1967-1970. *Œuvres complètes de Victor Hugo*. (Édition chronologique publiée sous la direction de J. Massin). Paris. Club Français du Livre.

(4) Molière. 2000. *Le Tartuffe-Préface*. Paris. Gallimard.

(5) Maurice Lever. 2001. *Théâtre et Lumières : Les Spectacles de Paris au XVIIIe Siècle*. Paris. Fayard.

(6) Emile Zola. 2004. *Œuvres complètes Tome 10*. Paris. Nouveau Monde.

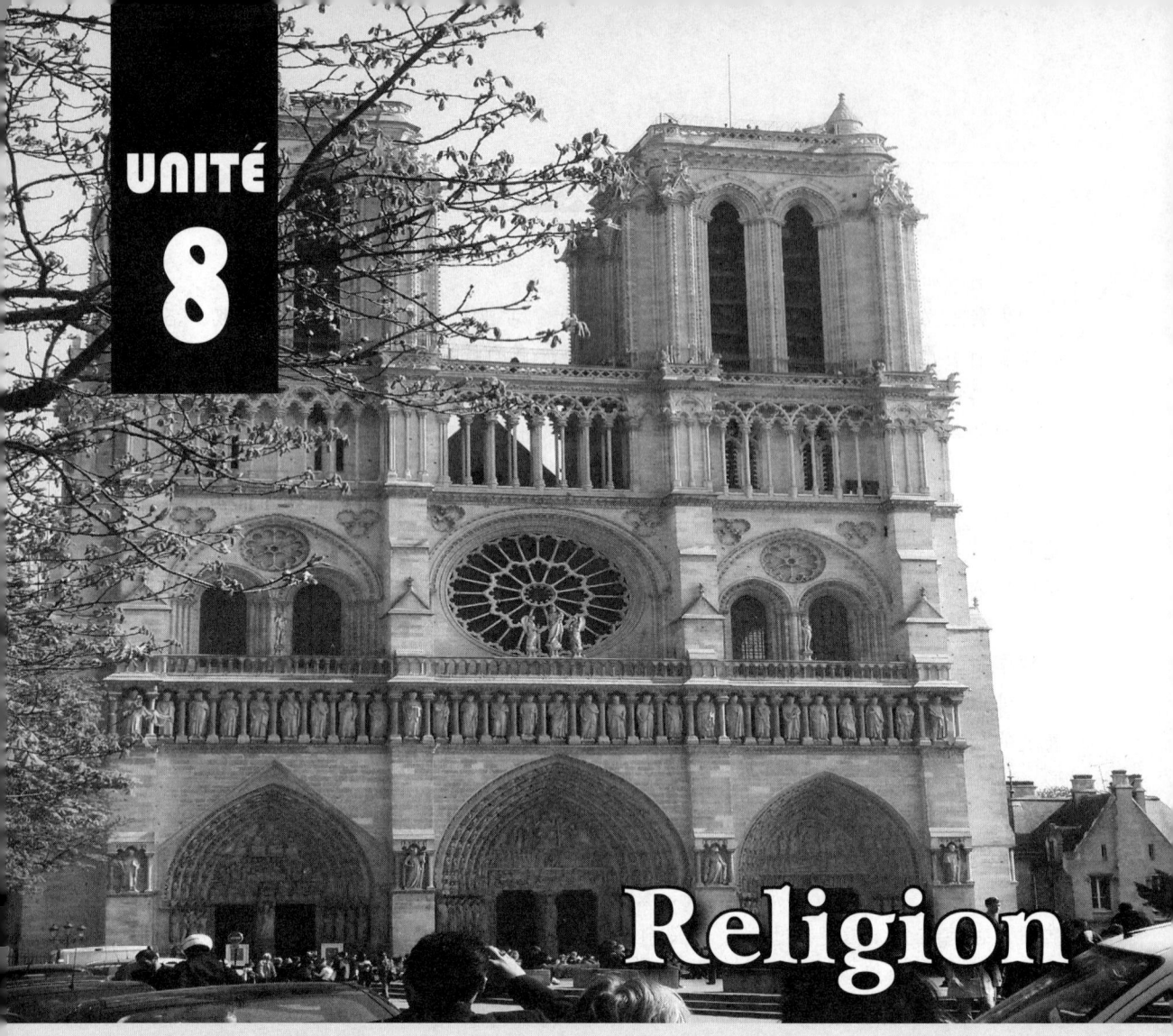

UNITÉ 8

Religion

中文导读

　　在法国人的生活中，时时刻刻都体现着宗教的影响：结婚在教堂里举行，添丁还得进行洗礼，更不用说日常的祷告、忏悔了。耶稣早年创教、十二大使徒的事迹等，在路加创作的《使徒行传》与《路加福音》中均有基本的描述。本单元首篇文章综述了路加《使徒行传》的历史贡献以及大体内容。其中还讲述了基督教的创立、基督教与犹太教如何分道扬镳、众使徒如何奔走传道、甚至不惜殉难以换来基督教的发展。在众使徒们的努力下，基督教不仅得到发扬光大，而且其影响力甚至很快波及罗马帝国的首都……

在法国，从婴儿的出世，到入土安葬，信徒的一生无时无刻不在接受宗教的种种安抚。从出生时的洗礼，到日常生活的忏悔，都是信徒们必修的功课。第二篇选文的主题便是洗礼和忏悔。洗礼是宗教施于个人的第一件圣事，是神赐力量的仪式。家人们围在孩子身旁，看着沐浴在圣水中的孩子，心里充满着喜悦。圣僧们为新生儿敷圣油，赐予七种精神。如果说洗礼是接受圣教的开始，忏悔则是相伴终生的一种宗教活动。人生中，如果没有释放心中压力的地方，人们便可能跌入绝望的深渊。对此，无论是伏尔泰还是卢梭都有过相应的表述。

　　勒南是法国实证主义作家、哲学家，也称得上是宗教学者。在他诸多的宗教论著中，《耶稣传》(1863)的影响颇深。他完全从人性和历史的论点出发来叙述耶稣的一生，将耶稣看作是一个人。他在文中分析道：……耶稣好似在各个方面都比其弟子高明，就连圣保罗和圣约翰都无法与之相比；福音的作者由于无法达到耶稣的高度而扭曲了他的形象；由于作者们理解不了他，所以只能按照自己的想象来刻画他，结果是他们自认为抬高了耶稣，实际上却贬低了他……基督教这项事业相当复杂，并非个人所能成就，而是需要整个人类的合作。这部著作感情充沛、文字优美、影响深远，在促使梵蒂冈召开第一届大公会议的众多原因中，它的影响也可算是其中之一吧。

　　最后，我们特意挑选了著名学者狄德罗的一篇文章。他是一名无神论者，对于传统宗教及其神学观念总是持批判态度，他擅长用宗教自身固有的矛盾揭露宗教，使其在理论上很难立足。他的思维方式极具辩证精神，他尤其擅长使用悖论。他曾说过："一个宗教如果有着其他的目的，便不配称作上帝和人类的宗教。或者说上帝不可能向人类推荐可以满足自己的宗教，这就荒诞了。因为这表明上帝自身存在着弱点与恶意。"我们选用最后一篇文章的目的，是想从另一个侧面来看待宗教以及宗教对人类的影响。

I. Naissance du Christianisme [1]

Jean Delumeaum, historien français, spécialiste du christianisme, en particulier de la période de la Renaissance, a publié des ouvrages assez connus pour devenir académicien français. Ses ouvrages ont été traduits en de nombreuses langues.

Les débuts du christianisme nous sont notamment connus par un livre, *les Actes des apôtres* [2], rédigé par un Grec instruit, peut-être médecin, Luc, auteur de l'*Évangile* qui porte son nom. Les deux ouvrages se situent à la suite l'un de l'autre. Luc, compagnon de Paul, est pour nous un guide bien documenté, mais il est aussi un « témoin » qui veut faire partager sa foi et celle de la primitive Église.

Les *Actes des apôtres* ont été composés après la mort de Pierre et de Paul [3], sans doute entre 67 et 80 après J.-C. Ils se divisent en deux parties. La première, centrée sur Pierre, a pour cadre Jérusalem, la Judée [4] et la Syrie. La seconde relate la carrière missionnaire de Paul jusqu'à Rome, mais elle ne dit rien sur sa mort.

C'est donc par Luc que nous connaissons la naissance et le développement de la première communauté chrétienne de l'histoire, celle de Jérusalem. Jésus n'avait pas institué d'autres organisations que le choix de douze hommes, qu'on appela « envoyés » – en grec *apostoloi*, apôtres –, ce chiffre rappelant symboliquement les douze tribus d'Israël. À l'intérieur de ce groupe il avait donné une certaine prééminence à Pierre. Selon les *Actes des apôtres* les douze avaient « accompagné Jésus tout le temps qu'il avait marché à leur tête » et ils avaient été les « témoins de sa résurrection ». Judas ayant trahi, il fut remplacé par Matthias, afin que fût reconstitué le groupe des douze. Plus tard Paul fut également qualifié d' [5] « apôtre ». Il fut l'apôtre des gentils, c'est-à-dire des nations païennes.

---

① Extrait de *Religions et des Hommes*.
② 汉译名为《使徒行传》。
③ 使徒保罗是耶稣基督的同时代的人，年龄稍小于基督，后来成为基督教最伟大的传教士。
④ 朱迪亚，前巴勒斯坦南部地区。
⑤ qualifier qn de：把……看作，给予……称号。qualifier qn d'artiste：称某人为艺术家。

Les apôtres nous sont inégalement connus. Pierre et son frère André, Jean et son frère Jacques étaient des artisans pêcheurs du lac de Tibériade. Jacques, dit « le Majeur »[1], subit le martyre dix ans environ après la crucifixion de Jésus. Jean fut probablement le rédacteur du quatrième Évangile et on lui a attribué *l'Apocalypse*, c'est-à-dire le « Livre des révélations ». Il mourut très âgé à Éphèse[2] sous Trajan[3], donc entre 95 et 117. Il est le seul des apôtres à ne pas avoir subi le martyre.

Pour les chrétiens, l'Église prend naissance le jour de la Pentecôte[4], avec l'effusion de l'Esprit Saint : « Le jour de la Pentecôte étant arrivé, ils se trouvaient tous ensemble dans un même lieu, quand, tout à coup, vint du ciel un bruit tel que celui d'un violent coup de vent qui remplit toute la maison où ils se tenaient. Ils virent apparaître des langues qu'on eût dites de feu ; elles se partageaient, et il s'en posa une sur chacun d'eux. Tous furent alors remplis de l'Esprit Saint et commencèrent à parler d'autres langues, selon que l'Esprit leur donnait de s'exprimer ... »[5]

L'accroissement rapide de la communauté des disciples conduisit à créer dans celle-ci un minimum d'organisation. Les douze s'adjoignirent des anciens avec lesquels ils partagèrent la présidence des assemblées eucharistiques, et des servants chargés d'accueillir les étrangers, de visiter les malades et de distribuer les aumônes. En grec, « anciens » se dit *presbuteroi* – en français « prêtres » – et « servants » se dit *diakonoi* – « diacres ». L'extension des communautés, à Jérusalem puis ailleurs, conduisit les apôtres à établir des responsables de ces communautés qui, par la suite, transmirent eux-mêmes la charge après la mort des apôtres. Ce furent les *episkopoi*, mot grec qui signifie « ceux qui supervisent » – en français « évêques ».

Le premier problème qui se posa à l'Église naissance fut de se constituer en tant que réalité religieuse séparée du judaïsme. Elle était d'abord composée de juifs qui fréquentaient assidûment le Temple, mais le fossé se creusa progressivement entre les deux communautés. Premier martyr chrétien, le diacre Étienne fut lapidé à Jérusalem parce qu'il avait tenu, dirent ses accusateurs, des « propos hostiles au lieu saint et à la Loi ». La progression de l'Évangile déborda rapidement les milieux juifs et atteignit les païens hors de la Palestine. C'est à Antioche, métropole

---

[1] Il ne faut pas confondre le majeur avec celui que les Évangiles et Paul appellent « le frère du Seigneur » et qui est le premier évêque de Jérusalem.

[2] 艾菲斯，位于北纬37°55′、东经27°19′的古城。公元前约1000年，爱奥尼亚人(Ioniana) 兴建此城。圣约翰曾一直居住于此，并在该城撰写了他的《福音》。

[3] Trajan：图拉真(约52–117)，罗马皇帝，98–117在位。

[4] 基督教的圣灵降临节。

[5] *Actes des apôtres*, 2, 1–4。

de langue grecque et troisième ville par sa population de l'Empire romain, que le nom de « chrétiens » fut donné pour la première fois aux disciples de Jésus.

Quelle attitude adopter vis-à-vis des païens ? Fallait-il les contraindre à la circoncision et aux autres obligations de la religion juive ? Devaient-ils manger *kasher* ? Ne fallait-il pas donner le baptême à tous, juifs et non-juifs, en signe[①] et preuve de l'adhésion au message du Christ ? La décision majeure en ce domaine fut prise en 49, après de fortes tensions qui opposèrent les judéo-chrétiens à des convertis venus du paganisme. À Antioche, Pierre avait pris des repas avec des païens convertis, contrairement aux interdits juifs. Arrivèrent des Judaïsants convaincus qui lui reprochèrent son attitude. Pierre fit marche arrière. Mais Paul, de son côté, reprocha à Pierre ses hésitations sur cette importante question. Une réunion tenue à Jérusalem — on l'a appelée le premier concile — donna raison à Paul, et Pierre se rallia à cette décision. Il apparut aux membres de cette assemblée qu'imposer la circoncision aux païens, c'était faire comme si le salut était réservé aux seuls juifs. L'Église chrétienne prenait désormais son indépendance.

Paul a été une figure majeure de l'Église naissante. Il a puissamment travaillé à son expansion. De nos jours on l'appelle parfois le « colporteur » ou le routard de l'Évangile. Il est resté une référence incontournable dans toute l'histoire chrétienne : sa première lettre aux Corinthiens constitue le témoignage le plus ancien de la résurrection de Jésus.

Né vers 10 dans une famille juive de Tarse dans la Turquie actuelle, Saül, qui plus tard prit le nom de Paul, avait toutefois la citoyenneté romaine. Sa langue maternelle était le grec. Il fut éduqué dans sa ville natale puis à Jérusalem dans le judaïsme strict des pharisiens. D'abord violemment hostile aux chrétiens, il tint les vêtements de ceux qui lapidèrent Étienne. Mais ensuite, se rendant à Damas[②] pour y combattre les chrétiens, il fut jeté à terre par une force invincible. Jésus lui apparut et lui demanda : « Pourquoi me persécutes-tu ? » Totalement retourné, aveugle pendant quelques jours, devenu un converti, Saül reçut le baptême à Damas. Il retrouva la vue et se transforma en missionnaire.

C'est à Chypre, vers 41, qu'il prit le nom de Paul, nom du gouverneur de l'île, Sergius Paulus[③], un sympathisant chrétien ou peut-être converti. Il signifiait ainsi sa volonté d'ouverture au monde romain et soulignait en même temps qu'il n'était qu'un modeste instrument entre les mains de Dieu. De son métier il était tisseur

---

① en signe de : 以示，以表明。Elle secouait, en signe d'adieu, son mouchoir blanc. （她挥动白手绢表示再见。）

② 大马士革，历史名城，多次出现在圣经中，如《创世纪》(la Gènèse)、《列王记》(Livres des Rois)、《先知书》(Les Prophètes) 中都有记载。现为叙利亚首都。

③ 总督色尔爵保禄；paulus = de peu d'importance。

de tentes. Il réalisa sa mission au cours de trois voyages par terre et par mer entre 43 et 58, un quatrième voyage le conduisant ensuite prisonnier à Rome. Ces missions étaient pleines des dangers et des difficultés qu'il a évoqués dans sa seconde lettre aux Corinthiens. Même s'il a subi un échec à Athènes où il ne convainquit pas les milieux intellectuels de la ville, il multiplia et consolida les Églises en Asie Mineure① et en Grèce. Il écrivit à ces Églises des lettres (« épîtres ») qui constituent une véritable somme. Par ces lettres il les fortifiait et les maintenait en communion entre elles et avec l'Église mère de Jérusalem.

...

On a conservé de lui treize épîtres, dont plusieurs sont antérieures à la rédaction des Évangiles. Elles sont désignées par le nom de leurs destinataires (aux Romains, aux Corinthiens, etc.)...

Par l'action de Paul et des autres missionnaires de l'époque, l'expansion chrétienne avait déjà pris des dimensions importantes à la fin du 1er siècle. À partir des épîtres pauliniennes, *des Actes des apôtres* et de *l'Apocalypse*, on saisit le mouvement de cette expansion, depuis la Palestine vers le nord et l'ouest. L'implantation la plus dense se situait alors en Asie Mineure, mais il y avait déjà des Églises en Grèce. Lorsque Pierre et Paul vinrent à Rome dans les années 60, une communauté chrétienne existait aussi dans cette ville où eut lieu le martyre des deux apôtres. Capitale de l'Empire, Rome devint un centre de rayonnement du christianisme.

...

i. Exercices

1. Questions et réponses :

(1) Comment peut-on savoir l'histoire du christianisme, surtout ses débuts ?

(2) Est-ce que Paul est un membre du groupe que Jésus a constitué au début ?

(3) Lequel subit le martyre entre Jean et Jacques et lequel d'entre eux a écrit « Livre des révélations » ?

(4) Quand et comment l'Église prend-elle naissance d'après le texte ?

① 小亚细亚，古代叫安纳托利亚，即今天土耳其亚洲部分的领土。在希腊语中，安纳托利亚意为太阳升起的地方。

(5) Par quel moyen les apôtres font-ils continuer la cause religieuse même après leur mort ?

(6) Qui est le premier martyr chrétien et pour quelle raison ?

(7) Quelle attitude Pierre et Paul adoptent-ils vis-à-vis des païens ?

(8) Quelle contribution Paul fait-il à l'Église chrétienne ?

(9) Pourquoi accorde-t-on plus d'attention à la communauté chrétienne existante à Rome au début du Christianisme ?

2. Vrai ou faux :

(1) Luc a fait une grande contribution au christianisme par ses deux ouvrages : les Actes des apôtres et l'Évangile.

(2) *Les Actes des apôtres* nous présentent Pierre et Paul.

(3) Il existe toujours 12 apôtres après la trahison de Judas.

(4) Tous les apôtres sont connus l'un comme l'autre car ils accompagnent tout le temps Jésus.

(5) Le nom de « chrétiens » est donné pour la première fois aux disciples de Jésus à Jérusalem.

(6) Le premier concile oblige Pierre à accepter l'avis de Paul.

(7) Paul devient converti après l'apparition de Jésus devant lui.

(8) Paul finit par être emprisonné pendant sa mission.

3. Sujets à développer :

Présentez d'une façon simple les mots et expressions suivants :

(1) Jésus

(2) Esprit Saint

(3) Sainte-Trinité

暴君焚城录

罗马城的大火发生在公元64年7月17日，这场大火的真正原因一直是历史疑案。据当时的调查，大多数人相信，纵火者应是尼禄皇帝，原因是皇帝想要扩建宫殿，然而皇宫周围住满罗马平民，几乎难以开工建造，因此他乘着夜深人静的时候派人纵火。起火的这几天刮大风，火借风势，一发而不可收，全城陷入一片火海之中。大火持续了六天七夜，大竞技场、凯旋门、布匿战争与高卢战争纪念牌坊、帝国政府官衙、四通八达的街道、商店及民房，全部化为灰烬。根据记载，尼禄从安提乌姆赶回罗马来，开放自己的宫殿安置灾民，并运粮赈济。但人们普遍怀疑这是人为纵火。尼禄听闻人们怀疑他暗地纵火，为了转移视线，便宣称这是基督徒阴谋纵的火。于是他下令逮捕基督徒，公开地残酷折磨他们：披兽皮让恶狗咬死、钉上十字架点燃后作为火炬等。基督教早期教会的发展，正值尼禄当政之时。基督教在当时的罗马是受到歧视的宗教，受到官方与民众的反感与误解。由于尼禄诬指64年罗马大火的元凶为基督徒，公开迫害、残杀教徒，因此尼禄被教会视为反基督的暴君。

II. Le baptême et la confession ①

par Chateaubriand

François-René de Chateaubriand (1768–1848), écrivain romantique et homme politique français, est considéré comme l'une des figures centrales du romantisme français. Son Génie du christianisme publié en 1802, faisant l'apologie de la religion, lui permet de devenir écrivain de la foi. Il se propose d'y montrer que le christianisme n'est pas moins favorable à l'art et à la poésie que les « fictions » de l'Antiquité. Ce livre fait événement et donne le signal d'un retour du religieux après la Révolution.

Si les mystères accablent l'esprit par leur grandeur, on éprouve une autre sorte d'étonnement, mais qui n'est peut-être pas moins profond, en contemplant les sacrements de l'Église. La connaissance de l'homme civil et moral est renfermée tout entière dans ces institutions.

Le Baptême, le premier des sacrements que la religion confère à l'homme, selon la parole de l'apôtre, le *revêt de Jésus-Christ*. Ce sacrement nous rappelle la corruption où nous sommes nés, les entrailles douloureuses qui nous portèrent, les tribulations qui nous attendent dans ce monde ; il nous dit que nos fautes rejailliront sur② nos fils, que nous sommes tous solidaires : terrible enseignement qui suffirait seul, s'il était bien médité, pour faire régner la vertu parmi les hommes.

Voyez le néophyte debout au milieu des ondes du Jourdain : le solitaire du rocher verse l'eau lustrale sur sa tête ; le fleuve des patriarches, les chameaux de ses rives, le temple de Jérusalem, les cèdres du Liban paraissent attentifs ; ou plutôt regardez ce jeune enfant sur les fontaines sacrées. Une famille pleine de joie l'environne ; elle renonce pour lui au péché, elle lui donne le nom de son aïeul, qui devient immortel dans cette renaissance perpétuée par l'amour de race en race. Déjà le père s'empresse de reprendre son fils, pour le reporter à une épouse impatiente, qui compte, sous ses rideaux, tous les coups de la cloche baptismale. On entoure

---

① Extrait d' *Essai sur les Révolutions, Génie du Christianisme*.

② rejaillir sur : 波及。La nuisance du discrédit a rejailli sur toute la nation. （丧失信用的危害已经波及整个民族。）

le lit maternel : des pleurs d'attendrissement et de religion coulent de tous les yeux ; le nouveau nom de l'enfant, l'antique nom de son ancêtre, est répété de bouche en bouche ; et chacun, mêlant les souvenirs du passé aux joies présentes, croit reconnaître le vieillard dans le nouveau-né qui fait revivre sa mémoire. Tels sont les tableaux que présente le sacrement du Baptême ; mais la religion, toujours morale, toujours sérieuse, alors même qu'elle est plus riante, nous montre aussi le fils des rois dans sa pourpre, renonçant aux grandeurs de Satan, à la même piscine où l'enfant du pauvre en haillons vient abjurer des pompes auxquelles pourtant il ne sera point condamné.

On trouve dans Saint Ambroise[①] une description curieuse de la manière dont s'administrait le sacrement du Baptême dans les premiers siècles de l'Église. Le jour choisi pour la cérémonie était le samedi saint. On commençait par toucher les narines et pour ouvrir les oreilles du catéchumène, on disait *ephpheta, ouvrez-vous.* On le faisait ensuite entrer dans le saint des saints. En présence du diacre, du prêtre et de l'évêque, il renonçait aux œuvres du démon. Il se tournait vers l'occident, image des ténèbres, pour abjurer le monde ; et vers l'orient, symbole de lumière, pour marquer son alliance avec Jésus-Christ. L'évêque faisait alors la bénédiction du bain, dont les eaux, selon saint Ambroise, indiquent les mystères de l'Écriture : la création, le déluge, le passage de la mer Rouge, la nuée, les eaux de Mara, Naaman, et le paralytique de la piscine. Les eaux ayant été adoucies par le signe de la croix, on y plongeait trois fois le catéchumène en l'honneur de la Trinité, et en lui enseignant que trois choses rendent témoignage dans le Baptême : l'eau, le sang et l'esprit.

Au sortir du saint des saints, l'évêque faisait à l'homme renouvelé l'onction sur la tête, afin de le sacrer de la race élue et de la nation sacerdotale du Seigneur. Puis on lui lavait les pieds ; on lui mettait des habits blancs, comme un vêtement d'innocence ; après quoi il recevait dans le sacrement de Confirmation l'esprit de crainte divine, l'esprit de sagesse et d'intelligence, l'esprit de conseil et de force, l'esprit de doctrine et de piété. L'évêque prononçait à haute voix les paroles de l'apôtre : *Dieu le père vous a marqué de son sceau. Jésus-Christ notre Seigneur vous a confirmé, il a donné à votre cœur les arrhes du Saint-Esprit.*

Le nouveau chrétien marchait alors à l'autel pour y recevoir le pain des anges,

---

① Saint Ambroise : 圣安布罗斯(340–397)，被称作米兰城的圣安布罗斯(Saint Ambroise de Milan)，是一位著名的大主教。他一生恪守宗教信仰，主张社会和平。390年，罗马皇帝狄奥西多斯(l'empereur Théodose)为镇压Thessalonique地区爆发的起义，屠杀了大批当地群众。不久，圣安布罗斯发出声明，禁止皇帝进入米兰教堂，除非他进行忏悔。最后，在舆论的压力下，狄奥西多斯顺应了教会的要求，做了长达数月的忏悔。

en disant : *J'entrerai à l'autel du Seigneur, du Dieu qui réjouit ma jeunesse.* À la vue de l'autel couvert de vases d'or, de flambeaux, de fleurs, d'étoffes de soie, le néophyte s'écriait avec le Prophète : *Vous avez préparé une table devant moi ; c'est le Seigneur qui me nourrit, rien ne me manquera, il m'a établi dans un lieu abondant en pâturage.* La cérémonie se terminait par le sacrifice de la messe. Ce devait être une fête bien auguste que celle où les Ambroise donnaient au pauvre innocent de la place qu'ils refusaient à l'empereur coupable.

S'il n'y a pas dans ce premier acte de la vie chrétienne un mélange divin de théologie et de morale, de mystères et de simplicité, rien ne sera jamais divin en religion.

Mais, considéré dans une sphère plus élevée, et comme figure du mystère de notre rédemption, le Baptême est un bain qui rend à l'âme sa vigueur première. On ne peut se rappeler sans regret la beauté des anciens jours, alors que les forêts n'avaient pas assez de silence, les grottes pas assez de profondeur, pour les fidèles qui venaient y méditer les mystères. Ces chrétiens primitifs, témoins de la rénovation du monde, étaient occupés de pensées bien différentes de celles qui nous courbent aujourd'hui vers la terre, nous tous chrétiens vieillis dans le siècle, et non pas dans la foi. En ce temps-là, la sagesse était sur les rochers, dans les antres avec les lions, et les rois allaient consulter le solitaire de la montagne. Jours trop tôt évanouis ! Il n'y a plus de saint Jean au désert, et l'heureux catéchumène ne sentira plus couler sur lui ces flots du Jourdain, qui emportaient aux mers toutes ses souillures.

La Confession suit le Baptême, et l'Église, avec une prudence qu'elle seule possède, a fixé l'époque de la Confession à l'âge où l'idée du crime peut être conçue : il est certain qu'à sept ans l'enfant a les notions du bien et du mal. Tous les hommes, les philosophes même, quelles qu'aient été d'ailleurs leurs opinions, ont regardé le sacrement de Pénitence comme une des plus fortes barrières contre le vice, et comme le chef-d'œuvre de la sagesse. « Que de restitutions, de réparations, dit Rousseau, la Confession ne fait-elle point faire chez les catholiques ! » Selon Voltaire, « la Confession est une chose très excellente, un frein au crime, inventé dans l'antiquité la plus reculée : on se confessait dans la célébration de tous les anciens mystères. Nous avons imité et sanctifié cette sage coutume : elle est très bonne pour engager[①] les cœurs ulcérés de haine à pardonner. »

Sans cette institution salutaire, le coupable tomberait dans le désespoir. Dans quel sein déchargerait-il le poids de son cœur ? Serait-ce dans celui d'un ami ? Eh ! Qui peut

---

① engager qn à faire qch : 劝告（促使）某人做某事。C'est ce qui m'engage à venir.（就是这个原因促使我来了。）

compter sur l'amitié des hommes ? Prendra-t-il les déserts pour confidents ? Les déserts retentissent toujours pour le crime au bruit de ces trompettes que le parricide Néron croyait ouïr autour du tombeau de sa mère. Quand la nature et les hommes sont impitoyables, il est bien touchant de trouver un Dieu prêt à pardonner : il n'appartenait qu'à la religion chrétienne d'avoir fait deux sœurs de l'innocence et du repentir.

i. Exercices

1. Questions et réponses :

(1) Qu'est-ce que nous rappelle le Baptême ?

(2) Pourquoi la religion chrétienne oblige-t-elle le fils des rois d'accepter à la même piscine que l'enfant du pauvre en haillons ?

(3) Pourquoi veut-on tourner le nouveau chrétien vers l'occident selon la description curieuse de la manière du sacrement de Baptême dans saint Ambroise ?

(4) Qu'est-ce qui rendent témoignage dans le Baptême ?

(5) Que reçoit le catéchumène dans le sacrement de Confirmation ?

(6) À quoi servent les flots du Jourdain dans le Baptême ?

(7) À quel âge normalement commence-t-on à concevoir l'idée du crime ?

2. Vrai ou faux :

(1) Un enseignement terrible peut aider les hommes à retrouver la vertu.

(2) Le fleuve des patriarches, les chameaux de ses rives, le temple de Jérusalem, les cèdres du Liban qui paraissent attentifs regardent ce jeune enfant sur les fontaines sacrées.

(3) Des habits blancs signifient l'innocence selon le texte.

(4) À la vue de l'autel couvert de vases d'or, de flambeaux, de fleurs, d'étoffes de soie, le Prophète fait crier au néophyte : *Vous avez préparé une table devant moi ; c'est le Seigneur qui me nourrit, rien ne me manquera, il m'a établi dans un lieu abondant en pâturage.*

(5) Le sacrement de Pénitence joue un rôle très important pour lutter contre le vice.

3. Enrichissement lexical :

(1) Quel est le but de l'auteur lorsqu'il emploie le verbe « **s'empresser** » dans « *Déjà le père s'empresse de reprendre son fils...* » ?

(2) Quel est le sens exact d'« **engager** » dans la phrase suivante : « *elle est très bonne pour engager les cœurs ulcérés de haine à pardonner* » ?

4. Sujets à développer :

(1) Présentez ce que les parents font au cours du Baptême.

(2) Récrivez la manière étrange du sacrement de Baptême aux premiers siècles de l'Église dans Saint Ambroise.

(3) Les sept dons du Saint-Esprit.

Ⅱ. 相关知识

(1) La création : 指上帝创造万物。

(2) Le passage de la mer Rouge : 指《出埃及记》中摩西带领以色列人渡过红海。

(3) La nuée : 出自《出埃及记》的第40章第34—38节 "云彩覆盖会幕"（《民数记》第9章第15—23节也提到此事）。讲的是以色列人在摩西的带领下遵从神谕建立起会幕，会幕完工时云彩遮盖会幕，耶和华的荣光充满帐幕。以色列人根据耶和华的吩咐，云彩停留在会幕上时他们就安营停留，当云彩收上去时，他们就起程前行。

(4) Les eaux de Mara : 《出埃及记》第15章22—27节 "苦水变甜" 中，摩西带领以色列人过了红海到了玛拉 (Mara)，那里的水很苦，不能饮用，百姓向摩西诉苦，耶和华指示了一棵树，把树扔在水里后，水就变甜了。

(5) Naaman : 出自《列王记下》第5章 "乃缦得医治"。乃缦是亚兰王的元帅，得了大麻风，后来他根据耶和华的指示，在约旦河里沐浴七回，他的肉复原，好像小孩子的肉，他就洁净了。

(6) Le paralytique de la piscine : 出自《新约—约翰福音》第5章1—9节 "在毕士大池边治病"。耶稣到耶路撒冷去，在羊门边有个池子，希伯话叫做毕士大，旁边有五个廊子，里面有很多病人，其中一个病了38年。耶稣见他躺着，知道他病了很久，对他说："起来，拿你的褥子走吧。" 那人立刻痊愈，拿起褥子便走了。

III. Sur Jésus [1]

par Ernest Renan

Joseph Ernest Renan (1823–1892), écrivain, philologue, philosophe et historien, est un homme de grands honneurs. En 1863, son œuvre *la Vie de Jésus* soulève d'extraordinaires polémiques ; des quantités incroyables d'attaques ou de défenses de cette œuvre ont paru en France et à l'étranger... En 1878, élu à l'Académie française, il est devenu en 1883 administrateur du Collège de France.

...

Plaçons donc au plus haut sommet de la grandeur humaine la personne de Jésus. Ne nous laissons pas égarer par des défiances exagérées en présence d'une légende qui nous tient toujours dans un monde surhumain. La vie de François d'Assise [2] n'est aussi qu'un tissu de miracles. A-t-on jamais douté cependant de l'existence et du rôle de François d'Assise? Ne disons pas davantage que la gloire de la fondation du christianisme doit revenir à la foule des premiers chrétiens, et non à celui que la légende a déifié.

L'inégalité des hommes est bien plus marquée en Orient que chez nous. Il n'est pas rare de voir s'y élever, au milieu d'une atmosphère générale de méchanceté, des caractères dont la grandeur nous étonne. Bien loin que Jésus ait été créé par ses disciples, Jésus apparaît en tout comme supérieur à ses disciples. Ceux-ci, saint Paul et saint Jean exceptés, étaient des hommes sans invention ni génie. Saint Paul lui-même ne supporte aucune comparaison avec Jésus, et quant à saint Jean, je montrerai plus tard que son rôle, très-élevé en un sens, fut loin d'être à tous égards irréprochable. De là l'immense supériorité des Évangiles au milieu des écrits du Nouveau Testament. De là cette chute pénible qu'on éprouve en passant de l'histoire de Jésus à celle des apôtres. Les évangélistes eux-mêmes, qui nous ont légué l'image de Jésus, sont si fort au-dessous de celui dont ils parlent que sans cesse ils

---

① Extrait de *la Vie de Jésus*.

② François d'Assise : 弗朗索瓦·达西斯(1182–1226)，意大利人，天主教徒。天主教方济各会创始人。

le défigurent, faute d'atteindre à sa hauteur. Leurs écrits sont pleins d'erreurs et de contre-sens. On sent à chaque ligne un discours d'une beauté divine fixé par des rédacteurs qui ne le comprennent pas, et qui substituent[①] leurs propres idées à celles qu'ils ne saisissent qu'à demi. En somme, le caractère de Jésus, loin d'avoir été embelli par ses biographes, a été diminué par eux. La critique, pour le retrouver tel qu'il fut, a besoin d'écarter une série de méprises, provenant de la médiocrité d'esprit des disciples. Ceux-ci l'ont peint comme ils le concevaient, et souvent, en croyant l'agrandir, l'ont en réalité amoindri.

Je sais que nos idées modernes sont plus d'une fois froissées dans cette légende, conçue par une autre race, sous un autre ciel, au milieu d'autres besoins sociaux. Il est des vertus qui, à quelques égards, sont plus conformes à notre goût. L'honnête et suave Marc-Aurèle[②], l'humble et doux Spinoza[③], n'ayant pas cru au miracle, ont été exempts de quelques erreurs que Jésus partagea. Le second, dans son obscurité profonde, eut un avantage que Jésus ne chercha pas. Par notre extrême délicatesse dans l'emploi des moyens de conviction, par notre sincérité absolue et notre amour désintéressé de l'idée pure, nous avons fondé, nous tous qui avons voué notre vie à la science, un nouvel idéal de moralité. Mais les appréciations de l'histoire générale ne doivent pas se renfermer dans des considérations de mérite personnel. Marc-Aurèle et ses nobles maîtres ont été sans action durable sur le monde. Marc-Aurèle laisse après lui des livres délicieux, un fils exécrable, un monde qui s'en va. Jésus reste pour l'humanité un principe inépuisable de renaissances morales.

La philosophie ne suffit pas au grand nombre. Il lui faut la sainteté. Un Apollonius de Tyane[④], avec sa légende miraculeuse, devait avoir plus de succès qu'un Socrate, avec sa froide raison. « Socrate, disait-on, laisse les hommes sur la terre, Apollonius les transporte au ciel ; Socrate n'est qu'un sage, Apollonia est un dieu. » La religion, jusqu'à nos jours, n'a pas existé sans une part d'ascétisme, de piété,

---

de merveilleux. Quand on voulut, après les Antonins[1], faire une religion de la philosophie, il fallut transformer les philosophes en saints, écrire la « Vie édifiante » de Pythagore[2] et de Plotin[3], leur prêter une légende, des vertus d'abstinence et de contemplation, des pouvoirs surnaturels, sans lesquels on ne trouvait près du siècle ni créance ni autorité.

Gardons-nous donc de mutiler l'histoire pour satisfaire nos mesquines susceptibilités. Qui de nous, pygmées que nous sommes, pourrait faire ce qu'a fait l'extravagant François d'Assise, l'hystérique sainte Thérèse[4]? Que la médecine ait des noms pour exprimer ces grands écarts de la nature humaine ; qu'elle soutienne que le génie est une maladie du cerveau ; qu'elle voie dans une certaine délicatesse de moralité un commencement d'étisie ; qu'elle classe l'enthousiasme et l'amour parmi les accidents nerveux, peu importe. Les mots de sain et de malade sont tout relatifs. Qui n'aimerait mieux être malade comme Pascal que bien portant comme le vulgaire ? Les idées étroites qui se sont répandues de nos jours sur la folie égarent de la façon la plus grave nos jugements historiques dans les questions de ce genre. Un état où l'on dit des choses dont on n'a pas conscience, où la pensée se produit sans que la volonté l'appelle et la règle, expose maintenant un homme à être séquestré comme halluciné. Autrefois, cela s'appelait prophétie et inspiration. Les plus belles choses du monde se sont faites à l'état de fièvre ; toute création éminente entraîne une rupture d'équilibre, un état violent pour l'être qui la tire de lui.

Certes, nous reconnaissons que le christianisme est une œuvre trop complexe pour avoir été le fait d'un seul homme. En un sens, l'humanité entière y collabora. Il n'y a pas de monde si muré qui ne reçoive quelque vent du dehors. L'histoire de l'esprit humain est pleine de synchronismes étranges, qui font que, sans avoir communiqué entre elles, des fractions fort éloignées de l'espèce humaine arrivent en même temps à des idées et à des imaginations presque identiques...

---

[1] les Antonins : 五贤帝, 指公元96年至180年期间统治罗马帝国的五位皇帝。他们分别为: 涅尔瓦(Nerva, 96–98); 图拉真(Trajan, 98–117); 哈德良(Hadrian, 117–138, 外号"勇帝"); 安托尼乌斯·披乌斯(Antoninus Pius, 138–161); 马可·奥勒留(Marcus Aurelius, 161–180)。这五位皇帝宽厚谦虚, 施行"仁政", 深受臣民爱戴。这段时期也是自奥古斯都(Augustus)之后罗马帝国最强盛的时期, 被称为罗马帝国的"黄金时代", 也称五贤帝时期。

[2] Pythagore : 毕达哥拉斯(约公元前572–公元前497), 古希腊著名数学家、哲学家。

[3] Plotin : 普罗提诺(205–270), 古罗马哲学家, 新柏拉图主义的奠基人。

[4] sainte Thérèse : 特蕾莎·马丁(1873–1897), 法国女修士, 出生于诺曼底, 教名是sœur Thérèse de l'Enfant Jésus et de la Sainte Face, 15岁进入修道院, 24岁死于结核病。1925年被封圣。每年10月1日为其纪念日。

On dirait de grandes influences morales courant le monde, à la manière des épidémies, sans distinction de frontière et de race. Le commerce des idées dans l'espèce humaine ne s'opère pas seulement par les livres ou l'enseignement direct. Jésus ignorait jusqu'au nom de Bouddha, de Zoroastre①, de Platon ; il n'avait lu aucun livre grec, aucun soutra bouddhique, et cependant il y a en lui plus d'un élément qui, sans qu'il s'en doutât, venait du bouddhisme, du parsisme②, de la sagesse grecque. Tout cela se faisait par des canaux secrets et par cette espèce de sympathie qui existe entre les diverses portions de l'humanité. Le grand homme, par un côté, reçoit tout de son temps ; par un autre, il domine son temps. Montrer que la religion fondée par Jésus a été la conséquence naturelle de ce qui avait précédé, ce n'est pas en diminuer l'excellence ; c'est prouver qu'elle a eu sa raison d'être, qu'elle fut légitime, c'est-à-dire conforme aux instincts et aux besoins du cœur en un siècle donné.

Est-il plus juste de dire que Jésus doit tout au judaïsme et que sa grandeur n'est autre que celle du peuple juif ? Personne plus que moi n'est disposé à placer haut ce peuple unique, dont le don particulier semble avoir été de contenir dans son sein les extrêmes du bien et du mal. Sans doute, Jésus sort du judaïsme ; mais il en sort comme Socrate sortit des écoles de sophistes, comme Luther③ sortit du moyen âge, comme Lamennais④ du catholicisme, comme Rousseau du XVIIIe siècle. On est de son siècle et de sa race, même quand on réagit contre son siècle et sa race. Même que Jésus soit le continuateur du judaïsme, il représente la rupture avec l'esprit juif. En supposant que sa pensée à cet égard puisse prêter à⑤ quelque équivoque, la direction générale du christianisme après lui n'en permet pas. La marche générale du christianisme a été de s'éloigner de plus en plus du judaïsme. Son perfectionnement consistera à revenir à Jésus, mais non certes à revenir au judaïsme. La grande originalité du fondateur reste donc entière ; sa gloire n'admet aucun légitime partageant.

---

① 指拜火教主琐罗亚斯德。
② 印度的琐罗亚斯德教，亦称祆教。
③ Luther：马丁·路德(1483–1546)，德国宗教改革领袖，其主张深刻影响了西方文明的演进历程。
④ Lamennais：菲力斯特·罗伯特·德·拉莫奈(1782–1854)，出生于布列塔尼的圣马洛 (Saint-Malo)一个笃信基督教的家庭。1816年被任命为神甫。后思想渐趋先进。1834年 发表《*Paroles d'un croyant*》，标志着与教会的决裂。他被认为是自由天主教、社会天 主教、基督教民主主张的先驱者。
⑤ prêter à：引发。C'est un discours qui prête à rire. (这个演说引人发笑。)

1. Questions et réponses :

(1) D'après vous, qui est « *celui que la légende a déifié* » ?

(2) Pourquoi les rédacteurs de l'Évangile n'arrivent-ils pas à grandir Jésus selon le texte ?

(3) Est-ce que des vertueux comme Marc-Aurèle sont supérieurs à Jésus puisqu'ils sont exempts de quelques erreurs que Jésus partage ?

(4) Quelle est la différence entre Apollonius de Tyane et Socrate ?

(5) Pourquoi la philosophie ne deviendrait-elle pas un jour une religion selon l'auteur ?

(6) Dans cette phrase, quelle est la vraie intention de l'auteur : « *Est-il plus juste de dire que Jésus doit tout au judaïsme et que sa grandeur n'est autre que celle du peuple juif* » ?

2. Vrai ou faux :

(1) En Orient, des hommes connaissent plus d'inégalité qu'en l'Occident.

(2) Les rédacteurs des Évangiles, ayant compris Jésus, ont bien fait leurs écrits car ils complètent par leurs propres idées celles de Jésus.

(3) Les biographes de Jésus ayant bien écrit, il en résulte que son caractère a été embelli.

(4) L'état de fièvre permet d'avoir fait les plus belles choses du monde.

(5) Jésus n'arrive pas à créer le christianisme tout seul.

(6) Les pays et la race n'arrivent pas à résister à de grandes influences morales sur le monde.

(7) Dans l'espèce humaine, le commerce des idées ne s'opère pas seulement par les livres ou l'enseignement direct, mais par des canaux secrets et par cette espèce de sympathie qui existe entre les diverses portions de l'humanité.

3. Enrichissement lexical :

(1) Quelle est la signification de « **défigurer** » dans « *Les évangélistes eux-mêmes[...]sont si fort au-dessous de celui dont ils parlent que sans cesse ils le défigurent, faute d'atteindre à sa hauteur* » ?

(2) Que signifie le mot « **commerce** » dans la phrase suivante : « *Le commerce des idées dans l'espèce humaine ne s'opère pas seulement par les livres ou l'enseignement direct* » ?

4. Paraphrasez les phrases suivantes :

(1) « Bien loin que Jésus ait été créé par ses disciples, Jésus apparaît en tout comme supérieur à ses disciples. »

(2) « Mais les appréciations de l'histoire générale ne doivent pas se renfermer dans des considérations de mérite personnel. »

5. Dégagez l'idée principale du paragraphe suivant :

Plaçons donc au plus haut sommet de la grandeur humaine la personne de Jésus. Ne nous laissons pas égarer par des défiances exagérées en présence d'une légende qui nous tient toujours dans un monde surhumain. La vie de François d'Assise n'est aussi qu'un tissu de miracles. A-t-on jamais douté cependant de l'existence et du rôle de François d'Assise? Ne disons pas davantage que la gloire de la fondation du christianisme doit revenir à la foule des premiers chrétiens, et non à celui que la légende a déifié.

II. 相关知识

耶稣，又称基督，意思是王、弥赛亚，教会中称为默西亚，为救世主之意。耶稣生于巴勒斯坦地区，现代文明以他的出生年为标志，将时间分为公元前和公元后，以此来纪念他的诞生。耶稣30岁以前是个木匠，过着犹太人的传统生活。当时以色列全境处于罗马帝国的统治之下，包括耶稣出生地伯利恒和成长地拿撒勒。耶稣30岁以后开始教导众人，行神迹，并被记载了下来。他从来都没有远行到距离出生地200英里以外的地方，但他的名声还是传遍了全国，引起了以色列各省掌权的罗马官员和犹太领袖（宗教律法师）的注意。

耶稣最受争议的是他一直声称自己就是上帝，这冒犯了律法。但罗马当局几次审讯都没发现耶稣触犯罗马的法律。就连犹太人的领袖也承认，耶稣除了自称为上帝之外，完好地遵行了犹太人的法律。但他们最终还是以对政府不利为由，说服以色列南省的罗马总督彼拉多下令处死耶稣。

IV. De la suffisance de la religion naturelle

par Denis Diderot

Denis Diderot (1713–1784), écrivain, philosophe et encyclopédiste français, laisse son empreinte dans l'histoire de tous les genres littéraires auxquels il s'est essayé : il pose les bases du drame bourgeois au théâtre, révolutionne le roman et invente la critique à travers ses Salons. Et quant à la religion, lui, athéiste, ne tarde pas à exprimer son attitude agressive vis-à-vis de la religion dans son œuvre.

1.

La religion naturelle est l'ouvrage de Dieu ou des hommes. Des hommes, vous ne pouvez le dire, puisqu'elle est le fondement de la religion révélée.

Si c'est l'ouvrage de Dieu, je demande à quelle fin Dieu l'a donnée. La fin d'une religion qui vient de Dieu ne peut être que la connaissance des vérités essentielles, et la pratique des devoirs importants.

Une religion serait indigne de Dieu et de l'homme si elle se proposait un autre but. Donc, ou Dieu n'a pas donné aux hommes une religion qui satisfît à la fin qu'il a dû se proposer, ce qui serait absurde, car cela supposerait en lui impuissance ou mauvaise volonté ; ou l'homme a obtenu de lui ce dont il avait besoin. Donc, il ne lui fallait pas d'autres connaissances que celles qu'il avait reçues de la nature.

Quant aux moyens de satisfaire aux devoirs, il serait ridicule qu'il les eût refusés ; car, de ces trois choses, la connaissance des dogmes, la pratique des devoirs et la force nécessaire pour agir et pour croire, le manque d'une, rend les deux autres inutiles.

C'est en vain que① je suis instruit des dogmes si j'ignore les devoirs. C'est en vain que je connais les devoirs, si je croupis dans l'erreur ou dans l'ignorance des

---

① en vain : 徒劳地，无效地。C'est en vain que ses amis l'ont averti. （他那些朋友对他的忠告毫无作用。）

vérités essentielles. C'est en vain que la connaissance des vérités et des devoirs m'est donnée, si la grâce de croire et de pratiquer m'est refusée.

Donc, j'ai toujours eu tous ces avantages ; donc, la religion naturelle n'avait rien laissé à la révélation d'essentiel et de nécessaire à suppléer ; donc, cette religion n'était point insuffisante.

2.

Si la religion naturelle eût été insuffisante, c'eût été, ou en elle-même, ou relativement à la condition de l'homme.

Or, on ne peut dire ni l'un ni l'autre. Son insuffisance en elle-même serait la faute de Dieu.

Son insuffisance, relative à la condition de l'homme, supposerait que Dieu eût pu rendre la religion naturelle suffisante, et par conséquent la religion révélée superflue, en changeant la condition de l'homme ; ce que la religion révélée ne permet pas de dire.

D'ailleurs, une religion insuffisante, relativement à la condition de l'homme, serait insuffisante en elle-même ; car la religion est faite pour l'homme ; et toute religion, qui ne mettrait pas l'homme en état de^① payer à Dieu ce que Dieu est en droit d'^②en exiger, serait défectueuse en elle-même.

Et qu'on ne dise pas que, Dieu ne devant rien à l'homme, il a pu, sans injustice, lui donner ce qu'il voulait ; car remarquez qu'alors le don de Dieu serait sans but et sans fruit ; deux défauts que nous ne pardonnerions pas à l'homme, et que nous ne devons point avoir à reprocher à Dieu. Sans but ; car Dieu ne pourrait se proposer d'obtenir de nous, par ce moyen, ce que ce moyen ne peut produire par lui-même. Sans fruit ; puisqu'on soutient que le moyen est insuffisant pour produire aucun fruit qui soit légitime.

3.

La religion naturelle était suffisante, si Dieu ne pouvait exiger de moi plus que cette loi ne me prescrivait^③ ; or Dieu ne pouvait exiger de moi plus que cette loi ne me prescrivait, puisque cette loi était sienne, et qu'il ne tenait qu'à lui de la charger plus ou moins de préceptes.

La religion naturelle suffisait autant à ceux qui vivaient sous cette loi pour être sauvés, que la loi de Moïse^④ aux juifs, et la loi chrétienne aux chrétiens. C'est la loi qui

---

① être en état de faire qch : 能够做某事。Ce pays n'est plus en état de jouer un rôle actif dans le monde. (这个国家再也不能在世界上起积极作用了。)

② être en droit de faire qch : 有做某事的权利。Vous êtes en droit de m'interrompre, si vous avez des questions à me poser. (如果你们有问题可以打断我。)

③ prescrire qch à qn : 规定某人做事。Le médecin a prescrit le régime sans sucre à un malade. (医生规定一个病人采用无糖食谱。)

④ Moïse : 穆瓦兹，圣经人物，以色列大预言家。相传穆瓦兹出生后被放在一个新涂沥青的柳条小摇篮里，遗弃在河上，后被人救起。

forme nos obligations ; et nous ne pouvons être obligés au delà de ses commandements.

Donc, quand la loi naturelle eût pu être perfectionnée, elle était tout aussi suffisante pour les premiers hommes, que la même loi, perfectionnée, pour leurs descendants.

4.

Mais, si la loi naturelle a pu être perfectionnée par la loi de Moïse, et celle-ci, par la loi chrétienne, pourquoi la loi chrétienne ne pourrait-elle pas l'être par une autre qu'il n'a pas encore plu à Dieu de manifester aux hommes ?

5.

Si la loi naturelle a été perfectionnée, c'est, ou par des vérités qui nous ont été révélées, ou par des vertus que les hommes ignoraient. Or, on ne peut dire ni l'un ni l'autre. La loi révélée ne contient aucun précepte de morale que je ne trouve recommandé et pratiqué sous la loi de nature ; donc elle ne nous a rien appris de nouveau sur la morale.

La loi révélée ne nous a apporté aucune vérité nouvelle ; car, qu'est-ce qu'une vérité, sinon une proposition relative à un objet, conçue dans des termes qui me présentent des idées claires, et dont je conçois la liaison ? Or la religion révélée ne nous a apporté aucune de ces propositions. Ce qu'elle a ajouté à la loi naturelle consiste en cinq ou six propositions qui ne sont pas plus intelligibles pour moi que si elles étaient exprimées en ancien carthaginois, puisque les idées représentées par les termes, et la liaison de ces idées entre elles, m'échappent entièrement.

Les idées représentées par les termes et leur liaison m'échappent ; car, sans ces deux conditions, les propositions révélées, ou cesseraient d'être des mystères, ou seraient évidemment absurdes. Soit, par exemple, cette proposition révélée: les enfants d'Adam ont tous été coupables, en naissant, de la faute de ce premier père. Une preuve que les idées attachées aux termes et leur liaison m'échappent dans cette proposition, c'est que si je substitue au nom d'Adam celui de Pierre, ou de Paul, et que je dise : les enfants de Paul ont tous été coupables, en naissant, de la faute de leur père, la proposition devient d'une absurdité convenue de tout le monde.

...

6.

Cette religion est la meilleure, qui s'accorde le mieux avec la bonté de Dieu. Or la religion naturelle s'accorde avec la bonté de Dieu ; car un des caractères de la bonté de Dieu, c'est de ne faire aucune acception de personne[①]. Or la loi naturelle est de toutes les lois celle qui cadre le mieux avec ce caractère ; car c'est d'elle que l'on peut vraiment dire que c'est la lumière que tout homme apporte au monde en naissant.

7.

Cette religion est la meilleure, qui s'accorde le mieux avec la justice de Dieu.

---

① faire acception de : 偏袒。La justice ne fait acception de personne.（正义不偏袒任何人。）

Or la religion ou la loi naturelle, de toutes les religions, est celle qui s'accorde le mieux avec la justice. Les hommes, présentés au tribunal de Dieu, seront jugés par quelque loi ; or, si Dieu juge les hommes par la loi naturelle, il ne fera point injustice à aucun d'eux, puisqu'ils sont nés tous avec elle. Mais, par quelque autre loi qu'il les juge, cette loi n'étant point universellement connue comme la loi naturelle, il y en aura parmi les hommes à qui il fera injustice. D'où il s'ensuit, ou qu'il jugera chaque homme selon la loi qu'il aura sincèrement admise, ou que, s'il les juge tous par la même loi, ce ne peut être que par la loi naturelle, qui, également connue de tous, les a tous également obligés.

...

10.

Cette religion est la plus sensée au jugement des êtres raisonnables, qui les traite le plus en êtres raisonnables, puisqu'elle ne leur propose rien à croire qui soit au-dessus de leur raison, et qui n'y soit conforme.

11.

Cette religion doit être embrassée préférablement à toute autre, qui offre le plus de caractères divins ; or la religion naturelle est, de toutes les religions, celle qui offre le plus de caractères divins ; car il n'y a aucun caractère divin dans les autres cultes qui ne se reconnaisse dans la religion naturelle ; et elle en a que les autres religions n'ont pas : l'immutabilité et l'universalité.

i. Exercices

1. Questions et réponses :

(1) Dans quel but Dieu nous donne-t-il la religion selon le texte ?

(2) Quelle religion serait-elle considérée comme défectueuse dans le texte ?

(3) Comment peut-on comprendre la bonté de Dieu ?

(4) Pourquoi la religion naturelle est-elle la plus sensée au jugement des êtres raisonnables ?

(5) Comment la religion naturelle qui est la plus embrassée résiste-t-elle à la concurrence de tout autre ?

2. Vrai ou faux :

(1) À l'homme, il lui faut des connaissances qu'il a reçues de la nature.

(2) Il est vain de connaître des vérités et des devoirs si l'homme a la croyance et accepte la pratique.

(3) L'homme est capable de charger la loi de plus ou moins de préceptes.

(4) Les obligations de la loi ne nous permettent pas de vivre sans commandements.

(5) C'est injuste que Dieu juge les hommes par quelque autre loi.

3. Paraphrasez la phrase suivante :

Ce qu'elle a ajouté à la loi naturelle consiste en cinq ou six propositions qui ne sont pas plus intelligibles pour moi que si elles étaient exprimées en ancien carthaginois, puisque les idées représentées par les termes, et la liaison de ces idées entre elles, m'échappent entièrement.

II. 相关知识

　　法国著名思想家狄德罗不仅完成了长达36卷的巨著《百科全书》，他的反宗教的自然神论思想也给世人留下了深刻久远的影响。在宗教观念上，他经历了一个由自然神论向无神论转变的过程。1746年，狄德罗发表了《哲学思想录》，书中明确地表达出自然神论的思想。巴黎议会不仅予以谴责，而且下令焚烧该书。然而，他并没有退却，仍坚持斗争，在《供明眼人参考而谈盲人》(1749年)的信中，提出唯物主义和无神论思想。狄德罗因此被囚入文森监狱，罪名是"散布危险思想"，该书也受到当局的严厉审查。

　　狄德罗一生屡遭迫害，多次锒铛入狱，生活艰苦，然而他从未放弃与宗教迷信的斗争。临终前，神甫劝他忏悔，放弃无神论，他断然拒绝了。狄德罗坚决反对创世说，认为上帝是不存在的，宗教中的上帝，不过是"一个没有意义、不可理解的词"。他宣布，在他有生之年，不可能相信上帝的存在。他说："如果想让我相信神的话，一定得让我摸得着他。"

Pour en savoir plus :

(1) Chateaubriand. 1993. *Génie du Christianisme*. Paris. Flammarion.

(2) Michel Henry. 1998. *C'est Moi la Vérité*. Paris. Édition du Seuil.

(3) Jean Delumeau. 2003. *Des Religions et des Hommes*. Paris. LGF, Collection La Pochothè-que.

(4) Hesna Cailliau. 2006. *L'Esprit des Religions*. Toulouse. Édition Milan.

(5) Patrick Cabanel. 2007. *Entre Religions et Laïcité*. Toulouse. Privat.

(6) Tim Willocks. 2009. *La Religion*. Paris. Sonatine.

(7) Frédéric Lenoir. 2009. *Socrate Jésus Bouddha, Trois Maîtres de Vie*. Paris. Fayard.

参 考 答 案

I. Le plus heureux des hommes

1. Questions et réponses :

(1) Parce que comme réalisateur, il peut tourner les scènes qu'il a connues dans la vie courante.

(2) Il modifie la scène selon ses pensées d'alors ; il dirige la scène pour tel ou tel autre but après avoir pris une note sur une feuille d'agenda.

(3) Pour lui, faire un film, c'est améliorer la vie, l'arranger à sa façon, c'est prolonger les jeux de l'enfance, construire un objet qui est à la fois un jouet inédit et un vase dans lequel on disposera, comme s'il s'agissait d'un bouquet de fleurs, les idées que l'on ressent actuellement ou de façon permanente.

(4) Seul compte le résultat, c'est-à-dire le bien que le metteur en scène se fait à lui-même et le bien qu'il fait aussi aux autres.

(5) Devant un cinéaste dont le talent, la jeunesse et la fortune vous gênent, vous ne pouvez pas le supprimer physiquement bien que vous le haïssiez si fort. La seule solution est de l'accepter comme votre confrère.

2. Enrichissement lexical :

(1) La boîte signifie ici la caméra.

(2) Le verbe « s'en tenir » signifie « se borner ».

3. Dégagez l'idée principale du paragraphe suivant :

La situation en France inquiète F. Truffaut , car le film français n'arrive pas à attirer le public au cinéma.

4. Sujets à développer :

(1) Réponse libre.

(2) Réponse libre.

(3) Réponse libre.

II. Le tournage

1. Questions et réponses :

(1) C'est le commencement du tournage d'un film.

(2) Non, ce n'est pas obligatoire. On trouve des endroits semblables en France pour tourner le film.

(3) Pour la prise de telle vue, la caméra, qui reste fixe, bouge horizontalement ou verticalement autour du pied du réalisateur.

(4) Pour enregistrer les voix des acteurs, il doit se placer assez près d'eux, mais pour ne pas faire d'ombre ainsi que pour ne pas être « dans le champ » de la caméra, il lui faut être suffisamment à l'écart.

2. Vrai ou faux :

(1) V. Car on peut trouver en France des lieux de remplacement. Il y a des régions qui ressemblent non seulement au Canada, mais aussi au Guatemala ou au Far West.

(2) F. Les scènes ne sont pas filmées dans un ordre logique mais en fonction des lieux et des décors où elles se passent.

(3) F. Melville dirige ses acteurs comme un conducteur qui tient le volant d'une main légère sans jamais s'y agripper, qui passe les vitesses sans jamais les faire grincer, quel que soit le véhicule !

(4) F. Car le plan moyen prend le personnage en entier.

(5) F. Car en plus des affaires du plateau, elle s'occupe aussi des pellicules, les numérote, et tient la comptabilité des bobines envoyées au laboratoire.

3. Sujets à développer :

(1) La caméra avait au début une manivelle, on devait la tourner pour les prises de vues.

(2) ① Il a acheté ses propres studios avec l'argent qu'il a gagné au moment de ses premiers films ; ② il exige plus de soins de la part de ceux qui construisent et peignent ses décors ; ③ il est bien souvent sur son plateau dès 3 heures du matin pour préparer le tournage de la journée à venir dans le moindre détail car, avant de tourner...

(3) Mot anglais, Petit tableau sur lequel est numérotée chaque prise de chaque séquence d'un film, muni d'un claquoir signalant le commencement de chaque tournage de plan.

(4) ① Le plan général de grand ensemble ; ② le plan moyen ; ③ le plan américain ; ④ le plan italien ; ⑤ le plan demi-rapproché ; ⑥ le plan rapproché ; ⑦ le gros plan ; ⑧ l'insert ou très gros plan.

III. Godard dans les années 60

1. Questions et réponses :

(1) Les raisons :① le mouvement de la Nouvelle vague s'étiole ; ② les modèles du mouvement ne suffisent pas à légitimer une démarche artistique; et **les intentions** : accompagner la production d'œuvres et devenir un héros culturel, reconstruire (dans Le Mépris) sa propre histoire afin de constituer sa nouvelle identité.

(2) Au début, le jeune Godard est un artiste moderne, rebelle aux conventions et aux normes établies ; et puis, Godard se place dès 1962 sous le patronage des œuvres de la grande culture et il reconstruit sa propre histoire afin de constituer sa nouvelle identité ; enfin, il devient un artiste engagé, dépositaire d'un savoir politique et sociologique non négociable.

(3) Les clercs et leurs porte-parole publics tolèrent de plus en plus difficilement l'idée d'un partage culturel entre production classique et production industrielle.

(4) Il fait des efforts pour montrer que l'antinomie entre les deux cultures n'existe pas. Puis il s'incline et accepte de revendiquer une place dans le monde de l'art classique. Heureusement il connaît vite des succès.

(5) Godard veut exprimer par les films le champ culturel tel qu'il a été senti, pensé, traversé, par lui-même. Il travaille pour refléter, imaginer, représenter la culture à ses yeux.

(6) La raison est simple : comme le statut du cinéaste, l'état du champ culturel ou politique, ou des évolutions sociales se transforment, de nouvelles compréhensions des films sont nées dans d'autres contextes.

2. Vrai ou faux :

(1) V. Le cinéma américain est un art industriel sans fioriture, direct, passionné, simple.

(2) V. En tant qu'artiste moderne il se rebelle face aux conventions et aux normes établies.

(3) V. Son film d'*À bout de souffle* lui apporte la réputation d'une incarnation magistrale.

(4) F. Ils tolèrent de moins en moins cette idée.

(5) F. Ce sont les rapports de force qui se sont transformés au lieu de la forme antagoniste.

(6) V. Car c'est une autre façon pour dire : « *Mais l'expressivité d'un objet culturel n'est pas seulement récapitulation. Elle implique aussi la construction d'un style singulier, unique.* »

3. Enrichissement lexical :

(1) En apparence, c'est une ligne décrite par le centre de gravité d'un corps en mouvement, mais en réalité, c'est la carrière de cinéaste Godard.

(2) Le cinéaste donne moins d'attention au public et à son opinion.

(3) Obliger à accepter par une pression ; synonyme : infliger.

4. Version :

在政治形势与将产业文化等同于一个与自由对立的美国的可能性的促使下，当时的主导思想在两类影片制作方式之间设定了一个更加严格的界线，那些热爱产业文化的人都被视作大脑不健全者，无论他们是中产阶级还是被边缘化的人。

5. Sujets à développer :

① La réponse écourtée : **Synopsis de « Pierrot le fou »** par exemple : Ferdinand Griffon est un homme qui vit avec sa femme et leurs enfants. Il est un peu désabusé car il vient de perdre son emploi à la télévision. Un soir, alors qu'il revient d'une désolante soirée mondaine chez ses beaux-parents, il se rend compte que la baby-sitter qui était venue garder ses enfants est un ancien flirt, Marianne. Il décide de tout quitter et de partir avec elle vers le Sud de la France, dans un grand périple où se mêleront trafic d'armes, complots politiques, rencontres incongrues, mais aussi des pauses bucoliques et des déchirements amoureux…

② Réponse libre.

IV. Le cinéma français depuis la Nouvelle Vague

1. Questions et réponses :

(1) La crise du cinéma français.

(2) Réunir des commissions d'enquête ; publier les résultats sous la forme d'un dossier sur les « *situation, perspectives et plan de redressement du cinéma français* », afin de trouver des solutions pour tirer le cinéma français de son marasme.

(3) Parce que l'espoir de rupture s'est refermé de renouveau sur les nouveaux codes de comédie et de drame bourgeois centrés sur la vie parisienne.

(4) Non, on peut voir quelques tentatives, mais on ne trouve aucun succès convaincant.

(5) Il se sclérose inévitablement de film en film et cela à cause de sa forme strictement personnelle.

(6) Il commence par la « négation de l'art » et le message initiatique et finit par renouer avec le cinéma-spectacle.

(7) Marcel L'Herbier se plaint, apostrophe les ministres et les gouvernants, et supplie d'une façon désespérée qu'on sauve « le feu sacré de l'art ».

(8) Assistanat, premier court métrage, puis passage au long métrage.

2. Vrai ou faux :

(1) V. Car la fréquentation des salles de cinéma a baissé de moitié depuis dix ans, et la concurrence de la télévision se fait de plus en plus sentir.

(2) F. Non seulement dans ces deux domaines, mais aussi dans l'exploitation.

(3) V. Car à chaque année de cette période-là, des producteurs donnent aux nouveaux venus la chance de tourner leurs premiers films, 31 premiers films en 1971.

(4) F. C'est un phénomène paradoxal : plus de réalisateurs, moins de productions.

(5) F. Il voudrait refuser des fausses bonnes routes empruntées par la Nouvelle Vague. La Nouvelle Vague est déjà dépassée.

3. Enrichissement lexical :

(1) Le cinéma français a connu la crise comme un fruit pourrt. Selon le dictionnaire, *le ver est dans le fruit* signifie que la situation ne peut qu'empirer ou se dégrader et que ce qui est responsable de la dégradation se trouve à l'intérieur de l'objet qui se dégrade.

(2) Il ne va plus au cinéma de sorte que la salle devient déserte.

(3) Cela désigne de grands réalisateurs français.

(4) Il implique que le cinéma français serait fort possiblement atteint d'une paralysie à cause de sa déficience native, de l'absence impardonnable d'une politique stimulante de la créativité, de la concurrence de l'Amérique et de la télévision.

(5) Ça doit être le cinéma français.

4. Paraphrasez la phrase suivante :

La prospérité permet aux nouveaux venus d'avoir l'occasion de tourner leur premier film pendant la Nouvelle Vague, mais cela ne dure pas longtemps. Beaucoup d'entre eux perdent l'occasion de continuer avec un second film.

5. Sujets à développer :

(1) La Nouvelle Vague n'arrive pas à rendre prospère le cinéma en France tandis que d'autres pays comme l'Italie, la Tchéquoslovaquie, le Brésil, l'Allemagne, le Canada connaissent la

vitalité des jeunes cinémas.

(2) Dites-en plus :

① sur les évènements historiques ;

- Instaurée en 1946, elle succède au gouvernement provisoire de la République française. La guerre d'Algérie se déclare à 1954 et apporte au gouvernement français de gros problèmes sociaux et politiques. Incapable de résoudre ce conflit à cause de son instabilité gouvernementale chronique, ses combinaisons partisanes, l'impuissance du Parlement et l'incapacité des pouvoirs publics, la IVe République arrive finalement à son terme.

- Elle est le régime républicain en vigueur en France depuis le 4 octobre 1958 avec la reprise du pouvoir par Charles de Gaule, régi par la Constitution de 1958 qui donne au Président de la République un rôle primordial. Elle a succédé à la 4e République instaurée en 1946.

- C'est un terme désignant l'ensemble des mouvements de révolte survenus en France en mai-juin 1968. Ces événements sont caractérisés par une vaste révolte spontanée, de nature à la fois culturelle, sociale et politique, voire philosophique, dirigée contre la société traditionnelle, le capitalisme, l'impérialisme, et, plus immédiatement, contre le pouvoir gaulliste en place. Enclenchée par une révolte de la jeunesse étudiante parisienne, puis gagnant toutes les catégories de population française, elle reste le plus important mouvement social de l'Histoire de France du XXe siècle.

- C'est la doctrine politique inspirée de Charles de Gaulle, même si lui-même refusait le terme. Pendant la Seconde Guerre mondiale, le terme « gaulliste » était utilisé comme synonyme du mot « résistant » en particulier par les autorités allemandes et par le gouvernement de Vichy. Après la Libération, le terme gaulliste prend son sens actuel, plus politique, désignant les idées du général de Gaulle et ses partisans, par opposition aux autres partis et courants politiques. Sa méthode essentielle est le pragmatisme et le refus des carcans idéologiques en vue d'atteindre les objectifs fixés : indépendance et rayonnement de la France dans le monde, unité intérieure de la France au service du projet patriotique.

- La guerre d'Algérie se déroule de 1954 à 1962 et débouche sur l'indépendance de l'Algérie, d'abord colonie française de 1842 à , puis partie intégrante du territoire de la République française comme départements d'Outre mer. Cette guerre a été gagnée militairement par la France, mais c'est politiquement que les indépendantistes algériens en sont sortis vainqueurs.

② sur les mouvements cinématographiques :

- Le néoréalisme est le nom du mouvement cinématographique qui fait son apparition en Italie au cours de la Seconde Guerre mondiale. En opposition parfaite avec l'insouciance et la légèreté de la période des « Téléphones blancs » (Telefoni bianchi), il couvre la période allant de 1943 à 1955. La principale caractéristique de ce courant est de présenter le quotidien en l'état, en adoptant une position moyenne entre scénario, réalité et documentaire et en se servant souvent de gens de la rue à la place d'acteurs professionnels, en quelque sorte en romançant la « vraie vie ».

- Bresson (1901–1999) est un cinéaste français. Son art, dont le caractère spirituel et moral tirent leurs racines du catholicisme, révèle, par delà un ascétisme apparent, une profonde sensualité. Durant sa carrière de 40 ans, Bresson n'a fait que 13 longs métrages. Aucun de ses films n'a été un grand succès commercial, mais chacun d'eux a d'ardents défenseurs parmi les cinéphiles. Bresson a reçu le prix spécial au festival de Cannes en 1962 pour *le Procès de Jeanne d'Arc* et le grand prix à Cannes en 1983 pour *l'Argent*.

UNITÉ 2   Mode et Gastronomie

I.   La mode contemporaine

1. Questions et réponses :

(1)   Elle a une mauvaise réputation et elle est assimilée à une production de médiocre qualité, peu créative.

(2)   Ce terme est utilisé ici pour désigner que le costume n'est plus le signe d'appartenance à une classe ou à un statut social.

(3)   Par une fantastique augmentation du pouvoir d'achat, de grandes avancées techniques, des nouveaux moyens de publicité et de commercialisation.

(4)   Ce sont les grandes entreprises et le secteur bancaire, car ils ordonnent à leurs employés de porter le costume de travail.

(5)   Presque toute la palette est permise aux tenues masculines.

(6)   Le jean est devenu un élément incontournable des garde-robes, et on peut dire qu'il représente plusieurs symboles : parfait symbole de la mode contemporaine, symbole de la réussite de la confection, symbole de l'internationalisation du costume, symbole de sa diversité, etc.

2. Vrai ou faux :

(1)   F. Le « Punk » est nihiliste par nature. La devise est simplement une manière d'expliquer clairement leur état d'esprit.

(2)   F. Au début, ce sont Albert Lempereur ou Robert et Jean-Claude Weill qui le font au lieu de Pierre Cardin.

(3)   F. Oui, depuis le milieu du XIVe siècle la différence sexuée des costumes se voit très clairement mais à la fin du XXe siècles a lieu une révolution inverse. Le pantalon, par exemple, est porté indifféremment par les deux sexes.

(4)   V. Ce ne serait pas étonnant, c'est normal ou acceptable.

3. Enrichissement lexical :

(1)   Son premier sens : envoyer au loin en imprimant un mouvement vif à (quelque chose), synonyme: jeter ; dans la phrase : porter (quelque chose) à la connaissance du plus grand nombre par la publicité; ex : lancer une nouvelle marque de vêtements pour enfants.

(2)   Banaliser ; populariser ; vulgariser.

4. Sujets à développer :

(1)   Trente Glorieuses, période de prospérité sans précédent qui dura de 1946 à 1975. Durant ce temps-là, la France a connu un bouleversement majeur de ses structures démographiques, économiques et sociales...

(2)   Symbole de la réussite de la confection ; symbole de l'internationalisation du costume ; symbole de sa diversité ; symbole d'une mode unisexe et sans âges ; symbole enfin de l'abolition du costume

(3)   Les zazous, apparus en 1942 et disparus après la Libération, refusent l'ordre moral vichyssois. Volontiers adeptes du marché noir, férus de swing, bravant le rationnement des matières et les vexations collaborationnistes — les « Jeunesses populaires françaises » lanceront le mot d'ordre : « Rasez le zazou ! », ils portent des pantalons très larges, des vestes longues légèrement cintrées, un haut col dur avec cravate, des chaussures à épaisses semelles de cuir. Les cheveux, gominés, bouffent sur le dessus de la tête et descendent bas sur le cou.

(4)   Après guerre, en Grande-Bretagne, les néo-édouardiens, en ce qui les concerne, s'essayent à faire renaître l'élégance raffinée des gentlemen du règne d'Édouard VII, en réaction à l'invasion des modes américaines : pantalon étroit, gilet, manteau Chesterfield légèrement cintré, à col de velours, chapeau melon et parapluie. Ce mouvement, à l'origine limité l'upper-class, s'étend bientôt à toutes les couches de la société, et donne naissance dans les années 1950 à la mode populaire des teddy-boys (Teddy était l'appellation familière d'Edouard VII) qui s'habillent de vestes droites et longues à quatre boutons, de pantalons étroits, de grosses chaussures à semelles de crêpe et portent cravate et gilet, puis dégénère et verse dans la violence lorsque émeutes, rixes et actes racistes se multiplient.

(5)   Au début des années 1950, l'arrivée du rock et roll coïncide avec le malaise des jeunes de milieux défavorisés : les blousons noirs français, Halbastarken allemands ou skinnuttar suédois adoptent le jean, le blouson de cuir et le tee-shirt popularisés par le cinéma hollywoodien et les chanteurs à la mode. « La valeur emblématique de cette tenue, note Farid Chenoune dans *Des modes et des hommes, a* souvent été soulignée, en particulier son pouvoir de ralliement auprès d'une génération en quête d'identité, en révolte contre le conformisme social des années 1950. » Volontiers synonymes de mauvais garçons pour la bonne société, les blousons noirs seront démodés dès le début des années 1960 et laisseront la place aux *mods* anglais ou aux *minets* français, jeunes gens tirés à quatre épingles, très coquets et désireux de profiter pleinement de la société de consommation.

II. Le luxe toujours à la mode

1. Questions et réponses :

(1)   Parce qu'il constitue une protection contre la crise du secteur textile, car la réputation vaut aussi des fortunes.

(2)   On peut compter de multiples causes de la crise. En France elle repose sur le fait que le budget des ménages consacré aux vêtements décline.

(3)   La plupart de clients ne sont pas fidèles à certaines marques, ils préfèrent tout essayer.

(4) Parce que la meilleure marque peut résister à n'importe quelle crise.

(5) Parce que notre monde comprend de multiples stratifications sociales. Toutes, cependant, reposent sur l'égalité formelle des individus.

2. Vrai ou faux :

(1) V. « *Les marques valent désormais des fortunes.* »

(2) F. Car un nom connu, en tant qu' atout, constitue une excellente protection contre la crise.

(3) V. On peut trouver la réponse dans la phrase suivante : « *seule l'industrie pharmaceutique fait mieux* ».

(4) F. Aujourd'hui, oui, c'est d'accord car le luxe aide les grandes entreprises à vendre les produits avec une marge confortable. Mais demain, ce serait une autre situation, si le luxe est à la mode, c'est qu'il peut se démoder.

3. Paraphrasez les phrases suivantes :

(1) Nos contemporains raffolent de cette qualification ; en 2001, on écrit dans la presse plus d'articles sur la mode par rapport à la protection de l'environnement ou la sexualité. Ces deux de niè es thèmes intéressent beaucoup moins les lecteurs.

(2) Les grandes marques visent une clientèle de masse.

4. version :

(1) 在缺乏忠实性已经成为规则、供总是大于求的世界中，一个著名的品牌仿佛就是一张真正的王牌。它尤其能构成一道很好防护墙，以应对20年来纺织业突显的危机。

(2) 然而，现时体系是将消费与批量生产结合的，此时奢侈品便无从谈起。从传统意义上讲，奢侈品文化在等级社会中才会存在。

(3) 在这些条件中，要抵御众多品牌的侵袭，最好的、可能甚至是唯一的方式，便是得益于一个能经受众多前卫潮流考验的强势品牌，因为强势品牌有可能从众多的前卫产品中脱颖而出。

(4) 因此，PRADA对其生产成本讳莫如深的做法，根本无济于事。私下流传着该品牌旗下的某些尼龙制品的利润率在10%左右。这也是为什么Final，Vuitton，Cartier或Gucci等品牌的毛利润可达70%左右，营业利润也在20%左右。这样的利润率，只有制药业才可以与其相媲美。

III. Simple présentation du vin

1. Questions et Réponses :

(1) Les Romains ont fini par triompher de ces Barbares par leur breuvage.

(2) Dans les climats extra-méditerranéens car la chaleur, l'eau, la gelée er l'humidité sont bonnes pour les qualités de la vigne.

(3) C'était possible pour eux, car le vin rouge était le vin des masses tandis que le vin blanc était un vin de fête reservé aux personnes plus riches.

(4) Ils leur fournissaient du pain, du vin, nourriture tellement nécessaire à leur vie, mais aussi à leur maladie.

(5) Parce que le vin rouge peut refaire le sang, donne des forces.

(6) Le vin blanc, c'est le vin de la fête, le vin du plaisir, le vin d'une société raffinée connu pour sa nervosité ou sa douceur tandis que le rouge, une boisson de force, peut satisfaire la demande des humbles et des travailleurs.

(7) On voulait maintenir une viticulture de qualité.

(8) Ils limitent et délimitent des terroirs dont le sol et le sous-sol favorisent la viticulture. Leurs efforts font naître de grands crus.

2. Vrai ou faux :

(1) F. Ce n'est pas cette raison. En effet, comme on veut tirer de la vigne le divin nectar, on la propage avec soin.

(2) V. C'est vrai, bien qu'elles n'aient pas de conditions idéales pour la végétation.

(3) F. Ce sont les Anglais et les Hollandais qui veulent acheter ce vin de prestige, car ils n'arrivent pas à le produire à cause du climat.

(4) F. Car le vin blanc a pour rôle de réveiller l'activité somnolente des estomac, rôle plus important pour les Grands que pour les prisonniers. Seuls les grands en ont besoin après être alourdis par les plaisirs de la table et la consommation de viandes.

(5) V. Le siècle des Lumières signifie le XVIIIᵉ siècle.

(6) F. Car ce qui menace encore plus la viticulture, c'est de sacrifier la qualité pour la quantité.

3. Enrichissement lexical :

(1) Un vin médiocre.

(2) Délicate.

(3) L'avance signifie la qualité du vin dont la réputation permet à ces châteaux de se placer à la première place.

4. Que signifient les mots soulignés :

(1) Cela signifie que la vigne, tout en s'adaptant à tous les types de difficultés de son grandissement, doit accepter d'offrir une boisson médiocre en qualité. C'est un style de rhétorique : la personnification.

(2) Le mot « *création* » nous montre que des vignerons, ayant fait plus d'efforts de patience, de savoir, d'observation, d'adaptation, se sont acharnés, parfois avec éclat pendant des siècles, à produire un vin que toute la civilisation gréco-latine réclamait.

5. Version :

(1) 我们今天所熟悉的葡萄种植业是人类的一种创造，是一项名符其实的工程，它要求种植者具有耐心、知识、观察能力和适应能力。他们在几个世纪中辛勤地生产着我们希腊-拉丁文明所需要的葡萄酒，有时还干得非常出色。

(2) 从朗格多克地区的葡萄种植者的反抗，到20世纪30年代的国际大危机，这期间接连不断的危机迫使当局采取了一系列的部署。这些部署虽并不总是十分连贯，但在好多年间至少起到了平息情绪、改善局面的作用。

(3) 由于担心葡萄酒的生产规模一直扩大到庇卡地和布列塔尼地区，中世纪的人们在后几个世纪中变得明智起来，并放弃了种植面积的优势地位。之所以那样做，是因为他们首先想保持葡萄种植的高品质。

IV. Le chocolat est à la mode

1. Questions et réponses :

(1) La mode doit être supposée comme un usage peu durable, une manière collective d'agir, de penser, propre à une époque.

(2) La boisson des dieux signifiait le chocolat. Comme il était alors cher, il est réservé normalement aux plus riches.

(3) Pour l'étonnement, et sa vraie intention est de toucher non seulement les gourmands, les gourmets, les « *accros* » de la sainte fève, mais aussi tous les épicuriens.

(4) Comme les vedettes sympathiques se vantent régulièrement dans les magazines de manger du chocolat, l'artisan essaie d'entrer dans le monde des gens connus pour tenter sa chance!

(5) La vaisselle reprend son image tandis que des ustensiles comme la chocolatière et la tasse spéciale, oubliés depuis un siècle, sont réédités.

(6) Il a des vertus antioxydantes et stimulantes.

2. Vrai ou faux :

(1) F. Au début de la consommation du chocolat, c'était toujours les nantis qui pouvaient supporter la consommation parce que le chocolat coûtait cher alors.

(2) V. La couleur « chocolat » évoque une chaude teinte marron.

(3) F. C'est Bernard Loiseau qui a ainsi diffusé la bougie évoquant la cuisson de son gâteau au chocolat et à l'orange.

(4) V. « *Mais si le chocolat a fait une incursion dans la mode, la mode influence aussi le monde du chocolat.* »

(5) V. C'est pour cette raison que les baumes pour les lèvres sont enrichis en beurre de cacao.

3. Enrichissement Lexical :

(1) À plusieurs fois.

(2) Il désigne les polyphénols, les protéines.

4. Sujets à développer :

(1) des shampoings marron présentés dans des bouteilles simulant du chocolat liquide ; de nombreux produits pour la douche et le bain qui moussent apparus en grande distribution.

(2) Comparé à l'or brun, le chocolat devient le modèle d'après lequel la joaillerie Chanel a créé la montre chocolat : en acier, or jaune, or blanc ou pavé de diamants, son bracelet est taillé comme la tablette d'un grand cru de noir amer ; celui de Boucheron a évoqué la gourmandise en déclinant des bouchées de chocolat sur ses bagues. Quant à Christiane Tixier, elle a dessiné une collection de bijoux représentant fèves, feuilles et cabosses de cacao.

(3) Le chocolat, après avoir été introduit dans la mode, est beaucoup aimé du public. Mais il n'arrive pas à résister à l'influence de la mode. Les artisans créent, comme en haute couture, des collections selon les saisons et les fêtes : Noël, le Saint-Valentin, Pâques, la Fête des

Mères par exemple... Plusieurs couturiers ont réalisé des créations pour de grandes marques de chocolat : Sonia Rykiel, une boîte de napolitains Valrhona, et Primrose Bordier, Jean-Charles Castelbajac, etc. Ils utilisent même du chocolat pour réaliser des robes. Les mannequins les plus célèbres défilent, habillés des créations de couture gourmande... et fondante à la température de leur peau ! Chocolatiers et grands coutumiers associent ainsi leurs savoir-faire pour créer ces merveilles éphémères.

5. Version :

(1) 她的产品Phytochoc（面霜和血清）在2001年很快取得了成功。产品中加入了可可的多酚与蛋白质。多酚是一种强力抗氧化剂，能防皱纹的出现。蛋白质营养细胞，激活微循环，起到紧致的效果。

(2) 如果说可可豆、巧克力以及它们的派生产品从80年代以来一直久盛不衰，这难道仅仅是一种时髦吗？肯定不是！大厨师们用它作为咸味菜肴中的佐料，加之它形状和配方多种多样，这些都可以证明：这种琼浆玉液已经成为一种美味可口、魅力十足的食品。

UNITÉ 3   Société et Vie

I.   La vie de café

1. Questions et réponses :

(1) Au cours de la période de Louis XIV, la société française se veut la plus prospère : on aimait les arts; la cour de France était la plus brillante, la plus polie de l'Europe. Et à Paris, les jeunes gens, les femmes s'enivraient.

(2) Il se trouve près du Pont-Neuf.

(3) Car le vin irrite l'estomac, engourdit les sens, et abrutit le buveur tandis que dans le café, la circulation des humeurs est activée et la pensée est fécondée après en avoir bu.

(4) Dans le café, car on n'y refuse pas les communications de la pensée.

(5) C'est une place où ils passent leurs journées.

(6) Normalement, On mange une côtelette, une aile de volaille, des œufs au miroir, la tranche émincée de roquefort, un fruit, un carafon de beaune. Et après, on commence la liqueur, l'eau-de-vie, le rum, le kirsch, l'esprit-de-vin sous toutes les formes possibles.

(7) C'est le cancan. Car ceux qui boivent se sentent contents comme la médisance qui ôte un peu de valeur à autrui.

(8) On se disperse pour faire un tour de promenade et gagner de l'appétit. Quelques-uns *flânent* sur les boulevards; d'autres vont tuer le temps à la bourse ou à la Tente; d'autres enfin se retirent dans leur cabinet, où, encore chauds de leurs émotions, ils travaillent, composent, écrivent ces pages qui nous enchantent.

(9) Parce que c'est aussi une place pour une nourriture plus spirituelle.

(10) Le café, c'est une place publique : on y vit, on y boit en bavardant. C'est aussi une place où on critique le corps social à cause de ses problèmes d'alors. On est probablement incapable

de changer tout cela, mais on peut porter un seau d'eau à l'incendie en espérant la multiplicité des secours.

2. Vrai ou faux :

(1) F. Ce n'est pas lui, c'est un autre agent diplomatique.

(2) V. « *Pas un des trente mille citoyens qui suivirent le général Pajol à Rambouillet n'arriva dans les rangs sans avoir passé par le café.* »

(3) F. Car ils ont une maison, mais ils ne peuvent y faire d'autre chose que dormir.

(4) F. Cela ne peut pas s'appeler « vivre au café », mais bien plutôt y mourir, y sécher sur pied. Ce n'est pas là l'histoire de nos gens.

(5) F. Car ce n'est pas tout le monde qui paie exactement sa dépense, mais heureusement le maître peut gagner quand-même de quoi vivre.

(6) V. Le dîner coûte fort cher bien qu'il ne soit pas bien préparé. Et la clientèle ne peut pas lui demander ce qu'elle veut et doit se contenter de ce que l'on a.

(7) V. On peut trouver la réponse dans la phrase suivante : « *On conçoit que les travailleurs vont encore mettre le temps à profit.* »

(8) F. Ce n'est pas pour le souper, mais pour se causer sur tel ou tel autre scandale.

3. Paraphrasez les phrases suivantes :

(1) Le maître de l'établissement sait toujours ce que son cancan lui rapporte ; ça veut dire que tel cancan pousse à la consommation.

(2) Ceux qui passent leurs journées au café se réunissent au café tôt ou tard à l'heure voulue.

(3) Entre 11 heures et minuit, les amis se réunissent encore au café. Et ils s'y partagent tour à tour les scandales publics et privés qu'ils ont recueillis.

4. Version :

(1) 骚动发生了，引起的震颤难以察觉，尚难马上体会到。有经验的细心人却注意到了，他不是在阅览室，也不是在自己家里发表看法，而是在咖啡馆，在他的咖啡馆里。那儿，他肯定能见到朋友；那儿，可以自己读报；那儿，可以像选民和国民卫军一样，出谋划策。

(2) 在朗布依诶跟随巴乔尔将军的三万多名市民中，凡获得提拔的人都去过咖啡馆。在那儿他们都曾将成瓶的啤酒，成杯的苦艾酒像军人似地一饮而尽。正是在这些客厅里，产生出了议员候选人、部门大臣和议长，乃至当时的整个政治体制。

II. La décence doit être toujours à la mode

1. Questions et réponses :

(1) Parce que l'on croit s'habiller beaucoup mieux aujourd'hui qu'autrefois. Cela permet de commenter la mode démodée. En fait, il faut savoir que la mode se change au fur et à mesure.

(2) Parce que comme ces gens sont morts, il n'y a aucune difficulté à les trouver ridicules. Pourtant, s'ils se tenaient devant nous, nous n'oserions pas les critiquer.

(3) Il est nécessaire pour nous de ne pas accorder plus d'attention aux apparences, car sous les

enveloppes désagréables, on peut aussi avoir un fruit délicieux.

(4) Parce que notre idée faite des observations sur une jupe est facilement influencée à cause d'un mouvement ou d'une ondulation d'un pli.

(5) En général, c'est la jupe qui se proportionne avec la taille de la femme.

(6) Oui, ce serait fort possible, mais à condition que les femmes ne s'assoient pas pendant la longue soirée.

(7) La répétition de rajuster les trois rangs de volants.

2. Vrai ou faux :

(1) F. Elle pense toujours qu'elle augmente ses charmes par ses affublements.

(2) V. On peut trouver la réponse dans cette phrase : « *Le charme de leur personne se répand sur les artifices dont elles dénaturent leur beauté en croyant l'accroître.* »

(3) F. On trouve excellents leurs fruits et on les ramasse, bien qu'elles ne soient pas aussi agréables quand on les regarde.

(4) V. Ces rangées de volants descendant depuis la ceinture jusqu'au bas de la jupe doivent, pour être correctes, être bouffants et non froissés.

3. Enrichissement lexical :

(1) Au sens figuré. : s' habiller mal.

(2) Accoutrement.

(3) Propos gouailleur, plaisanterie à l'adresse de qn.

(4) Exagération : assez longtemps.

(5) Friper ; froisser.

(6) Exagération : plusieurs fois ; trop souvent.

4. Paraphrasez la phrase suivante :

Les vastes dimensions des jupes ne manquent pas d'une certaine noblesse gracieuse lorsque cela ne va pas jusqu'à donner aux femmes la figure d'une sonnette, et qu'elles forment des plis tombants et fluides,

5. Dégagez l'idée principale du paragraphe suivant :

Il ne faut pas rire des autres bien que ceux-ci se fagotent aux yeux des hommes de nos jours. Sinon, il vous serait fort possible de vous faire moquer, car la beauté et la bonté seraient cachées sous la mode dont on se moque.

III. Les femmes face au travail à temps partiel

1. Questions et réponses :

(1) Leur situation n'arrive pas à s'améliorer car les disparités dans les modalités de travail et la ségrégation du marché de l'emploi perdurent et se reflètent dans un écart de rémunération important et stable.

(2) Ce sont l'insuffisance d'infrastructures pour la garde des enfants, les aspects financiers, la pénalisation de la carrière, le risque de perte des compétences, la difficulté de reprendre le

travail après une interruption, la pression des stéréotypes, etc.

(3) 5 millions $\times$ 83% $\div$ 31% $\approx$ 13.39milions.

(4) Elle se propose de faire le point sur l'état actuel, l'évolution et les spécificités du temps partiel féminin en France, de mieux cerner les notions de temps partiel et d'approfondir les incidences de cette forme d'emploi sur l'égalité des chances entre hommes et femmes.

(5) C'est pour rechercher les moyens d'une meilleure articulation des temps au bénéfice de tous.

(6) Dans le rapport, on a abordé sous différents angles les problèmes liés à cette modalité de travail et les discriminations subies par les femmes qui sont principalement concernées.

(7) Il faut changer le regard de la société sur le travail des femmes.

2. Vrai ou faux :

(1) F. La différence de rémunération entre hommes et femmes est de 12% en France.

(2) F. Celui des hommes augmente de 6 points.

(3) F. Un tiers pour les femmes signifie 33% environ, tandis que les hommes, sont environ 7,7% à travailler à temps partiel.

(4) F. Le temps partiel en France est très majoritairement féminin puisque parmi les quelque 5 millions d'actifs à temps partiel, 83 % sont des femmes.

(5) F. En France, le recours au temps partiel s'est développé de manière significative depuis le début des années 90.

(6) F. Cette statistique concerne les deux : hommes et femmes.

(7) V. Le divorce ou le veuvage aggrave la situation de la femme pour les inégalités de revenus présents et des retraites futures.

3. Enrichissement lexical :

(1) Se perpétuer.

(2) Mettre, écrire quelque chose sur un registre, ou prendre note.

4. Paraphrasez le paragraphe suivant :

En outre, l'INSEE a mené des enquêtes qualitatives et a découvert qu'un tiers environ des femmes concernées subissent ce mode d'activité au lieu de le choisir volontairement. Un tel état résulte souvent de l'inégal partage des tâches dans la famille et l'insuffisance des dispositifs, d'aide, et elles l'ont accepté dans le but de faciliter l'articulation entre vie professionnelle et vie familiale.

IV. Internet et famille

1. Questions et réponses :

(1) Il y a deux raisons : le coût moins cher et l'utilisation simple.

(2) C'est le temps perdu à attendre une page web.

(3) Il faut concevoir des technologies plus simples.

(4) Le but est de favoriser une navigation plus intuitive dans l'ensemble des ressources informationnelles ainsi qu'une plus grande cohérence des sites.

(5) À l'heure actuelle, non, car la lecture demande le confort : sous la lumière ambiante par

exemple. Et les écrans n'arrivent pas à satisfaire temporairement cette demande, mais ce serait possible plus tard.

(6) C'est par l'introduction d'une interface plus simple, mais la simplification n'est pas encore mise en oeuvre.

(7) Cela rappelle que la maintenance dans les foyers ne se fait pas aussi facilement, bien que la simplicité d'usage soit importante pour les usagers.

(8) On doit envisager des solutions d'aide personnalisée à la formation.

(9) On met en place des dispositifs de rémunération auprès des jeunes dans l'intention de les encourager à aider les personnes âgées à faire leurs premiers pas sur Internet.

(10) Les systèmes dont nous avons besoin doivent être simplifiés, car la simplification nous permet de travailler comme ceux qui sont dejà « techno-instruits » .

2. Vrai ou faux :

(1) V. Elles existent bien, mais comme il n'y a aucun moyen d'y accéder, elles n'existent « virtuellement » pas.

(2) F. Les usagers non-spécialistes n'arrivent pas à avoir le même niveau que les chercheurs. Si on l'impose aux internautes, c'est une erreur.

(3) F. Selon l'auteur, on espère raccourcir le parcours des internautes vers les informations souhaitées, car la multiplication du nombre de « *clics* » a été à l'origine de l'échec de la technologie WAP.

(4) F. Ce n'est pas nécessaire, c'est la proposition de David Gelernter.

(5) V. C'est une différente manière d'exprimer « *...grâce à l'introduction d'une interface plus simple...* »

(6) V. Car ce n'est pas facile pour les usagers de maintenir l'ordinateur, surtout pour les nouveaux utilisateurs. Dans ce cas, on en a besoin.

3. Sujets à développer :

(1) Le World Wide Web, communément appelé le Web, parfois la Toile, littéralement la toile mondiale, est un système hypertexte public fonctionnant sur Internet et qui permet de consulter, avec un navigateur Web, des pages Web mises en ligne dans des sites Web. Et quant à l'Internet, popularisé par l'apparition du web, il est un réseau informatique à l'échelle du monde, reposant sur le protocole de communication IP (Internet Protocol). Les deux sont parfois confondus par le public non averti. En réalité, le web est une des applications d'Internet, comme le sont le courrier électronique, la messagerie instantanée ou les systèmes de partage de fichiers poste à poste.

(2) La lecture sur les écrans deviendrait aussi confortable que sur le papier. Dans ce cas, on réussirait à travailler dans un « bureau sans papier ».

I. Sur l'éducation des enfants

1. Questions et réponses :

(1) Parce qu'il y a beaucoup de points en commun : après la naissance de l'enfant, il faut lui accorder plus d'attention dans son éducation comme aux plants lors de leur croissance après la plantation.

(2) Les petits des ours et des chiens ne se changent pas ou ne se déguisent pas comme les hommes au cours de la croissance. Mais les enfants, sous l'instruction, évoluent pendant ce temps-là : prendre facilement des habitudes par exemple, adopter vite des coutumes, des opinions et des règles, et se changer ou se déguiser facilement.

(3) Parce qu'il faut diriger les enfants vers les choses les meilleures et les plus profitables, et il faut les aider au lieu de prévoir leur avenir à partir du comportement enfantin.

(4) Non, ce qu'il veut, c'est que le bon précepteur change cette façon traditionnelle.

(5) Le précepteur doit faire parler les élèves d'abord, car il lui faut ouvrir le chemin aux enfants ou les laisser l'ouvrir.

(6) Parce qu'il lui faut laisser l'enfant trotter devant lui afin d'avoir une idée sur la capacité de l'enfant. S'il trottait devant, il n'arriverait pas à juger de l'allure de l'enfant.

(7) Parce que l'on a l'habitude de diriger plusieurs esprits de formes et de capacités si différentes en une même leçon et par la même méthode.

(8) Parce qu'il suffit pour les enfants de savoir se les approprier ; la vérité et la raison appartiennent à tout le monde, et pas plus à celui qui les a exprimées la première fois qu'à celui qui les répète ensuite.

2. Vrai ou faux :

(1) V. Quelqu'un lui proposait de s'étendre un peu plus sur le sujet de l'éducation des enfants après avoir lu le chapitre précédent.

(2) F. Après la naissance de l'enfant, il arrive de multiples soucis, d'embarras et de craintes, quant à la façon de l'élever et l'éduquer.

(3) F. Comme les hommes prennent facilement des habitudes, adoptent très vite des coutumes, des opinions et des règles, il se peut qu'ils changent leurs inclinations.

(4) F. C'est une façon de se donner du mal pour rien, car on n'a pas bien choisi leur voie.

(5) V. Selon Montaigne, écouter son élève, c'est une façon efficace pour l'enseignement de l'élève, car « *l'autorité de ceux qui enseignent nuit généralement à ceux qui veulent apprendre.* »

(6) V. Il sait le discerner, puis y conformer sa conduite avec mesure bien que ce soit une des tâches les plus ardues.

(7) V. Le maître ne demande pas seulement à son élève de lui répéter les mots de sa leçon, mais de lui en donner le sens et la substance.

3. Enrichissement lexical :

(1) B.

(2) C.

(3) A.

(4) A.

(5) Ça doit être les élèves qui ont chacun des esprits de formes et de capacités différentes. C'est une sorte de rhétorique, le trope.

4. Paraphrasez la phrase suivante :

C'est une métaphore, Montaigne prend l'estomac et sa fonction comme exemple : les enfants doivent réviser ce qu'ils ont appris, cela signifie qu'ils ne peuvent saisir des connaissances qu'après la révision.

5. Version :

蜜蜂在花丛中飞来飞去，采集花粉，酿制蜂蜜，形成完全属于它们自己的成果，不再是百里香或墨角兰了。同样，学生借鉴他人的东西，加工并综合成属于自己的成果：即他本人的看法。

II. De l'éducation qu'on se donne à soi-même

1. Questions et réponses :

(1) Le jeune établit ses nouvelles relations et il a de nouveaux besoins après le long accompagnement du maître.

(2) Bien que le jeune soit en face de nombreuses séductions, des obstacles ou des dangers, on voudrait qu'il s'y conduise bien et s'y distingue bien.

(3) Parce que l'étendue des idées s'accroît avec la variété des connaissances et avec elle se multiplient les causes d'erreurs.

(4) Avec la morale, les jeunes gens ne se perdent pas dans le labyrinthe des connaissances humaines, et la vertu est toujours pour eux ce que sont les astres du ciel pour le voyageur près de s'égarer.

(5) Au cours de l'éducation, on doit associer sans cesse l'idée et le sentiment de la vertu aux études des jeunes et à toutes leurs idées.

2. Vrai ou faux :

(1) F. C'est après l'achèvement de l'éducation du jeune homme que l'on apprend à l'homme à s'élever lui-même.

(2) F. Il ne veut ni l'un ni l'autre. Ce qu'il veut, c'est de dépendre de lui-même, parce qu'on ne le lui enseigne plus.

(3) F. C'est le jeune homme seul qui peut se sauver.

(4) V. Les vérités de la science sont belles sans doute, mais on en découvre toujours de nouvelles, et elles sont toujours mêlées d'erreurs. Et les vertus, ces filles des vérités morales, restent éternellement les mêmes : leur beauté durable et sans mélange ne craint ni l'altération des opinions, ni l'épreuve du temps.

3. Version :

(1) 较之以往任何时候，现在当学者都更为艰辛，而保持无知则又更加危险……这些书应该是渊博且深厚的知识的积淀，然而，书中没有什么能广博、深入地来看待。

(2) 这些年轻人很快就会研究人类思想中那些不确定因素，以期从错误中厘清真相缓慢而不易察觉的进展。而真相本身就是极难发现并长期不为人所知的，有时甚至是被遗忘的。须提防的是：这些年轻人也可能将道德准则看作是可变的、不确定的，或者说至少会出现疏忽，对它理解不到位，且不能坚定接受其不变性。

III. Sur le gouverneur

1. Questions et réponses :

(1) Ce qui importe pour le bon gouverneur, c'est de n'être point un homme à vendre.

(2) C'est un homme avec l'âme sublime, il doit être père ou plus qu'homme soi-même. Il travaille plus pour le métier que pour l'argent.

(3) Le gouverneur doit être élevé pour son élève.

(4) Il est trop pénétré de la grandeur de ses devoirs pour accepter un emploi comme gouverneur, et prétend en être incapable.

(5) Comme gouverneur, il se sent incapable et comme auteur, il a peur de proposer ce qui est impraticable. Pour éviter le problème éventuel de donner sans peine des beaux préceptes impossibles à suivre, Rousseau prend parti de se donner un élève imaginaire. Cette méthode peut l'empêcher de s'égarer dans des visions.

(6) Comme il croit que ses règles ont besoin de preuves, il les applique à son Émile ou à d'autres exemples, et il fait voir dans des détails très étendus comment ses règles peuvent être pratiquées; telle est la proposition de Rousseau.

2. Vrai ou faux :

(1) F. À l'âge de Rousseau, c'était un métier noble qui ne devrait pas fait pour de l'argent.

(2) V. Il faut que ses domestiques eussent été élevés pour leur maître.

(3) V. Il se sent incapable d'une part, et l'amitié devient un nouveau motif de son refus.

3. Paraphrasez les phrases suivantes :

(1) On peut y voir la différence idéologique entre Rousseau et les aristocrates. Il est fort possible pour lui de « mal-orienter » son élève, fils d'un prince. Son élève, sous son influence, ne voudrait plus être aristocrate.

(2) Selon Rousseau, il se peut qu'un père, une fois connaissant toute la valeur d'un bon gouverneur, refuse d'inviter le gouverneur. Car il doit payer plus d'efforts pour l'inviter que pour faire de lui-même gouverneur.

(3) Selon l'avis de Rousseau, l'auteur travaille plus aisément que le gouverneur, car l'auteur n'a pas besoin de mettre en pratique les beaux préceptes qu'il donne sans peine. Faute de détails et d'exemples, ce qu'il dit est impossible à suivre, c'est pourquoi ses propositions restent sans usage.

4. Sujets à développer :

(1) Réponse libre.

(2) Réponse libre.

IV. L'université

1. Questions et réponses :

(1) Pour attirer l'attention des lecteurs sur l'orientation ou les fonctions de l'université.

(2) Une institution qui allie l'enseignement supérieur à la recherche fondamentale.

(3) La recherche universitaire conserve des savoirs et des valeurs comme une bibliothèque ou un musée.

(4) Parce qu'elle veut jouer un rôle de protection de l'héritage culturel.

(5) S'interroger sur ce que l'on sait et ce que l'on croit savoir, et chercher le moyen de l'approcher et de l'appliquer. En un mot, c'est une quête de l'unité irréalisable du savoir, c'est l'âme de l'université.

2. Vrai ou faux :

(1) F. Si l'université connaît la crise, il ne s'agit pas de développement, mais d'une crise d'identité.

(2) V. On ne peut concevoir une université qui n'enseignerait pas, une université sans étudiants.

(3) F. Ce n'est pas l'enseignement professionnel qui vise ce but, mais l'enseignement de la recherche.

(4) V. Comme il n'y a pas d'instance au-delà de l'université, le seul recrutement logiquement possible est la cooptation. Au cours de celle-ci, le risque de népotisme et de favoritisme existe.

(5) V. C'est l'autre manière de dire : « *l'enseignement professionnel doit fournir aux élèves des savoirs parfaitement élaborés et prêts à servir, des savoirs clefs en main.* »

(6) F. Elle était sans aucun rapport avec la pratique des architectes, c'était pour préserver une identité culturelle.

3. Sujets à développer :

(1) Il y a l'enseignement culturel, l'enseignement professionnel, l'enseignement de la recherche.

(2) Ce mot signifie que l'institution universitaire dispose du plus haut degré du savoir, et que rien ne saurait lui être supérieur.

(3) Recherche approfondie ou fondamentale ; fonction de maintien ; fonction de réflexion.

(4) Collation des grades et formation des adultes.

I. Versailles et Fontainebleau

1. Questions et réponses :
(1) Ils réparent les dégâts du roi-citoyen en restituant le décor ancien et en le remeublant, et installent rationnellement dans le reste de l'édifice les pièces les plus intéressantes des collections.

(2) Au rez-de-chaussée et au premier étage de l'aile nord, face au parc, ce sont des endroits où on peut découvrir des objets du XVIIᵉ siècle ; au rez-de-chaussée du corps central où on peut admirer ceux du XVIIIᵉ siècle, et à l'attique du Midi, on peut voir ceux des XIXᵉ siècle.

(3) Après la restauration, il sert également de résidence occasionnelle aux hôtes du gouvernement.

(4) Parce que les habitants successifs de Fontainebleau ont décoré le château d'après leurs propres époques, cela nous donne une impression hybride.

(5) Parce que les salles se suivent en alternant des décors d'époques diverses, et une même salle possède un décor et un mobilier d'époques différentes.

2. Vrai ou faux :
(1) V. La réponse réside dans la phrase suivante : « *la chambre de la Reine[...]recevra prochainement un lit reconstitué, comme il sera fait également pour la chambre du Roi.* »

(2) F. Ce n'est pas le remeublement, mais le retour au château en 1957 du bureau de Louis XV, conservé au Louvre.

(3) F. Car de 1953 à 1964, on réussit à faire rentrer plus d'objet que Louis-Philippe en 1953.

(4) V. Car Fontainebleau est essentiellement un musée d'intérieurs.

(5) F. Car cela dure cinq ans.

3. Dégagez l'idée principale des paragraphes suivants :
(1) Louis-Philippe a fait d'un château un musée historique.

(2) Le château a dû à ses habitants de conserver dans les pièces des décorations d'époques différentes.

4. Paraphrasez les phrases suivantes :
(1) C'est bien dommage de ne pas avoir le soutien de la part des pouvoirs pendant le travail, car il y a une séparation si radicale que l'on ne trouve aucun prétexte pour demander l'aide du gouvernement.

(2) Réponse libre.

II. Guerre aux démolisseurs !

1. Questions et réponses :
(1) Victor Hugo voudrait, en exagérant la dévastation que connaissent des monuments histori-

ques, montrer que l'on n'en trouverait plus en France si l'on n'arrêtait pas cette dévastation.

(2) Ils connaissaient toutes sortes de profanation, de dégradation, de ruine, etc.

(3) Il se prononce pour établir une loi afin de protéger des monuments historiques, et il propose de surveiller d'une façon active les monuments.

(4) Il préfère les édifices « grec et romain » à ceux de France.

(5) Ils emballent tout ce qui est précieux à leurs yeux. Donc, ils emmènent les objets en Angleterre.

(6) Un escalier de bois, sculpté par les merveilleux artistes du XIVᵉ siècle, sert d'échelle à des maçons.

(7) Non, il a le droit de son usage, mais la beauté appartient à tout le monde.

(8) Au moins trois raisons : ① il veut prouver qu'il n'a dévoilé qu'un bord de la plaie ; ② des faits qu'il a dévoilés ne comprennent pas ce qui se passait ailleurs, ce qu'il a cité n'est que ce qu'il a personnellement constaté ; ③ il est urgent d'avoir une loi de protection.

(9) L'industrie signifie ici la construction massive, ça veut dire que nous n'accordons plus d'attention à l'art pendant la construction. Et l'art résidant dans des édifices d'autrefois n'existe plus aujourd'hui.

2. Vrai ou faux :

(1) V. Le moment est venu où on doit prendre la parole pour la protection. Quant à l'analyse syntaxique, négatif plus négatif font positif.

(2) F. C'est un style d'antiphrase, « leur seul tort » ne signifie pas la vraie raison des ruines des édifices françaises.

(3) F. Car on les a abattus simplement au lieu de les étayer.

(4) V. On peut trouver la réponse dans la phrase suivante : « *À la Charité-sur-Loire, près Bourges, il y a une église romane qui, par l'immensité de son enceinte et la richesse de son architecture, rivaliserait avec les plus célèbres cathédrales de l'Europe.* »

(5) F. Il faut compter 3 églises, car l'auteur nous parle aussi d'une troisième qu'il n'a pas vue de ses propres yeux.

3. Enrichissement lexical :

(1) Hugo voudrait avertir le gouvernement français d'alors, et lui demander de sauver les monuments historiques.

(2) Dans cette phrase, le mot « inconnue » signifie « oubliée », « négligée » ou même « abandonnée ».

(3) Il voudrait montrer son dédain.

4. Paraphrasez les phrases suivantes :

(1) Des ruines historiques, bien que tombées en désuétude, sont aussi appréciées pour leur valeur historique. Mais c'est incroyable pour elles de n'être qu'une mine de nouveaux matériaux pour construire de nouveaux édifices.

(2) Les Turcs ne vendaient que des monuments qu'ils considéraient comme étrangers à leur culture, et les Français sont pires car ils vendaient leur propres monuments.

(3) Bien que la France ait connu des dommages, il n'est pas trop tard pour faire une loi de pro-

tection, car il est nécessaire pour la France, riche encore en monuments historiques, de prendre des mesures contre « le marteau qui mutile la face du pays ».

(4) Aux yeux de Victor Hugo, même si les Français souhaitaient reconstruire de nouveaux édifices aussi magnifiques, ils n'y arriveraient pas, car ils ont sacrifié l'art pour l'industrie.

5. Sujets à développer :

Jeanne d'Arc, surnommée la Pucelle d'Orléans, est une figure emblématique de l'histoire de France. Au début du XVe siècle, elle mène victorieusement les troupes françaises contre les armées anglaises, levant le siège d'Orléans, conduisant le dauphin Charles au sacre à Reims et contribuant ainsi à inverser le cours de la guerre de Cent Ans.

6. Version :

(1) 我们没有丝毫准备，匆匆写下这些，随意选了些沿途的记忆。要知道，我们行色匆匆，在法国没走多少地方。想想吧，我们仅仅揭开了冰山的一角。我们只是列举了些事实，一些已核实无误的事实。别处又是什么情况呢？

(2) 对于这些为了利益而不顾声誉的卑鄙无耻的投机者，无论他们有什么样的所有权，破坏历史建筑的行为都是不被允许的。这些可怜的家伙愚蠢至极，甚至都不清楚自己已经与野蛮人无异！

III. Pure création de l'esprit

1. Questions et réponses :

(1) C'est le travail de l'ingéniosité avec des matériaux comme de la pierre, du bois, du ciment.

(2) Parce que cette sorte de maison n'est pas de l'art, elle ne joue qu'un rôle pratique comme le téléphone.

(3) Les murs, les pierres et tous les éléments bien organisés qui arrivent à impressionner l'auteur, attirant son attention. Il lui semble regarder quelque chose qui énonce une pensée. En un mot, l'architecture, c'est la création de l'art.

(4) Si l'on parle du beau visage, on s'intéresse plus particulièrement à la précision du modelage et la disposition des traits qui révèlent des proportions qu'on sent harmonieuses parce qu'elles provoquent une résonance au fond du cœur.

(5) C'est la différence entre l'architecture et la construction. La Madeleine satisfait la demande de l'utilitaire, le Parthénon nous apporte aussi la beauté en plus de l'utilitaire.

(6) Parce qu'ils ont une attitude fondamentale qui les caractérise.

(7) Il faut formuler nettement, animer d'une unité l'œuvre, donner à l'œuvre une attitude fondamentale, un caractère.

(8) Si l'on arrive à la conclusion que l'architecture est la construction, c'est qu'il se peut que l'effort fourni par les architectes ait été canalisé principalement sur les problèmes constructifs d'alors.

2. Vrai ou faux :

(1) F. Ces rapports n'ont trait à rien de nécessairement pratique ou descriptif. Ils sont une création mathématique de votre esprit.

(2) V. En dessinant le plan de la maison, son cube et ses surfaces, on devrait considérer l'utilitaire d'une part et l'esthétique d'autre part.

(3) F. Ce ne sont pas ces deux qui ont achevé le Parthénon bien qu'ils aient été architectes officiels, c'est Phidias qui l'a fait, au moins principalement.

(4) V. Selon le texte, le Parthénon doit être le meilleur dans l'architecture, il n'existe rien d'équivalent sur terre, quelles que soient les époques.

3. Enrichissement lexical :

(1) Style rhétorique, personnification ; « *vous* » signifie ici « l'architecture. »

(2) Métaphore, ces deux mots représentent ici le sentiment et le cœur. À la vue du Parthénon, on se sent ému tant dans le sentiment qu'au cœur.

(3) Ce mot signifie dans ce contexte l'ensemble des règles pour le penseur.

(4) C'est le moment dans lequel les choses se décident, se terminent ; moment capital.

4. Paraphrasez les phrases suivantes :

(1) Comme l'architecte attache longuement les efforts à la construction, il lui faut accorder aussi son attention à l'art, car l'architecture comprend non seulement l'utilitaire mais aussi la beauté.

(2) Ça signifie qu'on se trouve dans une mauvaise condition où l'on admire quelque chose de merveilleux, comme écouter la symphonie dans le courant d'air, admirer un objet d'art en sentant une mauvaise odeur, etc. On prend cet exemple pour exprimer la même gêne que l'on sent lorsque l'on vit dans une maison mal construite.

(3) En tant que sculpteur, Phidias manifeste tout ce qu'il avait dans son Parthénon: passion, générosité, grandeur d'âme, autant de vertus inscrites dans les géométries de la modénature, quantités agencées dans des rapports précis.

5. Dégagez l'idée principale du paragraphe suivant :

Devant le Parthénon, on ne peut s'empêcher de s'exclamer : l'art, c'est la poésie ; l'art, c'est une pure création de l'esprit...

6. Dites au moins trois avantages du Parthénon :

① la modénature du Parthénon infaillible et implacable ; ② sa rigueur qui dépasse nos habitudes et les possibilités normales de l'homme ; ③ le rattachement de la physiologie des sensations et de la spéculation mathématique; ④ l'axe d'harmonie.

IV. La mort des cathédrales

1. Questions et réponses :

(1) Pour montrer la conséquence potentiellement horrible et difficile à accepter si le projet Briand se discutait et se mettait en pratique.

(2) Non, ce n'est pas vrai, car c'est en France que l'architecture gothique a créé ses premiers et ses plus parfaits chefs-d'œuvre. Les autres pays n'ont fait qu'imiter son architecture religieuse, et sans l'égaler.

(3) Parce que la résurrection lui apporte comme récompense plus d'intérêt historique, social, plastique, musical, cette résurrection visant à satisfaire la demande du peuple qui voudraient revoir les cérémonies religieuses.

(4) Les églises pourront être et seront souvent désaffectées ; le gouvernement ne subventionnera plus la célébration des cérémonies rituelles dans les églises d'une part, pourra les transformer en tout ce qui lui plaira d'autre part: musée, salle de conférence ou casino.

(5) Bien sûr que oui, car on peut trouver la grande différence entre ces deux ; les artistes, bien qu'ils puissent officier autant que les prêtres d'une façon esthétique, n'arrivent pas à toucher le cœur des Français religieux. Ce qui importe dans la cérémonie religieuse, c'est toujours la foi.

2. Vrai ou faux :

(1) F. C'est tout à fait différent de participer à une présentation par des artistes et aux cérémonies religieuses, car il s'agit de l'âme, de la foi.

(2) F. Comme les artistes n'ont pas la croyance, ils n'arrivent donc pas à toucher le public autant que les prêtres.

(3) V. Mais n'oubliez pas « d'autre part », les cathédrales sont les seules qui vivent encore leur vie intégrale, qui soient restés en rapport avec le but pour lequel ils furent construits.

(4) V. Car ces savants, capables d'analyser complètement la beauté de tel spectacle, aideraient l'État à veiller à la perpétuité.

(5) F. Car Proust n'est pas d'accord avec ce projet Briand, il nous donne la description la plus terrible, la plus frappante et la plus choquante lorsqu'il parle de la conséquence du projet Briand.

(6) V. On peut trouver la réponse de cette phrase : « *Ce que j'ai dit des cathédrales s'applique à toutes les belles églises de France ... »*

3. Enrichissement lexical

(1) En architecture : espace intérieur (d'un édifice) occupant toute la hauteur ; vaisseau d'une église.

(2) C'est une façon d'exprimer le dédain de l'auteur. Tous les snobs n'arrivent pas à être émus et touchés car ils sont tout au plus des amateurs des représentations.

4. Dégagez l'idée principale du paragraphe suivant :
C'est une admiration de l'auteur pour la scène grandiose où tout le monde se plonge dans l'ambiance solennelle.

5. Paraphrasez la phrase suivante :
Aux yeux de Proust, les représentations au théâtre possèdent beaucoup moins de valeur que les célébrations de la grand'messe dans une cathédrale.

6. Version :
(1) 法国政府与罗马教廷的分道扬镳，似乎将白里安计划的讨论提上日程，而且有了通过的可能。按该计划所讲，五年后，教堂有可能、而且经常会被改变用途。政府不仅再也不会资助教堂里的宗教庆典，而且还可随意改变其功能：如博物馆、会议厅、赌场。

(2) 这样的景象，如此盛大的科学、灵魂与历史的写照，从未呈现于人类的目光和智慧之中。相同的象征甚至还包括在那巨大的厅堂内响起的音乐，单旋律圣歌那七个音阶象征着神学的七善及世界的七纪。可以说，与沙特尔大教堂的大型弥撒仪式相比，就连瓦格纳在拜罗伊特的演奏会都相形见绌。

UNITÉ 6   Art

I.   Les paysagistes

1. Questions et réponses :

(1) Il est convaincu que la foule admettra les vérités du corps humain, les tableaux de figures pris dans le réel exact, ainsi que les paysages contenant de vraies maisons et de vrais arbres, parce que la foule a déjà admis les vérités de la campagne.

(2) Ils partent dès l'aube, la boîte sur le dos, vont s'asseoir n'importe où, là-bas à la lisière de la forêt, ici au bord de l'eau, choisissant à peine leurs motifs, trouvant partout un horizon vivant, d'un intérêt humain pour ainsi dire. Tous, les petits et les grands, les excellents et les médiocres, suivent les mêmes sentiers, obéissent au même instinct dans l'intention d'inter-préter la campagne.

(3) Ils ont créé une nature du goût du jour, qui a un aspect suffisant de vérité, et qui possède en même temps les grâces piquantes du mensonge, car la foule adore ces petits plats-là.

(4) Parce qu'ils voudraient inventer un paysage fleuri à souhait, presque aussi faux que l'autre mais accommodé à la mode nouvelle, à nos besoins de nature vierge.

(5) Étant humains avant tout, ils mêlent de leur humanité à la moindre touffe de feuillage qu'ils peignent, tout en gardant leur individualité.

(6) « Vue de la rivière d'Overschie, près Rotterdam », une des deux toiles de Jongkind exposées au Salon 1868, est beaucoup appréciée par Zola. Jongkind est un maître, non pas un maître aux allures superbes et colossales mais un maître intime qui pénètre avec une rare souplesse dans la vie multiple de la nature.

(7) Parce qu'il voudrait donner une idée de cette école au lieu de faire la liste.

2. Vrai ou faux :

(1) F. Ils ne cherchent pas à donner aux champs plus de noblesse, mais ils doivent forcément amener une école de paysagistes aimant les champs en eux-mêmes...

(2) V. « Près d'un demi-siècle de littérature et de goût personnel nous avait préparé à l'accepter. »

(3) V. Tous, les petits et les grands, les excellents et les médiocres, suivent les mêmes sentiers, obéissent au même instinct qui les amène dans la campagne et leur dit de l'interpréter telle qu'elle est.

(4) F. Elle n'a point l'œil assez juste pour constater la fausseté de l'ensemble, elle se laisse pren-dre aux notes tapageuses, aux tons adoucis et charmants, au dessin élégant des arbres. En un

mot, la foule pousse des cries d'exclamation même en revoyant la campagne pomponnée et attifée de la sorte.

(5) F. Car aux yeux de Zola, ce sont les faux bonshommes de la nature, des hypocrites qui ont le talent de rendre mensongères les vérités des prairies et des bois.

(6) F. C'est Jongkind.

(7) V. Car il peut esquisser ce qu'il a vu par crainte de laisser échapper l'impression première.

3. Enrichissement lexical :

(1) Élaborer et créer laborieusement une certaine œuvre comme peinture.

(2) Limiter.

(3) Une huile sur toile « Vue de la rivière d'Overschie » appréciée comme une perle.

4. Version :

(1) 我们这个对自然产生脉脉温情的时代，注定会涌现出偏好自然的画家群体。他们跑到乡村田野，来到洁净的河流上游，走到绿色小径的尽头，兴趣盎然地注视着天边的点滴美景，将草叶都画成了温情的兄弟。

(2) 他们放弃古典风景画的目的只有一个：创作出理想中的绚丽的风景画佳作。这些画作几乎每幅都是虚构的，但却能迎合新时尚，迎合了我们对原始自然的需求。

II. Eugène Delacroix

1. Questions et réponses :

(1) Delacroix doit être fier de sa qualité de romantique, il est perçu comme le chef de l'école moderne.

(2) Ce tableau révèle l'avenir du grand peintre, et nous fait savoir le talent de Delacroix et son avenir dans la peinture.

(3) Parce que les malheureux condamnés s'attachent à la barque dans l'intention d'atteindre la rive opposée.

(4) Le pinceau est large et ferme, la couleur simple et vigoureuse, quoique un peu crue.

(5) Ces trois éléments demandent un contour un peu indécis, des lignes légères et flottantes, et l'audace de la touche.

2. Vrai ou faux :

(1) F. Delacroix ranime les espérances un peu découragées par le mérite trop modéré de tout le reste.

(2) V. Car la détresse et le désespoir les accablent dans l'enfer, et égoïstes, ils veulent s'en sauver à l'aide de la barque.

(3) V. C'est la paraphrase de la phrase « L'auteur a[...] cette imagination de l'art[...] qui est tout autre que la précédente. »

(4) V. C'est la paraphrase de la phrase « l'exercice d'une dominante n'a légitimement lieu qu'au détriment du reste », et de plus, un goût excessif nécessite ces sacrifices.

(5) F. Cette phrase ne correspond pas au texte, car dans le texte, l'originalité de Delacroix n'a pas été envahie...

3. Paraphrasez les phrases suivantes :

(1) L'artiste fait des efforts par des moyens différents pour produire un effet sur l'âme du spectateur.

(2) Les maîtres dans le passé ont chacun leurs propres avantages : Raphaël a la forme, Rubens et Véronèse la couleur, et Rubens et Michel-Ange l'imagination du dessin.

(3) Quant aux gestes sublimes, si on dit que Delacroix a des rivaux, il n'existe pas sûrement dans son art, mais dans d'autres domaines.

4. Version :

(1) 他画自己创作的人物形象，将之组合，随意修改，大胆处不亚于米开朗基罗，丰富时不输鲁本斯。看到这幅画，我不知是什么样的回忆攫住了我，令我回忆起这些伟大的艺术家。我又看到了这种野性十足、热烈奔放、却又自然而然的力量，很难抵御其自身的冲击力。

(2) 在这样一个几近夸张的主题中，人们还是发现了某种朴素的品味和某种局部的契合。这突出了画面，但一些严厉的评论家虽未经深思熟虑，却可能会指责其尚欠高雅。概言之，笔触粗犷而有力，色彩简明而强劲，尽管略显生硬。

III. Questions sur le beau

1. Questions et réponses :

(1) Il faut une lutte obstinée pour arracher un de ses sourires ; il faut, pour l'obtenir, la réunion de mille dons et la faveur du destin.

(2) Comme ces deux artistes sont assez connus dans leurs domaines, l'auteur veut profiter de leur réputation pour exprimer son but : tous les artistes, quoiqu'ils soient grands, connaissent de temps à l'autre la condamnation ou l'appréciation.

(3) De la couleur et du dessin.

(4) Parce que leur propre penchant les a conduits à cet insu.

2. Vrai ou faux :

(1) V. Comme un bel objet exerce une influence irrésistible, nous ne pouvons pas nous empêcher d'avoir un instinct secret et de l'admirer en dépit de nos préjugés ou de nos antipathies.

(2) F. Ils doivent se sentir blessés lorsqu'ils voient le laid.

(3) F. Les critiques ne se sont pas toujours accordées sur les qualités essentielles qui établissent la perfection.

(4) F. Il n'y a pas de lien causal entre les deux phrases.

3. Enrichissement lexical :

(1) Persévérant, opiniâtre.

(2) N'importe où.

4. Dégagez l'idée principale du paragraphe suivant :

Chaque époque a son critère particulier lors de l'admiration du Beau, car les fruits des différentes époques résultent de l'inspiration particulière produite dans des conditions particulières.

5. Paraphrasez la phrase suivante :

Je n'arrive pas à croire que Dieu ait seulement donner aux Grecs le talent de créer ce que nous trouvons beau.

6. Version :

(1) 面对真正美好的事物时，人的内心会本能地感受到其价值。即使对它存有偏见或反感，我们仍会不由自主地对它表示赞赏。这种诚实的人们之间的一致性证明：如果人人都能对爱、憎及所有情感有着同样的感受；如果人人都能为同样的愉悦所陶醉，因同样的苦难而悲痛，那么他们就同样会在面对美的时候感到激动，在见到丑或不完美的时候觉得受到了伤害。

(2) 每一位伟大的画家所运用过的色彩和构图，均触动内心，更赋予其作品以一种极高的品质，即诗意般的形式与色彩。而这种品质，各个流派都避而不谈，也无法传授。在这方面，他们的看法不谋而合，且所有流派均是如此。

IV. L'art contemporain

1. Questions et réponses :

(1) L'art contemporain est fait pour tout le monde, il est réservé à une élite, il est engagé, il est politique, il est vide de sens, il est drôle, il est agressif, il est laid, il est beau, il fait plaisir, il dérange, il est subventionné, il est gratuit, il est spéculatif, il appartient au monde des marchands et des conservateurs qui font la pluie et le beau temps, il a perdu le contact avec le public, il exige de son public une très grande participation...

(2) Parce que l'art contemporain est en train de se faire, il ne peut par conséquent se limiter à un état défini. Il reste fluctuant, s'écrivant continuellement au présent.

(3) Non, ce n'est pas facile. Comme il n'y a recours ni au repère ni à l'espace ni au temps, le public n'arrive pas à avoir une bonne appréciation.

(4) L'œuvre, une fois dispersée dans la réalité du monde, bute sur les limites que celle-ci lui impose. Comme elle devient plus difficile à identifier, nous devons avoir recours au commentaire.

(5) Pour arriver à ce but, l'œuvre doit se livrer au discours, passer par une information rapide et ouverte, par une médiatisation.

(6) Ce n'est pas la notoriété qu'il cherche, c'est la reconnaissance. Car toute œuvre est le reflet profond de son créateur et il importe qu'elle soit vue et lue. Il témoigne par son œuvre de son être et de ses aspirations; la légitimation lui est donc nécessaire pour poursuivre sa voie.

(7) On peut citer la rue, le métro, les places des grandes villes, des lieux plus incongrus, ou la toile du net.

(8) L'artiste, s'il croit en son projet, par sa ténacité et en profitant de la chance, parviendra à exprimer ce qui lui tient à cœur et lui sert de moteur pour vivre.

2. Vrai ou faux :

(1) F. Quelques-uns, probablement oui, mais pas dans n'importe quelle condition.

(2) V. Il affirme d'abord que son travail participe de l'art, et essaie de gagner en suite la reconnaissance des autres.

(3) F. Ce sont d'autres artistes qui utilisent des technologies employées par des professionnels qui n'ont rien à voir avec une production artistique.

(4) F. C'est l'artiste qui donne l'image d'insouciance et de liberté ; c'est le public qui peut le percevoir comme le reflet de la vie facile. On les confond l'un avec l'autre.

3. Enrichissement lexical :

(1) Posséder intrinsèquement certaines propriétés ou caractéristiques (de qch) ; c'est le verbe transitif indirect, introduit par la préposition « de ». Synonyme: relever ; procéder.

(2) Se trouver.

(3) Un artiste inconnu.

4. Paraphrasez les phrases suivantes :

(1) Il faut avoir un certain recul pour comprendre l'art. L'art contemporain est par définition très près du public qui, sans ce recul nécessaire, peut ne pas comprendre l'œure.

(2) L'artiste contemporain revendique sa liberté au cours de sa création, il ne veut sûrement pas se borner devant des frontières.

(3) Bien que les artistes contemporains aient une image d'arrivistes ou d'opportunistes, ils n'en sont vraiment pas.

5. Version :

(1) 极为常见的是，当代艺术与受骗者的市场联系在一起。在这样的市场里，追赶时髦起着推波助澜的主导作用。对作品的认可，或更准确地说对艺术家的认可，几乎是与追求时髦的现象息息相关的，而非建立在对艺术史深刻理解的基础上。

(2) 正是这些虚拟美术馆的发展，为现实美术馆的成功作出了贡献。美术馆与陈列展，作为19世纪中叶出现的新事物，正是艺术家们为自己的作品找到观众、与大众见面的新场所、新渠道。

UNITÉ 7　Drame

I. Derniers propos sur le théâtre

1. Questions et réponses :

(1) Le drame, espèce d'action confiée à des acteurs, actualise, complète, authentifie, élève à la valeur d'exemple, un de ces débats inchoatifs, plus ou moins riches de signification, où on peut voir ses intrigues vraisemblables comme dans la vie courante.

(2) Dans la vie ordinaire, rien ne se passe dans l'ordre rigoureux, tandis que dans le théâtre, nous avons le spectacle d'événements qui dépend d'une logique relativement rigoureuse, et aboutissant à une fin qui est le plaisir de Dieu.

(3) Tous les deux peuvent nous fournir du plaisir, la peinture nous fournit du plaisir visuel par la juxtaposition des couleurs et le drame du plaisir sentimental par des caractères et des réactions.

(4) Le premier, c'est le plaisir de logique, on peut voir la construction conforme à la vraisemblance ; le deuxième, c'est le plaisir, assez analogue à celui de la peinture; la peinture nous fournit le plaisir par la juxtaposition des couleurs, comme la musique des timbres... du moins, c'est un des éléments de la musique.

(5) Dans un drame, c'est l'action elle-même qui crée le monde autour d'elle. Elle ne se déploie pas dans un monde voulu. Elle n'a pas, comme ont fait les écrivains romantiques, à se servir de tel ou tel événement historique pour y placer une action plus ou moins pittoresque.

(6) Non, « Le spectateur ne pourra jamais tolérer ça! » , comme disait l'administrateur général, mais Claudel pense le contraire, et la manière dont il parle du *soulier de Satin* semble montrer qu'il avait raison.

2. Vrai ou faux :

(1) V. Car c'est une autre façon de dire : « *...avec le drame nous pénétrons dans la région la plus obscure du cerveau humain, celle du rêve...* »

(2) F. Ce n'est pas la vie qui peut y arriver, c'est le drame qui joue ce rôle dans le théâtre.

(3) V. Si l'on complète la phrase simplifiée « *...comme la musique des timbres...* », la réponse devient évidente : ...comme la musique nous fournit le plaisir par la juxtaposition des timbres.

(4) V. Car nous pouvons en tirer ce plaisir dans le théâtre.

(5) F. L'auteur emprunte une comparaison à la couleur de peinture pour exprimer le même effet des rapports de caractères.

(6) F. Comme on le dit dans le texte, le vraisemblable ne joue pas de rôle essentiel.

3. Enrichissement lexical :

(1) Implacable.

(2) Casuel, occasionnel.

(3) Quelques pièces dont l'action passe sans liaison d'un sujet à l'autre.

(4) Semblable, pareil, similaire.

4. Paraphrasez le paragraphe suivant :

Si vous regardez de très près *Œdipe roi*, vous voyez le fait : *Œdipe roi* est basé sur une série d'invraisemblances, celles-ci sont absolument flagrantes et sautent aux yeux. C'est-à-dire, il n'y a pas un de ces coups de théâtre qui réponde à la vraisemblance. Cependant, le public suit, le cœur palpitant, toute cette série de coq-à-l'âne. À vrai dire, les Athéniens ainsi que les Français devraient renâcle devant ces invraisemblances, s'ils avaient l'esprit critique.

5. Version :

然而，重要的乃是情节本身。换言之，情节的真实主题是要表达某人的不幸：这人虽然自己没有过失，但却受到诸神的折磨。处理起这类主题，需要的是完美的逻辑性，而无须介意是否真实，这点必须予以承认。

II. Préface du *Tartuffe*

1. Questions et réponses :

(1) Parce que les gens que Molière avait critiqués dans *le Tartuffe* étaient plus puissants que d'autres comme les marquis, les précieuses, etc.

(2) Ils se sont tous armés contre lui avec une fureur épouvantable. Mais ils attaquent cette pièce par leurs propres moyens. Ils suivent leur louable coutume en couvrant leurs intérêts de la cause de Dieu.

(3) Parce que rien ne reprend mieux pour la plupart des hommes que la peinture de leurs défauts. On souffre aisément des appréhensions, mais on ne souffre point la raillerie. On veut bien être méchant, mais on ne veut point être ridicule.

(4) Oui, comme l'avoue Molière dans le texte, « *Il n'y a chose si innocente où les hommes ne puissent porter du crime, point d'art si salutaire dont ils ne soient capables de renverser les intentions, rien de si bon en soi qu'ils ne puissent tourner à de mauvais usages.* » Puis pour continuer son analyse, il prend comme exemple la médecine et la philosophie.

(5) Pour porter les esprits de l'homme à la connaissance de Dieu par la contemplation des merveilles de nature.

(6) On peut emprunter la réponse du grand prince au roi : « *La raison de cela, c'est que la comédie de Scaramouche joue le Ciel et la religion, dont ces messieurs-là ne se soucient point ; mais celle de Molière les joue eux-mêmes ; c'est ce qu'ils ne peuvent souffrir.* »

2. Vrai ou faux :

(1) F. Ils ont souffert aussi, mais ils arrivaient à faire mine de l'accepter.

(2) V. On peut trouver la réponse dans la phrase suivante : « *Ils sont trop politiques pour attaquer le Tartuffe par le côté qui les a blessés.* »

(3) F. Tout cela ne sert à rien. Ils n'en veulent point démordre ; et, tous les jours encore, ils font crier en public des zélés indiscrets, qui disent à Molière des injures pieusement et damnent Molière par charité.

(4) V. Toutes les marques que Molière a données au scélérat en scène prouvent qu'il est un méchant homme sans la nécessité de plus d'un mot ou d'une action.

(5) V. La comédie portait plus d'atteinte aux vices que d'autres morales sérieuses, et les hypocrites ne pouvaient point souffrir·la raillerie. Dans ce cas, ils doivent faire un choix entre les deux maux : être méchants ou être ridicule. Ils ont préféré le premier.

(6) F. La médecine est toujours bonne. Mais il n'y a point d'art, soit-il salutaire, dont on est capable de renverser les intentions.

3. Enrichissement lexical :

(1) Interpréter sur scène (un rôle) Synonyme: incarner, mais dans ce texte, « *jouer* » signifie « faire montrer aux spectateurs les âmes » des hypocrites.

(2) Inoffensif.

(3) Aspect.

(4) Cacher.

(5) Cessation, suspension.

(6) Personne caractérisée par une certaine intelligence ou psychologie. Synonyme : pédant.

4. Version :

(1) 倘若有人肯劳精费神，善意地审查我这部喜剧，他就可能发现如下问题：我在舞台上的意图纯诚无他；我的戏剧哪会有意拿大家所崇敬的事物来开涮？我处理喜剧之谨小慎微，有如处理敏感的题材；我极尽技巧，缜密周全，以明确地区分虚伪的和真正虔诚的人。

(2) 倘若运用喜剧意在改正人类的缺点，那么我就没有理由看到特权人士的存在。从国家层面上讲，这种现象带来的后果远比其他弊病要危险得多。而我们已经看到了，喜剧对纠正弊端具有一种了不起的功能。

III. Sur la comédie

1. Questions et réponses :

(1) C'est probablement Wicherley, en profitant de sa vie passée dans le plus grand monde, peint les vices et les ridicules du pinceau le plus ferme et des couleurs les plus vraies tandis que Shadwell n'arrive pas à attirer tous les gens de bon goût.

(2) Wicherley, bien qu'il imite Molière, fait tous ses traits plus forts et plus hardis que ceux du Français. Surtout il corrige le seul défaut de Molière : le manque d'intrigue et d'intérêt. Mais pour sa part, Molière garde une compétence incomparable dans la comédie aux yeux de Voltaire.

(3) Malheureusement, son amie épouse son ami. Son amour et son amitié sur lesquels il comptait n'existent plus.

(4) Il couche encore avec celle qui l'avait trompé, rendant son ancien ami cocu à son tour. Finalement, il tue ce dernier.

(5) Parce que ces maris, ayant cru que ce drôle était incapable dans la vie sexuelle puisqu'il était eunuque, se sentent rassurés et n'ont aucune inquiétude.

(6) C'est un écrivain et un architecte à la fois, mais moins ingénieux que d'autres auteurs. Ses comédies ressemblent à ses appartements : c'est bien mais un peu grossier.

(7) Il a été emprisonné dans la Bastille.

(8) Les pièces de Congreve sont les plus spirituelles et les plus exactes ; celles de Vanbrugh, les plus gaies, et celles de Wicherley, les plus fortes.

(9) Aller dans ce pays, apprendre la langue de ce pays, voir la comédie tous les jours pour bien comprendre la finesse des bons mots, l'allusion, l'à-propos.

2. Vrai ou faux :

(1) F. Il daigne regarder sa maîtresse bien qu'elle l'aime tendrement, car il donne son cœur à la plus coquette et à la plus perfide de toutes les femmes.

(2) V. Elle se déguise en homme pour aller au combat dans l'intention de servir son aimé.

(3) F. Ça doit être l'école de l'esprit, du bon comique, mais quant aux bonnes mœurs, elles ne sont pas aussi appréciées dans cette pièce.

(4) F. Il n'essaie pas de le faire, même Voltaire le trouve étrange.

(5) V. C'est une supposition.

3. Version :

(1) 与此相反的是，他完全信任的人却是位虚情假意的朋友，他倾心相爱的女人却爱卖弄风骚、肮脏无比。可以肯定地讲，这个女人就是个狐狸精……

(2) 生前的他，无情地堆压着土地，逝后的他，压他的土地也不轻。

(3) 应该指出，才华横溢之人都不会对莫里哀言语不敬。只有那些拙劣的英国作家才会诽谤这位伟人。看不起吕利的，不都是些差劲的意大利音乐家吗？然而博农奇尼敬重他，公正地看待他，就像米德敬重爱尔维修和席尔瓦一样。

IV. Le naturalisme au théâtre

1. Questions et réponses :

(1) Il espère l'apparition d'un auteur dramatique de génie.

(2) Enjamber les ficelles des habiles, crever les cadres imposés, élargir la scène jusqu'à la mettre de plain-pied avec la salle, donner un frisson de vie aux arbres peints des coulisses, amener par la toile de fond le grand air libre de la vie réelle.

(3) L'infirmité et l'impuissance humaine.

(4) Le drame romantique, à ses yeux, semblable à la tragédie, est comparé à une haute figure pâle et maigrie, déjà vieillie, qui n'a plus sous sa peau blanche une goutte de sang. Ça signifie qu'il n'a plus de vivacité.

(5) Une quarantaine d'années.

(6) La tragédie n'agit pas, elle garde une majesté froide sur son trône en procédant par des discours de récits.

(7) Par des combats et des victoires, la nouvelle finit par remplacer l'ancienne d'une façon triomphale.

(8) Il lui faut un écrivain de son époque. À ce moment-là, en France, une gloire impérissable attend cet homme de génie qui, reprenant l'œuvre de Molière, trouvera en plein dans la réalité la comédie vivante, le drame vrai de la société moderne.

2. Vrai ou faux :

(1) V. Comme les planches se voient encanaillées, et que l'art est abaissé aux simples besoins de la foule, le théâtre français a tant besoin d'un homme nouveau qui y apporterait la rénovation et la renaissance.

(2) F. Il se sent désespéré de jour en jour, comme il le dit dans le texte : « *J'ai beau attendre, je vais de chute en chute.* »

(3) V. Ils affirment toujours d'une façon entêtée le passé, mais ils n'arrivent pas à empêcher la révolution dramatique.

(4) V. On peut dire qu'il sort de la tragédie, mais qu'il la dépasse aussi.

(5) F. Le drame romantique viole parfois les trois unités, accorde plus d'attention à la décoration et à la figuration et mettre en scènes les péripéties violentes. Tel impact menaçait sûrement la tragédie, car celle-ci ne permet pas tout cela ou le relègue.

(6) V. On peut avoir la réponse en lisant la phrase : « *... il ne peut pousser qu'une formule naturaliste.* »

3. Paraphrasez les phrases suivantes :

(1) Je commence à espérer : je me dis qu'avant les premières chaleurs d'été qui poussent les spectateurs à quitter les salles, un nouvel auteur dramatique de génie se révèlera.

(2) Comme les faiseurs ont abaissé l'art aux simples besoins de la foule, notre théâtre aurait tant besoin d'un homme nouveau. Celui-ci balayerait les planches encanaillées, et opérerait une renaissance dans cet art.

4. Enrichissement lexical :

(1) Zola fait allusion au théâtre d'alors par la comparaison.

(2) Nous ne sommes pas entourés de murs de sorte que nous pouvons changer le style des pièces de théâtre.

(3) La tragédie déclinante, la tragédie qui se fane.

5. Sujets à développer :

(1) Les trois unités: ① en un jour : l'unité de temps ; l'action ne doit pas dépasser une « révolution de soleil » (Aristote) ; ② en un lieu : l'unité de lieu; toute l'action doit se dérouler dans un même lieu ; ③ un seul fait accompli(action) : l'unité d'action; tous les événements doivent être liés et nécessaires, de l'exposition jusqu'au dénouement de la pièce. En un mot, la règle des trois unités, qui avait pour but de ne pas éparpiller l'attention du spectateur avec des détails comme le lieu ou la date, l'autorise à se concentrer sur l'intrigue pour mieux le toucher et l'édifier. Elle permettait à la fois de respecter la bienséance et de donner un caractère vraisemblable aux faits représentés. Tout cela était pour satisfaire le spectateur du XVIIe siècle.

(2) Corneille et Racine fondent la tragédie. Victor Hugo le drame romantique.

(3) La ligne principale doit suivre la voie de « la tragédie → le drame romantique → le naturalisme ».

(4) Il sera au sommet. Il bâtira son monument au milieu du désert de médiocrité ; il balaiera les planches ; il créera un monde.

(5) Zola voudrait nous faire savoir qu'il est incontournable que la nouvelle succède à l'ancienne dans l'évolution dramatique. Le drame romantique remplace historiquement la tragédie. Zola prévoit que celui-là sera remplacé par le naturalisme.

UNITÉ 8　Religion

I.　Naissance du Christianisme

1. Questions et réponses :

(1) Par le livre de Luc, les Actes des apôtres.

(2) Non, il devient apôtre après Matthias, lui-même ayant déjà remplacé Judas.

(3) C'est Jacques qui subit le martyre dix ans après la crucifixion, quant à Jean, il est le rédac-

teur du quatrième Évangile et de l'Apocalypse.

(4) C'est le jour de la Pentecôte qu'est née l'Église, car ce jour-là, les chrétiens se trouvaient dans un même lieu, quand, tout à coup, vint du ciel un bruit tel que celui d'un violent coup de vent qui remplit toute la maison où ils se tenaient. Ils virent apparaître des langues qu'on eût dites de feu ; elles se partageaient, et il s'en posa une sur chacun d'eux. Tous furent alors remplis de l'Esprit Saint et commencèrent à parler d'autres langues, selon que l'Esprit leur donnait de s'exprimer.

(5) Ils s'adjoignent d'abord des prêtres, des diacres pour s'occuper des affaires religieuses devant l'accroissement rapide de la communauté, puis ils établissent des responsables de ces communautés qui transmettent eux-mêmes la charge par la suite.

(6) Le diacre Étienne, le premier martyr chrétien, est lapidé à Jérusalem à cause de ses propos hostiles au lieu saint et à la Loi.

(7) Les deux ont des attitudes différentes sur les convertis venus du paganisme. C'est Paul qui a obtenu le soutien de la réunion tenu à Jérusalem tandis que Pierre se rallie à la décision.

(8) Il fait tous ses efforts pour l'expansion chrétienne et ses lettres prouvent sa contribution. Sa première lettre aux Corinthiens constitue le témoignage le plus ancien de la résurrection de Jésus et sa deuxième lettre aux Corinthiens évoque les dangers et les difficultés qu'il a connues pendant ses missions.

(9) Parce que Rome est la capitale de l'Empire et exerce une grande influence.

2. Vrai ou faux :

(1) V. Luc, en tant que guide bien documenté, a écrit ces deux ouvrages dans l'intention de faire partager sa foi et celle de l'Église primitive.

(2) V. Ils se divisent en deux parties, la première présente aux lecteurs Pierre et son voyage missionnaire des trois régions, la seconde Paul et sa mission.

(3) F. On peut en compter 13 car Judas est remplacé par Matthias, et Paul devient également apôtre.

(4) F. Les apôtres nous sont inégalement connus.

(5) F. Ce n'est pas à Jérusalem, c'est à Antioche.

(6) V. Comme le concile donne raison à Paul, Pierre se rallie à la décision du concile.

(7) V. Au début de sa vie religieuse, il est hostile aux chrétiens. Mais après avoir connu la force invincible de Jésus, il est converti au christianisme.

(8) F. Ces années-là sont les années qu'il a passées à faire les trois premiers voyages. Il a été emprisonné pendant son quatrième voyage de mission.

3. Sujets à développer :
Réponse libre.

II. Le baptême et la confession

1. Questions et réponses :

(1) Il peut nous rappeler la corruption où nous sommes nés, les entrailles douloureuses qui nous portèrent, les tribulations qui nous attendent dans ce monde.

(2) Parce que la religion est aussi morale et sérieuse, et que les grandeurs royales sont prises pour celles de Satan aux yeux de la religion.

(3) C'est pour abjurer le monde, car l'occident est l'image des ténèbres.

(4) L'eau, le sang et l'esprit.

(5) Il reçoit l'esprit de la crainte divine, l'esprit de sagesse et d'intelligence, l'esprit de conseil et de force, l'esprit de doctrine et de piété.

(6) Ils peuvent emporter toutes les souillures du catéchumène.

(7) À sept ans, l'enfant a les notions du bien et du mal.

2. Vrai ou faux :

(1) V. Car seul l'enseignement terrible suffirait pour faire régner la vertu parmi les hommes.

(2) F. Car ce n'est pas ces quatre sujets qui regardent cet enfant, c'est la famille qui est priée de le regarder.

(3) V. Le « blanc » doit être le synonyme de l'innocence.

(4) F. Car ce n'est pas le Prophète, mais le néophyte qui voit l'autel couvert de vases d'or, etc.

(5) V. Comme le dit Voltaire par exemple : « *la Confession est une chose très excellente, un frein au crime,...* »

3. Enrichissement lexical :

(1) Cela nous montre l'amour du père et son impatience.

(2) Tenter d'amener qn à; conseiller.

4. Sujets à développer :

(1) Les parents pleins de joie entourent le nouveau-né; ils renoncent pour lui au péché, ils lui donnent le nom de son aïeul. Déjà le père s'empresse de reprendre son fils, pour le reporter à une épouse impatiente, celle-ci compte, sous ses rideaux, tous les coups de la cloche baptismale. On entoure le lit maternel : des pleurs d'attendrissement et de religion coulent de tous les yeux; le nouveau nom de l'enfant, l'antique nom de son ancêtre, est répété de bouche en bouche; et chacun, mêlant les souvenirs du passé aux joies présentes, croit reconnaître le vieillard dans le nouveau-né qui fait revivre sa mémoire.

(2) On commençait par toucher les narines, puis à ouvrir les oreilles ; on faisait entrer le catéchumène dans le saint des saints. En présence du diacre, du prêtre et de l'évêque, il renonçait aux œuvres du démon. Il se tournait vers l'occident, image des ténèbres, pour abjurer le monde; et vers l'orient, symbole de lumière, pour marquer son alliance avec Jésus-Christ. L'évêque faisait alors la bénédiction du bain, dont les eaux, selon saint Ambroise, indiquent les mystères de l'Écriture: la création, le déluge, le passage de la mer Rouge, la nuée, les eaux de Mara, Naaman, et le paralytique de la piscine. Les eaux ayant été adoucies par le signe de la croix, on y plongeait trois fois le catéchumène en l'honneur de la Trinité, et en lui enseignant que trois choses rendent témoignage dans le Baptême : l'eau, le sang et l'esprit.

(3) L'esprit de crainte divine, l'esprit de sagesse et d'intelligence, l'esprit de conseil et de force, l'esprit de doctrine et de piété.

III. Sur Jésus

1. Questions et réponses :

(1) C'est Jésus.

(2) Parce qu'ils sont tellement en-dessous de Jésus qu'ils le défigurent sans cesse car ils n'atteignent pas sa hauteur. Il en est résulte que leurs écrits sont pleins d'erreurs et de contre-sens.

(3) Non, historiquement, l'influence qu'ils exercent sur le monde ne se limite qu'à leur temps et qu'à leur monde. Quant à Jésus, il reste pour l'humanité un principe inépuisable de renaissances morales.

(4) Socrate laisse les hommes sur la terre par sa philosophie tandis que Apollonius de Tyane transporte les hommes au ciel par sa légende miraculeuse.

(5) Parce que la philosophie est une science. Et si l'on veut en faire une religion, il faut une légende miraculeuse d'abord, puis des saints et un Dieu en suite.

(6) Jésus, bien qu'il sorte du judaïsme et qu'il soit continuateur du judaïsme, doit être représentant du christianisme, sa grandeur n'est pas seulement celle du peuple juif, mais celle du chrétien.

2. Vrai ou faux :

(1) V. C'est une autre façon pour dire : « *L'inégalité des hommes est bien plus marquée en Orient que chez nous.* »

(2) F. Car leurs propres idées, inférieures à celles de Jésus, ne leur permettent pas de bien accomplir leur tâche.

(3) F. Selon le texte, le caractère de Jésus n'arrive pas à être embelli, mais diminué par eux.

(4) V. C'est une autre façon pour dire « *Les plus belles choses du monde se sont faites à l'état de fièvre* ».

(5) V. Comme on dit dans le texte, « *le christianisme est une œuvre trop complexe pour avoir été le fait d'un seul homme.* »

(6) V. Car de telles influences morales courent le monde à la manière des épidémies.

(7) V. Jésus est un bon exemple. Il ignorait jusqu'au nom de Bouddha, de Zoroastre, de Platon ; il n'avait lu aucun livre grec, aucun soutra bouddhique, et cependant il y a en lui plus d'un élément qui, sans qu'il s'en doutât, venait du bouddhisme, du parsisme, de la sagesse grecque.

3. Enrichissement lexical :

(1) Donner une reproduction ou une description fausse ; déformer, dénaturer, transformer.

(2) Échange ; Ex : Le commerce des pensées est un peu interrompu en France ; on dit même qu'il n'est pas permis d'envoyer des idées de Lyon à Paris.

4. Paraphrasez les phrases suivantes :

(1) Jésus a été créé par ses disciples, une telle conclusion ne correspond pas bien au point de vue de l'auteur, car Jésus apparaît en tout comme supérieur à ses disciples, ceux-ci n'arrivent pas à bien créer Jésus.

(2) Nous pouvons considérer le mérite personnel, mais cela ne doit pas nous détourner de l'histoire générale.

5. Dégagez l'idée principale du paragraphe suivant :

Bien que la vie de Jesus nous apparaisse légendaire, donc parfois peu crédible, nous ne devons pas nier que la fondation et l'essor du Christianisme sont bien le résultat des actions de Jésus et non des premiers Chrétiens.

IV. De la suffisance de la religion naturelle

1. Questions et réponses :

(1) Pour nous faire connaître des vérités essentielles et pratiquer des devoirs importants.

(2) La religion qui ne peut pas persuader l'homme de payer à Dieu ce que Dieu est en droit d'en exiger devrait être défectueuse en elle-même.

(3) On peut citer un de ses caractères comme exemple: Dieu ne veut faire aucune acception de personne.

(4) Parce que ce que la religion naturelle leur propose de croire n'est jamais hors de portée de leur raison et y est conforme.

(5) Elle offre plus de caractères divins que les autres, et elle a ce que les autres religions n'ont pas : l'immutabilité et l'universalité.

2. Vrai ou faux :

(1) V. Car on n'a pas besoin d'autres connaissances, mais celles de la nature doivent être nécessaires à l'homme.

(2) F. Car s'il a la croyance et accepte la pratique, la connaissance des vérités devient utile.

(3) F. Ce n'est pas l'homme, ça doit être Dieu qui a le droit de le faire.

(4) V. Car nous ne pouvons être obligés au-delà de ses commandements.

(5) V. Car cette loi n'étant point universellement connue comme la loi naturelle, il y en aura parmi les hommes à qui il fera injustice.

3. Paraphrasez la phrase suivante :

Ce qu'elle a ajouté ne me serait pas plus compréhensible qu'un texte écrit en ancien carthaginois. Ces nouvelles idées, les liens entre elles, échappent totalement à ma raison.